LA MÉTHODE

TB

LA MÉTHODE TB12

COMMENT FAIRE CE QUE VOUS AIMEZ, MIEUX ET PLUS LONGTEMPS

TOM BRADY

Traduit de l'anglais (États-Unis) par Frédéric Robert-Demolaize

Talent Sport

Ouvrage original publié aux États-Unis par
Simon & Schuster 1230 Avenue of the Americas
New York, NY 10020
sous le titre *The TB12 Method*

Édition française publiée par
TALENT ÉDITIONS
115 rue de l'Abbé Groult, 75015 Paris

ISBN : 978-2-37815-230-7

Je dédie ce livre à toutes les personnes qui m'ont aimé, supporté et aidé à accomplir mes rêves – mon incroyable famille ; ma femme aimante et mes beaux enfants ; mes amis de toujours ; mes coéquipiers de Serra High School, de l'université du Michigan et de NFL ; mes coachs encourageants ; et mes mentors loyaux qui ont joué un rôle dans ce que je suis et dans ce en quoi je crois. Merci. Je vous aime tous.

SOMMAIRE

INTRODUCTION

JUSTE AVANT LA SAISON 2016 où nous finirons champions avec les Patriots, je me suis rendu sur un terrain près de ma maison pour faire des passes avec un de mes amis les plus proches, mon *body coach*[1] et le cofondateur de la Méthode TB12, Alex Guerrero, ainsi qu'un ancien coéquipier. C'était une fin d'après-midi d'été un peu fraîche – le temps parfait pour jouer au football américain en Nouvelle-Angleterre. Alors que j'étais en pleine séance d'entraînement habituelle, j'étais certain d'une chose : je n'ai jamais lancé la balle aussi bien que ce jour-là – pas même quand les Patriots ont gagné le Super Bowl en 2001 ou en 2004, 2005, ou 2014 – même jamais, en fait, de ma vie. C'était un de ces jours où tout vous réussit. J'étais « dans la zone ». Je lançais la balle mieux que jamais, et je me rappelle cette excitation à l'idée de jouer et de pouvoir montrer toutes les choses sur lesquelles j'étais en train de bosser pendant l'intersaison.

Je me rappelle aussi m'être fait cette réflexion : « Ma capacité à prolonger mon pic de performance sur les dix dernières années me paraît presque incroyable. » Mais je suppose que c'est ça la véritable définition de pic de performance – continuer à s'améliorer année après année –, ou du moins, c'est ce que cela voulait dire pour moi. À mon avis, cela ne serait pas possible sans un engagement absolu dans le programme de santé et d'entraînement totalement différent et holistique qu'Alex et moi avons commencé à développer il y a une dizaine d'années. Nous l'appelons la Méthode TB12. Elle se concentre sur le développement et le maintien de quelque chose dont peu de gens ont sans doute entendu parler : *la pliabilité musculaire.* Ces dernières années nous avons façonné les principes de la Méthode TB12 – principes qui ont contribué à mon pic de performance plus que tout ce que j'ai pu lire, étudier, expérimenter ou apprendre, et qui m'ont aussi donné la confiance et la capacité à chercher à atteindre des niveaux d'accomplissement de plus en plus élevés au fur et à mesure que les années passent. Chaque année nous cherchons à nous améliorer – et j'adorerais que vous en fassiez autant.

Vingt saisons à jouer professionnellement au football américain m'ont montré que performer de manière optimale n'est pas une question de chance. C'est une question de travail acharné, de dévotion, de discipline, et de soutien de mon équipe de choc. Tu ne peux pas faire ça tout seul. Je suis plus que béni. Je vais avoir quarante-trois ans en août 2020, et non seulement je ne me suis jamais senti aussi en forme, mais surtout, je suis fier de continuer à jouer au plus haut niveau qui existe dans mon sport. Ma faculté à performer au maximum ces dix dernières années vient du fait d'avoir repensé la façon de s'entraîner – et, spécifiquement, comment s'entraîner en incluant la pliabilité. Je réalise maintenant que c'est quelque chose qui peut aider non seulement les athlètes de haut niveau, mais aussi n'importe qui souhaitant se consacrer à une vie centrée sur le bien-être et la vitalité – les athlètes occasionnels, les sportifs du dimanche, les adeptes du yoga, les coureurs de marathon, tout le monde. Dans ce livre, je vais partager les principes qui m'ont permis d'atteindre mon pic de performance et je vais vous montrer comment les appliquer dans votre vie quotidienne. Je crois aussi que la Méthode TB12 peut être à l'origine d'un mouvement qui va réformer radicalement notre façon de s'entraîner et nous aider à adopter un style de vie plus naturel, holistique, et sain tout en diminuant nos risques de blessure, en augmentant notre vitalité, et en poussant nos performances au niveau supérieur. Ainsi, j'écris ce livre en espérant que mes expériences et mes découvertes puissent résonner en tout un chacun et vous permettre d'accomplir des choses dont vous ne vous pensez même

1. Cette appellation est conservée ainsi car il s'agit là d'un métier un peu particulier, entre le préparateur physique et le masseur-kinésithérapeute. *(Toutes les notes sont du traducteur.)*

pas capable. La pliabilité montre qu'il vaut mieux bel et bien prévenir que guérir.

Qu'est-ce que la pliabilité ? Je rentrerai dans les détails plus loin dans ce livre, mais pour l'instant, et brièvement, Alex et moi définissons l'entraînement de la pliabilité comme un travail musculaire profond et ciblé qui, à la fois, allonge et assouplit les muscles, ces derniers se contractant et se relâchant de façon rythmique. Les séances se font avant et après n'importe quelle activité physique – dans mon cas le football américain. Un entraînement régulier de la pliabilité, couplé avec la bonne routine holistique pour maintenir cette pliabilité, conditionne nos cerveaux et nos corps – et par conséquent nos muscles – à se maintenir longs, souples et activés de façon à accomplir n'importe quelle tâche comme porter un bébé ou des bagages, se lever d'une chaise ou pratiquer un sport au plus haut niveau.

Pendant des années, des amis, des membres de ma famille et des coéquipiers m'ont posé la même question : Pourquoi je passais autant de temps à pratiquer des méthodes basées sur la pliabilité, qui diffèrent des entraînements traditionnels ?

Mais la pliabilité c'est encore plus que ça. Pour moi, et intégrée à la Méthode TB12, la pliabilité est le chaînon manquant dans le modèle traditionnel muscu-cardio avec exercices d'aérobie et soulevés de fonte. Bien entendu, il va sans dire que nous avons tous besoin de renforcement musculaire et de travailler notre condition physique – suffisamment de force pour le boulot que nous avons à faire, en incluant aussi les tâches de la vie quotidienne, et suffisamment d'endurance pour faire tout ça en un temps donné. Mais en incluant la pliabilité dans votre habitude d'entraînement, vous serez capable d'atteindre votre propre performance optimale de façon à réduire les risques de blessure. Si une blessure arrive, la pliabilité vous permettra d'emprunter une voie plus rapide vers la guérison. Nous discuterons des méthodes spécifiques pour la pratique de la pliabilité dans un chapitre ultérieur.

Donc pourquoi ce livre, et pourquoi maintenant ? Eh bien, la plupart des gens ne le réalisent pas, mais les modes de vie et d'entraînement typiques ne vous permettent pas de voir les choses telles qu'elles sont. Pour trop d'athlètes cela ressemble à ça : S'entraîner. Jouer à fond. Se blesser. Visite chez le docteur. Faire de la rééducation. Chirurgie possible. Retour en rééducation. Jouer dur à nouveau. Se blesser encore. Retour chez le docteur. Encore plus de rééducation. Répéter. Répéter. Répéter… C'est le cercle vicieux de l'entraînement sportif, qui s'instaure bien trop souvent, dont on ne parle que très peu, et qui existait déjà bien avant que je sois au lycée. Mais il peut en être autrement. Nous devons tous devenir acteurs de notre propre santé. Avec ce livre, je veux établir un nouveau modèle d'entraînement pour un pic de performance et une qualité de vie sur le long terme. La Méthode TB12, c'est à la fois une marche à suivre et une façon de vivre qui m'ont permis de jouer au football américain à un haut niveau tout au long de ma carrière, et aussi d'avoir une vie pleine de vitalité et d'énergie en dehors des terrains.

Ces dernières années, comme beaucoup d'athlètes, j'ai lu beaucoup de livres sur le sport, la santé, le bien-être et la longévité. La plupart nous offrent des informations contradictoires, et à mon sens, beaucoup d'entre eux sont incomplets. Pour faire simple, ils sont déroutants – moi-même je suis perdu. C'est pourquoi je veux écrire une nouvelle bible pour athlètes, pour tous ceux désirant mener une vie faite de performances optimales, qu'ils soient pros, amateurs, hommes ou femmes, peu importe leur âge, et qui veulent rester en bonne santé et pleins de vitalité. Mon souhait est que la Méthode TB12 révolutionne le modèle d'entraînement et de remise en forme qui a fait son temps et pour lequel les statistiques nous montrent, encore et encore, qu'il est incomplet. Avec ce livre, je suis en mission pour inspirer les entraîneurs, parents, coachs, athlètes, et tous ceux qui veulent mener un mode de vie plus sain, pour les amener à réfléchir à comment la pliabilité et l'adhésion à un style de vie basé sur la discipline et une approche holistique, les guideront vers une vie plus agréable, où tous les objectifs qu'ils se sont fixés sont atteignables.

Rien ne me rendrait plus heureux que de transmettre ce que j'ai appris durant ma vie et ma carrière – que ce soit l'importance de la pliabilité, les exercices à faire pour réduire les risques de blessure, la meilleure façon de s'entraîner, qu'est-ce qu'une bonne hydratation, quels aliments vous devez manger, quels compléments vous devez prendre, comment récupérer et se reposer, ou quel genre d'exercices cérébraux peuvent booster vos performances. Il existe une célèbre citation qui dit : « Si jeunesse savait, si vieillesse pouvait. » C'est tellement vrai. On grandit en pensant que notre forme physique optimale est atteinte entre le milieu et la fin de la vingtaine, et que notre forme mentale optimale se situe entre trente et cinquante ans. L'un des buts de la Méthode TB12 est de combiner notre pic physique avec notre pic mental, tout en étendant ces deux périodes le plus longtemps possible. En fin de compte, notre objectif chez TB12 est d'aider les gens à faire ce qu'ils aiment plus longtemps, ce que j'aimerais qu'un maximum de personnes puissent expérimenter par elles-mêmes.

Aujourd'hui, je regarde en arrière et je me dis merci, mon Dieu, j'ai pu faire différemment. Merci, mon Dieu, j'ai eu le courage de sortir du cadre conventionnel. Merci, mon Dieu, j'ai suivi ce que mon cœur, mon esprit, et mon corps m'ont toujours dicté – que les choses sur lesquelles nous travaillions me permettraient de remplir les objectifs sportifs que je m'étais fixés.

Nous sommes tous nés avec une pliabilité naturelle, et nous avons plus de pliabilité que de force, du moins quand nous sommes jeunes – ce qui veut dire que nos muscles sont naturellement plus longs et plus souples qu'ils sont denses. Notre pliabilité naturelle nous permet de jouer intensément et de récupérer rapidement. (Normalement, une bonne nuit de sommeil est tout ce dont on a besoin quand on est jeune.) La plupart d'entre nous commencent à se concentrer sur la musculation et le cardio à l'adolescence dans le cadre de la pratique sportive. Et on continue comme ça, sans savoir qu'à mesure que défile le temps et que l'on continue à bosser uniquement notre muscu et notre cardio, nos corps deviennent plus durs, plus raides, et déséquilibrés – aussi bien à cause de la musculation que de la routine de la vie quotidienne –, ce qui mène à des compensations, qui mènent à une surcharge, qui nous rend par conséquent plus susceptibles de contracter une blessure. Que se passe-t-il précisément quand survient une blessure ? Une blessure a lieu quand un de nos muscles, ligaments, tendons, ou os est incapable d'absorber ou de répartir la quantité de force à laquelle il est contraint. Pour faire simple, quand n'importe laquelle de ces parties du corps fait face à plus de force, ou stress, qu'elle ne peut supporter, une blessure arrive. Les blessures sont-elles évitables ? Certainement pas toutes, mais beaucoup d'entre elles peuvent l'être. J'ai récemment lu le témoignage d'un entraîneur de football professionnel accordé après un match lors duquel l'un de ses joueurs s'était blessé. « Les blessures ça arrive, a-t-il dit. Elles font partie de la vie d'un joueur, et personne n'y peut rien. » Je ne suis pas tout à fait d'accord. Et si, au lieu d'accepter la blessure comme inévitable et comme partie intégrante de la pratique sportive, les entraîneurs et les coachs commençaient à incorporer la pliabilité dans le traditionnel système de préparation physique,

Les principes de la Méthode TB12 sont ceux que j'ai toujours voulu partager avec d'autres athlètes qui, comme moi, ne sont pas des athlètes « naturels » – beaucoup ont oublié que j'ai été choisi au sixième tour de la draft ! – mais qui ont la même motivation, le même désir et la même éthique de travail que moi.

éduquant les corps à absorber et répartir les forces subies ? Avec la pliabilité agissant comme une sorte de système de défense du corps face aux forces externes, je crois que beaucoup de ces blessures « inévitables » pourraient être évitées.

Les principes de la Méthode TB12 sont ceux que j'ai toujours voulu partager avec d'autres athlètes qui, comme moi, ne sont pas des athlètes « naturels » – beaucoup ont oublié que j'ai été choisi au sixième tour de la draft ! – mais qui ont la même motivation, le même désir et la même éthique de travail que moi, et qui sont fatigués de consacrer toute leur énergie dans des méthodes qui ont, finalement, plus de chances de les desservir. J'ai pu le constater de mes propres yeux durant les vingt-cinq dernières années, voyant se blesser les athlètes les uns après les autres, puis rééducation, rééducation, rééducation. Exercice, entraînement, et kinésithérapie c'est bien, mais je suis certain que si les athlètes suivent la Méthode TB12, ils vont performer sensiblement mieux sur une plus longue période. La conclusion, c'est que le travail de condition physique et d'endurance que font les clients chez TB12 les aide à fabriquer l'énergie et la vitalité dont ils ont besoin pour réaliser de manière optimale les actes de la vie quotidienne.

Je voudrais aussi souligner que la Méthode TB12 n'est pas réservée aux athlètes de l'élite comme ceux de la NFL, la NHL, la NBA, ou la MLB, ou qui stressent ou sollicitent le plus leur corps. À mon sens, tout le monde peut bénéficier d'une plus grande pliabilité et d'un corps plus équilibré qui permettent la circulation d'un sang plus riche en oxygène et une plus grande vitalité. La quantité de pliabilité qui vous bénéficiera le plus dépend de l'intensité de votre rythme de vie et du type de sport ou d'activité que vous pratiquez. La natation, par exemple, est différente du baseball, lui-même différent du cyclisme. Bien sûr, pour jouer au football américain comme moi, mon corps a besoin d'absorber beaucoup de force chaque semaine. M'apprêtant à jouer ma vingt et unième saison, je pratique un entraînement de pliabilité quatre jours par semaine, et entre la musculation, le cardio et la pliabilité, je consacre à peu près la moitié de mon temps à cette dernière. La plupart des athlètes ne consacrent pas de temps à faire de la pliabilité – en fait, ils ne savent même pas ce qu'est la pliabilité ! – et les autres n'y consacrent que quelques minutes. Une personne qui travaille derrière un bureau et qui ne soumet pas son corps à un stress quotidien a besoin d'une quantité de pliabilité différente – disons une fois par semaine –, alors qu'un athlète lycéen qui s'entraîne pendant deux heures plusieurs fois par semaine a besoin d'une plus grande quantité. Il faut simplement comprendre que la musculation, la compétition sportive et l'entraînement créent des muscles denses. Et plus les muscles sont denses, plus ils ont besoin de pliabilité.

Cela peut paraître inutile pour les plus jeunes athlètes de se prendre la tête avec le concept de pliabilité, parce qu'ils ont une pliabilité naturelle. Ils récupèrent rapidement, et ils ne veulent pas perdre leur temps à prévenir une éventuelle blessure qu'ils n'ont jamais connue. La majorité ne pense pas aux futures douleurs, courbatures ou pire. Comme je l'ai dit, les corps les plus jeunes sont naturellement déformables[2], c'est pourquoi au lycée et à l'université, les jeunes athlètes ont besoin de plus de renforcement musculaire que de pliabilité. En atteignant

2. Nous choisirons ce terme qui correspond le mieux pour traduire « pliable », qui correspond au sens complexe de pliabilité, qui veut qu'un muscle doit pouvoir absorber et redistribuer les forces auxquelles il est soumis.

la vingtaine, leur force croît à mesure que leur pliabilité décroît. Alors que leur pliabilité diminue, leurs blessures se multiplient. Et si leurs blessures se multiplient, leurs carrières se raccourcissent. La *capacité* permet aux athlètes de performer. La *durabilité* leur permet de continuer à performer. Et la *pliabilité* rend les deux possibles. C'est pourquoi les entraîneurs et les parents doivent prendre l'initiative d'incorporer des séances de pliabilité dès que possible dans la vie des jeunes athlètes. Si j'avais commencé les sessions de pliabilité quand j'avais quinze ou seize ans, je n'aurais pas eu à endurer tant d'années de souffrances inutiles, comme tant d'athlètes ont connues.

Si vous voulez la preuve que la pliabilité et la Méthode TB12 marchent, j'en suis une. J'étais le gamin, comme vous allez le voir dans les pages suivantes, qui fut un choix de sixième tour de draft NFL, le 199e au total, l'athlète à qui on a dit qu'il n'avait pas le bon corps pour jouer au football américain. Personne ne croyait que j'aurais pu ne serait-ce que jouer une année à l'université, ou une année chez les pros. Pourtant, je viens tout juste de finir ma vingtième saison, mon équipe a gagné trois des six derniers Super Bowls, et, dans l'Histoire, on peut compter sur les doigts d'une main le nombre de quarterbacks titulaires âgés de plus de quarante-deux ans. Si vous voulez un témoin pour savoir comment la Méthode TB12 peut transformer quelqu'un – incluant les milliers de femmes et d'hommes dont les vies ont changé dans les centres TB12 à Foxborough et Boston –, il est là, juste devant vous. Je suis impatient de vous voir démarrer votre périple.

CHAPITRE 1

CE QUE JE PENSAIS SAVOIR

TOUTE MA VIE J'AI AIMÉ LE SPORT ET J'AI ÉTÉ EXTRÊMEMENT COMPÉTITIF. J'AI PEUT-ÊTRE TENU UN BALLON DE FOOTBALL AMÉRICAIN POUR LA PREMIÈRE FOIS DÈS L'ÂGE DE CINQ ANS, MAIS LE CHEMIN QUI M'A MENÉ OÙ J'EN SUIS AUJOURD'HUI N'A PAS VRAIMENT ÉTÉ UN LONG FLEUVE TRANQUILLE.

Je suis né et j'ai grandi à San Mateo, en Californie, dans la Bay Area. J'étais le plus jeune de quatre enfants et le seul garçon. Tout le monde m'appelait Tommy. Nous étions une famille travailleuse, obsédée par le sport et dans laquelle les parents faisaient passer leurs enfants avant tout. Quand j'étais jeune, mon père travaillait à son compte et était souvent sur la route, développant son business dans les assurances. Il partait vers sept heures du matin et ne revenait qu'à six heures du soir. Ma mère s'occupait de la maison, lavait nos habits, préparait nos plats, se chargeait de tout ce qui faisait tourner notre foyer. Mon père était épuisé quand il rentrait du travail, mais il n'a jamais laissé cela entacher notre temps passé ensemble. Il ne prenait même pas le temps d'enlever sa belle chemise pour m'emmener au terrain de baseball, ou pour frapper et réceptionner la balle dans notre allée, et même encore pour s'entraîner à lancer alors que la nuit tombait. J'adorais ces moments avec mon père, et quand je retourne là-bas, je me souviens de cet agréable sentiment de « Je frappe mieux la balle » ou « Je pense que je peux encore m'améliorer en défense ». (Je ressens encore ça aujourd'hui, avec ma mécanique de lancer par exemple ; je continue de m'améliorer et d'apprendre.) Mes parents étaient tout aussi impliqués dans la vie de mes sœurs et dans leurs pratiques sportives. Il arrivait parfois que mon père entraîne leurs équipes, avec ma mère tenant le rôle de maman de l'équipe, apportant des pizzas et des sodas pour tout le monde.

Mes parents avaient aussi quatre abonnements pour les matchs des San Francisco 49ers au Candlestick Park au dixième rang en partant du haut côté sud-ouest – pratiquement derrière la *end zone*[3]. Les dimanches, nous allions tous à l'église le matin, puis faisions le trajet de quarante-cinq minutes jusqu'au Candlestick pour les matchs des 49ers, et quand c'était fini, de retour à la maison, maman se mettait à préparer le dîner pendant que nous nous rassemblions devant la TV pour regarder les meilleurs moments du match. Ces quatre abonnements étaient souvent destinés à mon père et ma mère, une de mes sœurs, et moi, parce que cela représentait le meilleur moment de mon week-end. Je ne peux pas dire que je m'en souvienne parfaitement, mais le 10 janvier 1982, quand j'avais quatre ans, j'étais au Candlestick Park lors de l'un des plus grands matchs de l'histoire du football américain. Sur le dernier *drive*[4] de la finale de la NFC[5], alors que les 49ers étaient menés de 6 points avec 58 secondes restant à jouer, Joe Montana, le quarterback des 49ers, s'extirpa d'un rush à trois défenseurs et lança la passe qui devint « The Catch[6] » – un ballon parfait pour son receveur Dwight Clark qui bondit pour s'en saisir en pleine *end zone*. Tout le monde dans le stade exulta. Certains pleuraient, dont moi – bien que, pour être honnête, j'avais déjà pleuré toute la première mi-temps parce que je voulais la main géante en mousse avec « 49ers are #1 » imprimé dessus (je pense qu'au final mon père est allé m'en acheter une à la mi-temps juste pour que je la boucle !).

Le *touchdown* de Clark permit d'égaliser, et quand le *kicker*[7], Ray Wersching, réussit l'*extra point*[8], le match se conclut sur une victoire des 49ers 28-27. The Catch mit

3. Zone d'en-but, là où se marquent les *touchdowns*.

4. Une possession, ou série de tentatives consécutives jusqu'à rendre la balle à l'adversaire.

5. Une des deux Conférences de la NFL, l'autre étant l'AFC.

6. « La Réception ».

7. Joueur chargé d'envoyer le ballon entre les poteaux avec une frappe du pied.

8. Point de conversion supplémentaire après un *touchdown*.

J'avais probablement trois ou quatre ans et je portais la coupe de cheveux typique que ma mère avait l'habitude de me faire. J'ai toujours été un garçon heureux, qui a grandi dans la région de la Bay Area (San Francisco) avec trois grandes sœurs et des parents formidables. La vie était belle. Elle l'est toujours.

Jouer en Little League au base-ball a toujours été fun pour moi. J'avais huit ans, et je portais mon ensemble des Royals toute la journée. Si nous avions un match à 15 heures, je l'enfilais dès 7 heures du matin. C'est à cette époque que j'ai commencé à pratiquer des sports collectifs – je pense que les Royals ont été la toute première équipe pour laquelle j'ai joué.

un terme à la domination des années 70 par les Dallas Cowboys et débuta une nouvelle ère pour les 49ers, qui finirent par remporter le Super Bowl cette année-là contre les Cincinnati Bengals. Avoir pu assister à ce match à l'âge de quatre ans (avec une main géante en mousse) fut, je dois l'admettre, assez incroyable.

C'est sans surprise que, pour un gamin qui a grandi dans la Bay Area et aimant autant que moi le football américain et le sport en général, Joe Montana fut l'une de mes premières idoles. Ce n'était pas très original ; tout le monde aimait Joe Montana. Il était Joe Cool après tout. Il avait un don pour performer dans les moments importants, de la même manière que Michael Jordan et Wayne Gretzky réussissaient toujours l'action décisive au bon moment. À l'âge de dix ans, je me rappelle jouer dans la rue avec mon ami David Aguirre, dessinant des actions de jeu sur une feuille de papier. « OK, tu cours jusqu'à la borne d'incendie. Là, tu fonces vers l'extérieur. Puis tu cours tout au bout. » Nous avions même inventé nos schémas personnalisés que nous apprenions. Mon favori s'appelait L'Arme Secrète – « Tu cours tout droit, tu vas à l'extérieur… et après tu te diriges vers le poteau ! » Quand j'entrai en première année à Junipero Serra High School à San Mateo, mon amour profond pour le football américain s'est déclaré, et l'été suivant je commençais à participer au camp de développement de l'université de San Mateo, où je serais un pilier lors des quatre années suivantes. Ma taille – lors de ma dernière année au lycée je mesurais 1 m 93 cm pour 95 kilos – avait certainement quelque chose à voir avec ma capacité à pouvoir pratiquer plein de sports différents comme j'ai pu le faire, pas seulement le football américain mais aussi le basketball et le baseball.

Malgré mon gabarit, la chose dont je me rappelle le plus concernant cette époque c'est le nombre de coéquipiers avec lesquels j'ai pu jouer qui étaient tout simplement meilleurs que je ne l'étais – plus rapides, forts, avec des capacités physiques naturelles supérieures. Je me suis toujours senti largué. Cependant, peu importe la qualité dont je manquais, j'essayais de la compenser grâce à une éthique de travail certainement empruntée à ma famille et mon environnement. Depuis toujours, ma famille m'a inculqué la volonté de toujours faire mieux, et la discipline m'est également apparue comme naturelle. Quand j'étais en CM2, ma sœur aînée, Maureen, qui était déjà une athlète formidable, commençait à se mettre à fond dans les sports au lycée. Mon père se réveillait plus tôt pour s'entraîner à ses côtés à la salle du coin, et je m'incrustais avec eux tous les matins à 6 heures. Le coach de la salle s'appelait Glenn. L'une des choses les plus géniales avec Glenn c'est qu'il ne responsabilisait pas que Maureen – il *me* responsabilisait aussi. Trente ans plus tard, je me rappelle encore Glenn dire : « Je veux que tu fasses cent jumping jacks, vingt-cinq pompes, et vingt-cinq abdos tous les matins. Les jours où tu ne viens pas à la salle, je veux que tu les fasses à la maison. Et quand tu en as fini avec ton entraînement, je veux que tu me laisses un message sur mon répondeur. » Pour chaque message que je lui laisserais, Glenn me promettait de me donner un dollar. Pour chaque jour où je ne lui laisserais pas de message, je lui devais cinq dollars. Pour l'anecdote, j'ai fini par devoir de l'argent à Glenn. La discipline doit être, elle aussi, renforcée quotidiennement.

C'est cette éthique de travail et cette discipline que m'a transmises Glenn, et plus généralement ma famille, qui m'ont poussé dès le début à demander toute aide possible aux entraîneurs, coachs et globalement tous ceux

(Haut) Je regarde par-dessus la ligne de scrimmage [ligne séparant les joueurs de ligne offensive et défensive, point de départ de la tentative] avant le snap [lorsque le joueur de centre transmet la balle au quarterback derrière lui, mouvement faisant office de signal de départ de la tentative, autorisant les autres joueurs à bouger] lors de ma dernière saison au lycée Serra High School. On jouait contre Sacred Heart Cathedral, et on a perdu le match. J'étais dévasté. Cette défaite a été particulièrement marquante pour ma famille. Mon oncle était le directeur du lycée Sacred Heart et mon père avait parié avec lui que le vainqueur serait l'hôte du dîner de Thanksgiving cette année-là. Quand je suis rentré chez mon oncle le soir de ce dîner, il avait accroché un tas de photos du match partout sur les murs !

(Bas) Entouré de mes coéquipiers, debout dans la poche de protection lors d'un match à domicile à la Serra High School lors de ma troisième saison. Nous avions gagné ce match, je m'en souviens encore !

Moi, aux côtés de deux grands amis et coéquipiers à Michigan, Pat Kratus (gauche), le joueur de ligne défensive des Wolverines, et Jeff Potts (droite), un joueur de ligne offensive. C'était la fin de ma deuxième année à Michigan, et je continuais à grandir et à me développer en tant que joueur. Nous organisions toujours un match bleus contre blancs pour terminer la saison de printemps, et les rencontres étaient plutôt boueuses !

Les quatre quarterbacks de Michigan en décembre 1997, un beau groupe. Vous pouvez voir Brian Griese en haut à gauche, Scott Dreisbach en haut à droite, et Jason Kapsner à ma gauche. C'était lors de ma troisième année à Michigan, juste avant que notre équipe ne joue au Rose Bowl.

qui m'ont poussé à me forcer moi-même à viser toujours plus haut. Les camps de développement, par exemple, m'ont permis de rencontrer le grand Tom Martinez, l'entraîneur en chef du programme de football américain de l'université de San Mateo, ainsi que celui du softball féminin et du basketball. À partir de ce moment, même après avoir rejoint les New England Patriots, j'ai toujours demandé des astuces à Tom chaque fois que quelque chose clochait, ou si j'avais une question sur les mécaniques du lancer. Je ne sais pas si tous les autres quarterbacks pros de mon âge ont fait pareil, mais chaque intersaison NFL, jusqu'à sa mort en 2012, j'ai appelé Tom pour ses conseils. C'est un mentor à qui je pense souvent. Je m'en voudrais de ne pas citer également un autre mentor du lancer, Tom House, qui m'a aussi appris un monticule de choses ces cinq dernières années. J'ai demandé à Tom de m'aider à continuer d'appréhender la technique du lancer – mais il m'a enseigné tellement plus que ça, et je lui en suis très reconnaissant. Comme je l'ai dit, si vous voulez atteindre vos objectifs, cela demande à être super bien soutenu, et Dieu merci, c'est mon cas.

Lancer était une chose, mais au début de ma carrière, je savais que j'avais aussi besoin d'améliorer ma force. C'est pour cela que, quand je jouais à l'université du Michigan, je faisais des heures sup à la musculation avec le préparateur physique, Mike Gittleson, et quand les New England Patriots m'ont drafté, j'ai continué avec Mike Woicik, un autre préparateur. Dès le commencement de ma carrière sportive, j'ai travaillé extrêmement dur mon jeu de jambes et ma condition physique. Peu importe ce que l'on me demandait de faire – corde à sauter, développer mes techniques de quarterback, etc. –, j'ai toujours fait *plus*. Quel que fût le sport, je voulais devenir meilleur. Je le veux toujours d'ailleurs. John Wooden, le célèbre coach de basketball de UCLA, définit le succès comme « la tranquillité d'esprit née directement de l'autosatisfaction de savoir que tu as fait les efforts pour devenir la meilleure version possible de toi-même ». Je crois que chacun d'entre nous peut toujours en faire plus, et mieux, pour peu que l'on cherche à développer le bon état d'esprit. La compétition est dure – et plus vous avancez dans votre carrière plus vous vous devez de devenir mentalement et physiquement plus fort.

En tant qu'athlète, j'ai explosé sur le tard. J'étais un athlète polyvalent solide, mais pas extraordinaire non plus. Peu de gens m'ayant vu jouer au football américain, au base-ball ou au basket-ball au lycée auraient parié sur le fait que je finirais par devenir pro un jour.

Le fait est que cela m'a pris du temps pour trouver mon rythme dans les différents sports, aussi bien amateurs que professionnels. Une fois acquis, je voulais être certain de faire tout ce qui était imaginable pour performer au plus haut niveau le plus longtemps possible. Jouer comme je le fais aujourd'hui, après plus de vingt ans en NFL, demande de la concentration, de la discipline, et une ouverture d'esprit pour faire les choses différemment, et cela est resté vrai depuis que les Patriots et moi avons gagné notre premier Super Bowl en février 2002. Si vous voulez atteindre votre pic de performance et le garder sur le long terme, vous vous devez d'avoir cette concentration, discipline et ouverture d'esprit.

Mais laissez-moi prendre le temps de revenir sur comment ces choses ont commencé à se mettre en place dans ma carrière sportive.

En tant qu'athlète, j'ai explosé sur le tard. J'étais aussi du genre à ne pas fournir trop d'efforts à l'école tout en arrivant à être un assez bon élève qui se débrouillait bien en maths, statistiques et finance. Le fait est que je ne me suis jamais trop concentré sur l'école, d'autant plus que lire des livres, c'était du temps en moins à consacrer à ma véritable passion et à ma dévotion au sport. Concernant le sport, j'étais un athlète polyvalent solide, mais pas extraordinaire non plus. Peu de gens m'ayant vu jouer au football américain, au baseball ou au basketball au lycée auraient parié sur le fait que je finirais par devenir pro un jour. Ma première année à la Serra High School, je débutais au football américain, et nous avons fini la saison avec un bilan de 0-8[9]. On ne peut pas vraiment dire que j'ai joué – si j'étais le quarterback remplaçant, j'ai plutôt joué en tant que *linebacker*[10] et *tight end*[11] (ce n'était pas une franche réussite non plus). Ma deuxième année, le quarterback de première année, Kevin Krystofiak, a quitté l'équipe, du coup j'ai

9. Victoires-défaites.

10. Défenseur.

11. Receveur plus costaud que les autres.

essayé de jouer en *Junior Varsity*[12], où nous étions pratiquement une équipe entière de deuxièmes années. On a un peu progressé mais notre bilan était de seulement 5-4. Pas génial, mais j'ai pris tellement de plaisir, et j'ai adoré mes coachs.

Ma troisième année, j'ai été pris en *Varsity*[13] ; nous avons fini 6-4, et ma dernière année, notre bilan fut de 5-5. Quand j'ai rejoint l'équipe *Varsity* – à partir de là je n'ai plus joué au basketball –, je m'imposais des entraînements à 6 heures quasiment toute l'année, exercices de vitesse, à la corde et courses par-dessus des sacs ou en pente. Mais peu importe la quantité de travail que j'effectuais, la plupart du temps je finissais quand même dernier. Les efforts étaient là, mais de meilleurs athlètes couraient plus vite que moi, sautaient plus haut que moi, et avaient de meilleurs résultats aux tests que moi.

Mais si je n'avais pas encore trouvé mon identité et mon potentiel au football américain à ce moment-là, je brillais au baseball, que je continuais à pratiquer pendant tout le lycée en tant que *catcher* et batteur gaucher. En plus de jouer au football américain, je faisais partie de l'équipe de baseball *Varsity* lors de mes deux dernières années de lycée, et les Montréal Expos m'ont choisi au dix-huitième tour de la draft MLB de 1995. Mais à ce moment-là je ne voulais plus jouer au baseball. Ironiquement, ce sont les dégâts qu'il infligeait à mon corps, particulièrement mes genoux, qui furent sans doute la plus grande raison de ma perte d'intérêt pour ce sport. C'est cette douleur à laquelle je faisais face jour après jour qui m'a poussé à me concentrer exclusivement sur le football américain – et déjà à cette époque, mon amour pour le foot US était plus grand que pour le baseball de toute façon.

Ma dernière année, mon père décida de faire un montage vidéo de mes meilleures actions pour voir si on pouvait susciter l'intérêt d'universités. Même si nous n'étions pas une bonne équipe au lycée, et que je passais sous le radar des recruteurs, j'ai participé aux tests d'entrée du St Mary's College où, pour la première fois, quelques recruteurs ont pu penser : « Hey, peut-être que ce gars peut éventuellement être potable. » Mon père avait filmé beaucoup de mes matchs, et le lycée avait quelques montages aussi, et à l'automne de ma dernière année, au moment où la saison de football américain s'achève, nous avons apporté les meilleurs extraits que l'on avait chez un éditeur local de San Mateo qui nous a fait un montage final. Nous nous sommes retrouvés avec cinquante VHS (vous vous souvenez de ça ?) de mes meilleures actions. Je me rappelle, mon père et moi, parcourir un livre sur les équipes universitaires de Divisions I et II nous demandant : « On leur envoie une cassette à eux ? Et à eux ? » Nous avons envoyé des colis à des douzaines d'universités qui m'intéressaient, et que je pensais avoir une chance d'intégrer, et nous avons reçu quelques réponses. Army nous a écrit un truc du genre « Merci de nous avoir envoyé votre cassette, mais on ne pense pas que vos capacités collent avec notre attaque ». (Pour vous dire, ils utilisaient la triple option[14] à l'époque. Sans rire.) J'aurais adoré rejoindre l'université de South California, qui me voulait, mais l'université du Michigan était intéressée au point de dépêcher un recruteur, Bill Harris, dans l'ouest, et en avril de cette année Michigan m'offrit une bourse, et pas USC.

Michigan était – et l'est toujours selon moi – la meilleure équipe de Division I universitaire de tout le pays, combinant le sportif et le scolaire, et les trois coachs qui m'ont recruté – Bill Harris, un coach assistant, Gary Moeller, le coach en chef, et Kit Cartwright, le coach des quarterback – étaient tous là au printemps 1995 quand j'ai choisi Michigan. Ils me connaissaient moi, mais aussi mes parents. Mais le temps que j'arrive à Ann Arbor, coach Moeller n'a pas été prolongé, et Bill Harris a quitté Michigan pour devenir coordinateur défensif de Stanford – ce qui signifiait que deux des trois gars responsables de mon recrutement, et qui me connaissaient bien moi et ma famille, étaient partis. C'est quelque chose, j'en suis sûr, qui arrive dans beaucoup de professions. Les gens qui vous font venir vous chapeautent et vous veulent heureux, mais quand je suis arrivé à Michigan il n'y avait pas beaucoup de personnes investies dans mon succès.

12. Le niveau en dessous de l'équipe principale.

13. Le niveau au-dessus de Junior Varsity.

14. Jeu essentiellement orienté vers la course plutôt que la passe.

Personne ne voulait vraiment me voir échouer – ils ne me connaissaient tout simplement pas, et il y avait d'autres joueurs à qui penser. Ce n'était la faute de personne ; c'était juste la situation qui voulait ça. Avec le recul, c'était une bonne leçon, positive, tôt dans ma carrière, qui m'a rendu plus déterminé que jamais, et je n'aurais pas voulu qu'il en soit différemment.

Michigan m'a recruté en tant que quatrième ou cinquième quarterback sur le *depth chart*, qui est un classement des joueurs, titulaires et remplaçants, par postes dans l'équipe chaque année. J'étais en compétition avec un autre première année, DiAllo Johnson, qui est arrivé à Michigan en même temps que moi. Le quarterback titulaire des Wolverines[15] était Scott Dreisbach, qui avait un an de plus que moi. Le quarterback numéro deux était Brian Griese, deux ans plus vieux que moi, et qui plus tard aura une belle carrière NFL, et le numéro trois était Jason Carr, le fils du nouveau coach de Michigan, Lloyd Carr. Après quatre matchs, les Wolverines pointaient à 4-0, quand, pendant l'un de nos entraînements, Scott Driesbach recula pour lancer une passe, relâcha la balle, et malencontreusement son pouce heurta le casque d'un autre joueur. Il apparut qu'il avait besoin d'une opération du pouce et qu'il était *out* pour le reste de la saison. Tout le monde est monté d'un rang au classement. Brian

15. Surnom de l'équipe de Michigan.

Griese devenait titulaire, Jason Carr son remplaçant, et je montais en troisième position.

Brian Griese connut une bonne saison en 1995, mais nous ne l'avons pas très bien finie. Nous avons battu Ohio State 31-23, mais avons perdu notre *bowl game*[16] 22-20 contre Texas A&M. Puis, à l'aube de la saison 1996, nous avons perdu Kit Cartwright, devenu coordinateur offensif d'Indiana. Tout le monde s'attendait à ce que Dreisbach redevienne le titulaire après son retour de blessure – Michigan n'ayant pas perdu un match avant que Scott ne se blesse la saison précédente, et Jason Carr était parti bien que son père fût toujours le coach –, mais j'essayais toujours de me battre pour la place de titulaire.

16. Dernier match de la saison déterminé en fonction du classement.

Peu de chance que cela arrive. Tout le monde aimait Scott, et je commençais à réaliser qu'il allait jouer jusqu'à sa dernière année, ce qui voulait dire que j'allais rester sur le banc les trois saisons suivantes. Lors d'un entretien avec coach Carr, je lui ai dit que je ne voyais pas beaucoup d'opportunités et que là où j'étais et là où je voulais être étaient diamétralement opposés. Coach Carr m'a dit que j'avais le potentiel pour être un très bon joueur et que je n'avais qu'à filer sur le terrain me battre, me préoccuper uniquement des choses que je pouvais contrôler et ne pas m'en faire pour le reste. Il m'a rappelé que j'avais choisi Michigan pour une raison, ce qui était vrai : Michigan était la meilleure équipe pour moi. C'était juste décourageant de ne pas pouvoir jouer. Pire, la perspective d'être titulaire semblait dantesque vu que j'étais mentalement et physiquement en dessous de Scott.

Alors que le temps filait et que grandissait ma frustration, j'ai eu la chance de trouver – ou plutôt d'être trouvé par – notre psychologue du sport, Greg Harden. Greg était à Michigan depuis des années et conseillait beaucoup de grands athlètes de l'université. Une chose qui m'impressionnait était le fait que Greg avait aussi travaillé avec Desmond Howard, l'une des anciennes superstars des Wolverines. Howard, un receveur spécialiste du retour de dégagement, avait remporté le trophée Heisman[17] en 1991 et, plus tard, joua pour les Redskins et les Packers. Un jour, Desmond entra dans le bureau de Greg et dit : « Greg, on ne m'envoie jamais la balle au bon endroit. Je fais des efforts pour rien, la balle est jetée n'importe comment, et je suis toujours obligé de plonger pour la réceptionner. » La réponse de Greg fut : « Tu sais quoi, Desmond ? C'est la raison pour laquelle tu es Desmond Howard. Desmond Howard peut faire toutes ces réceptions acrobatiques à une main que personne d'autre n'arrive à faire. Si le quarterback visait dans le mille à chaque fois, à chaque tentative, personne n'aurait la chance de voir ce dont tu es réellement capable. » Ces mots sont depuis restés gravés en moi. Et la leçon était que, quand les choses ne vont pas dans votre sens – ou plutôt ce que vous *pensez* être votre sens –, il existe un tas d'opportunités qui n'apparaissent pas comme évidentes

17. Meilleur joueur universitaire du pays.

Chaque jour, pendant les entraînements, je faisais de mon mieux, car je savais que si je ne le faisais pas, rien ne garantissait que l'on me donne du temps de jeu. Je me disais : « *Si je ne considère pas l'entraînement comme un match, les coachs ne me laisseront pas jouer dans un vrai match.* »

mais qui, à force d'un travail acharné, d'une préparation et de persistance, peuvent se présenter à vous et vous rendre meilleur.

« Je n'aurai jamais ma chance, disais-je à Greg. Ils ne me donnent que trois répétitions[18]. » Greg disait alors : « Trois répétitions ? Trois répétitions, c'est bien mieux que zéro. Je veux que tu fasses de ton mieux avec les trois répétitions qu'ils te donnent, Tommy. Si tu ne te donnes pas à fond, alors honte à toi. Maintenant sors et fais bien ces trois reps. » Ses mots ont accru ma compétitivité. Ils m'ont donné confiance – maintenant, j'avais un plan. Je quittais le bureau de Greg pour aller m'entraîner et bien faire ces trois répétitions. Une semaine plus tard, les coachs m'ont donné quatre répétitions. Puis cinq. Puis six. Avec le temps, j'ai fini par obtenir la majorité des répétitions. Chaque jour, pendant les entraînements, je faisais de mon mieux, car je savais que si je ne le faisais pas, rien ne garantissait que l'on me donne du temps de jeu. Je me disais : « Si je ne considère pas l'entraînement comme un match, les coachs ne me laisseront pas jouer dans un vrai match. » Du coup, à partir de ce moment, j'allais toujours considérer l'entraînement comme un match. C'est une règle que je respecte encore aujourd'hui.

Ma deuxième année à Michigan, Scott Dreisbach était notre QB[19] titulaire, et au fil de la saison, j'étais en compétition avec Brian Griese pour la deuxième place. Après quelques semaines, Brian m'avait battu lentement mais sûrement. Finalement, nous n'avons pas fait une bonne saison, et à la fin de celle-ci contre Penn State, l'entraîneur a retiré Dreisbach du match et a mis Griese à sa place. Pour faire court, Griese a terminé le reste de la saison, et nous avons fini par battre Ohio State 13-9, mais malheureusement, nous avons encore perdu notre *bowl game*, 17-14, contre Alabama. À ce stade, les coachs étaient plus réservés à propos de Dreisbach. Griese faisait du bon travail, mais personne ne se démarquait vraiment, c'est pourquoi, au début de la saison 1997, il y avait une sorte de compétition totalement ouverte entre les QBs. Cela n'était pas malsain, et il n'y a jamais eu de mauvaises intentions – tous les quarterbacks avaient de bonnes relations entre eux –, de plus, je n'ai jamais toléré de passe-droit dans le sport. Si un gars est plus capable de faire le boulot qu'un autre, il mérite de jouer. À cette période, j'étais en compétition pour du temps de jeu avec Brian Griese, Scott Dreisbach, et un nouveau gars, Jason Kapsner, une jeune recrue très convoitée du Minnesota. Finalement, coach Carr a choisi Brian, qui était alors en cinquième année, comme QB titulaire, et Brian méritait cette place. Je suis devenu le deuxième quarterback, devançant Scott, qui a fini troisième ou quatrième au *depth chart* aux côtés de Jason. Cette année-là, en 1997, nous restâmes invaincus, et ce fut une saison magique, Brian jouant très bien pour notre équipe, remportant chaque match, clôturant sur une victoire au Rose Bowl face à Washington State. Brian m'a beaucoup appris sur l'envie et la détermination. Rien ne pouvait se mettre en travers de son chemin, et j'ai eu de la chance de pouvoir le regarder jouer. Avec le recul, je m'aperçois que c'était un homme en mission, et il m'a enseigné ce que c'est que d'être vraiment costaud mentalement.

À l'approche de ma quatrième année, j'ai eu l'impression d'être en position de devenir titulaire, ayant battu Dreisbach et Kapsner la saison précédente. Avec le départ de Brian Griese – il avait obtenu son diplôme, avait été drafté et avait rejoint les Broncos de Denver

18. Trois tentatives d'appliquer des schémas de jeux.

19. Abréviation de « quarterback ».

À Michigan, contre Purdue, en 1999.

en NFL –, un nouveau première année, Drew Henson, débarqua. Drew était l'un des espoirs les mieux notés du pays, un athlète multisport qui avait été drafté la même année par les New York Yankees[20]. En Drew, tous les coachs pensaient qu'ils avaient peut-être trouvé le prochain John Elway. Coach Carr s'était fortement impliqué dans le processus de recrutement de Drew, et tout le monde avait envie de voir ce qu'il pouvait faire sur le terrain. Pour autant, ces trois dernières années, j'avais grandi en tant que personne et en tant que joueur, j'ai acquis plus d'expérience et j'ai appris à rivaliser très, très dur. Je n'avais que faire de la concurrence ; elle a fait ressortir le meilleur en moi. Au cours du camp d'entraînement cette année-là, j'ai travaillé plus intensément que jamais dans la salle de muscu et sur le terrain d'entraînement. J'ai vraiment essayé de franchir un cap, et ça a payé quand coach Carr m'a choisi pour le poste de titulaire.

Malheureusement, nous avons perdu notre premier match contre Notre Dame 36-20, et une semaine plus tard, nous avons été pulvérisés, 38-28, par une grande équipe de Syracuse menée par Donovan McNabb. Deux matchs joués, deux défaites ; ce n'était pas ce que l'on peut appeler des débuts réussis me concernant. À ce stade, presque tout le monde voulait que Drew prenne

20. Équipe professionnelle de baseball évoluant en MLB.

ma place. Mais coach Carr m'a titularisé pour le match suivant et, finalement, pour le reste de la saison, parce qu'après ces deux premières défaites, nous avons gagné neuf matchs consécutifs pour terminer la saison à 9-2. Puis nous sommes allés à Ohio State, où, en dépit d'avoir battu le record de l'université de Michigan en lançant trente et une passes réussies, nous avons perdu le match 31-16. Malgré tout, nous avons gagné notre *bowl game*, 45-31, face à Arkansas, et avons terminé l'année 10-3. Globalement, c'était une assez bonne année, une dont on se souvient.

En 1999, lorsque j'ai commencé ma cinquième saison, la rivalité entre Drew Henson et moi s'était intensifiée. Tout le monde – les coachs, les supporters – voulait voir Drew sur le terrain, et pourquoi pas d'ailleurs ? Il était très talentueux, et il avait refusé de jouer au baseball professionnel pour les Yankees afin de jouer au football universitaire à Michigan. Et pourtant, notre équipe sortait d'une solide saison avec un bilan de 10-3. Quatre jours avant notre premier match, coach Carr m'a convoqué avec Drew dans son bureau. Il a annoncé que j'étais le capitaine de l'équipe et que je débuterais le match, Drew jouant le deuxième quart-temps. Après quoi, coach Carr évaluerait à la mi-temps qui de nous deux jouait le mieux et pourrait disputer la deuxième mi-temps.

Tôt le lendemain, je me souviens d'avoir parlé à mon père de la décision de coach Carr. Je ne sais pas comment cela se fait, mais un journaliste a téléphoné à mon père pour lui demander son avis. Je pense que le journaliste a essayé de le faire parler – et il a réussi ! « Que pensez-vous du fait que votre fils débute le match contre Notre Dame ? » demanda le journaliste. « Eh bien, a dit mon père, j'ai parlé à Tom, et il est vraiment excité de jouer le premier quart-temps, puis Drew jouera le deuxième. » À cause à mon père, les médias ont dévoilé le scoop. Après cet incident, une de mes sœurs a surnommé mon père « le bavard ». Ce surnom lui correspond toujours très bien !

Drew et moi avons joué, comme l'a dit le coach Carr. Lors de notre premier match contre Notre Dame, j'ai joué le premier quart-temps et Drew est arrivé pour le deuxième. Coach Carr a décidé que je jouerais la deuxième mi-temps, et nous avons gagné ce match, 26-22, marquant un *touchdown* dans les deux dernières minutes. Le deuxième match, contre Rice, j'ai joué la deuxième mi-temps, et le troisième match, contre Syracuse, coach Carr a décidé de faire jouer Drew pour la deuxième mi-temps. À la mi-saison, contre Michigan State, une équipe qui, elle non plus, n'avait pas perdu un seul match jusqu'à présent cette saison, j'ai joué le premier quart-temps et Drew a joué le deuxième – et coach Carr décida une nouvelle fois de faire jouer Drew pour la deuxième période. Mais après quelques minutes lors

À Notre Dame, 1999.

de la deuxième série offensive[21], Drew a lancé une interception[22] et coach Carr m'a dit que j'allais retourner sur le terrain. Nous avons fini le match fort, marquant quatre *touchdowns* sur nos quatre dernières possessions. Mais Michigan State était aussi en feu, et nous ne pouvions pas les ralentir. Nous avons perdu, 34-31. C'était notre première défaite de la saison. Je me souviens m'être fait la réflexion : « J'ai très bien joué quand je suis retourné dans le match, donc peut-être qu'ils ne nous feront plus tourner Drew et moi. » Malgré cela, quelques jours plus tard, coach Carr a annoncé qu'il maintenait la rotation. Je n'ai pas trop cogité, parce que l'important c'était que je jouais.

Le match suivant, contre Illinois, nous avons joué à domicile en tant que super favoris. Comme d'habitude, j'ai joué en premier, puis Drew, et ensuite coach Carr m'a choisi pour jouer la deuxième mi-temps. À la moitié du troisième quart-temps, la grosse avance que nous avions accumulée a été dilapidée par un tas de trucs incroyables : Illinois a marqué quatre *touchdowns* sans que l'on marque en retour ; un snap[23] trop haut est passé au-dessus de ma tête ; j'ai lancé une interception ; et nous avons fini par perdre un match que nous aurions dû gagner, ce qui entraînait une deuxième défaite consécutive. Après le match, coach Carr m'a appelé pour me dire qu'il abandonnait la rotation et que je jouerais tout le match la semaine suivante. Une bonne nouvelle n'arrivant jamais seule, nous avons gagné nos quatre matchs suivants contre Indiana, Northwestern, Penn State et Ohio State, avant de battre Alabama lors de l'Orange Bowl pour terminer la saison avec un bilan de 10-2.

Avec le recul, je peux comprendre pourquoi tous ces autres quarterbacks jouaient avant moi. Je comprends aussi pourquoi coach Carr voulait que Drew Henson et moi fassions une rotation. Pourtant, ça a complexifié ma période universitaire, étant donné que j'apprenais encore beaucoup sur qui j'étais et combien le football universitaire pouvait être compétitif. Pendant mes années à Michigan, j'ai eu la chance de travailler dans un environnement compétitif, centré sur le collectif. J'ai rencontré beaucoup d'amis et de mentors géniaux. J'étais arrivé sur le campus en 1995 comme athlète faible d'esprit et de cœur. Apprendre à me battre pour ce que je voulais fut une grande expérience. Mais avec mes années universitaires derrière moi, il était temps de voir si je pouvais passer au niveau supérieur.

En 2000, les New England Patriots et leur entraîneur des quarterbacks de l'époque, Dick Rehbein, m'ont choisi en 199e position de la draft NFL, ce qui, si vous faites le calcul, signifie que j'ai été ignoré par chaque équipe de la NFL entre quatre et six fois. Le rapport des recruteurs disait que j'étais grand, avec du sang-froid, intelligent et vigilant. Capable de lire les *coverages*[24]. J'avais une bonne précision et un bon toucher, et j'étais potentiellement un leader d'équipe. Mais les points positifs ont été enfouis sous un monticule d'autres critères : « *Faible gabarit. Très maigre. Peut être mis à terre plus facilement que vous l'aimeriez. Manque de mobilité et de capacité à éviter le rush*[25]. Manque d'un bras vraiment costaud. Ne peut pas faire avancer l'équipe sur le terrain et ne lance pas une spirale parfaite[26]. » Le rapport se conclut en me qualifiant de « joueur de système qui n'est pas ce que vous recherchez en termes de stature, de force, de puissance de bras et de mobilité », et de « pourrait réussir dans le bon système, mais n'est pas pour tout le monde ». Et ces rapports avaient raison. J'avais besoin de m'améliorer dans beaucoup de domaines.

Lors de ma première saison avec les Patriots, j'étais principalement le quatrième quarterback du *depth chart*. Encore une fois, c'était dû au fait que je n'avais pas les capacités naturelles de certains athlètes au même âge. Pour rester en compétition, j'ai dû travailler plus fort que jamais auparavant. Me battre pour pouvoir jouer est quelque chose que j'ai en moi depuis toujours, et ça

21. Une série offensive dure tant que l'attaque continue de progresser sur le terrain sans perdre le ballon, ou ne se dégage faute d'avoir avancé avec suffisamment de tentatives.

22. Une passe interceptée par un défenseur avant qu'elle n'atteigne le receveur visé.

23. Passe d'engagement entre le joueur de centre et le quarterback.

24. Les assignations ou tactiques défensives.

25. Ruée des défenseurs vers le quarterback.

26. Ballon qui tourne sur lui-même sans autre mouvement perturbant sa trajectoire.

n'allait pas changer en rejoignant les Patriots. Grâce à mon expérience universitaire, j'ai retenu beaucoup de leçons, la plus grande étant l'importance de la compétition et de la nécessité de gagner ma place dans une équipe. Cette leçon – cette attitude – a toujours beaucoup compté pour moi. À mon arrivée à Michigan, personne ne m'a jamais promis que je serais le quarterback titulaire avant ma deuxième année. Comparez ça à la situation actuelle, quand certains étudiants-athlètes n'acceptent une bourse d'étude universitaire qu'à condition qu'ils aient du temps de jeu durant leur première ou deuxième année. Pour ma première année avec les Patriots, notre coach, Bill Belichick, a dit d'entrée de jeu qu'il ne voulait qu'une seule chose : de la compétition. Ma réponse a été : « Punaise, je sais comment rivaliser. Je n'ai fait que ça ces neuf dernières années. Personne ne m'a jamais rien donné. Vous voulez de la compétition ? OK, super, on va voir qui est le meilleur. »

J'ai abordé ça comme à Michigan. J'ai travaillé comme un damné tous les jours à l'entraînement, sachant que si je ne faisais pas l'effort supplémentaire d'envisager chaque entraînement comme un match, il était peu probable que les coachs me laisseraient jouer dans une véritable rencontre. Je voulais gagner le respect de mes coéquipiers. Encore une fois, mon état d'esprit à l'époque était de toujours considérer l'entraînement comme un match, et c'est toujours mon état d'esprit aujourd'hui. Lors de ma première saison chez les Patriots, si je marquais un *touchdown* pendant un *two-minute drill*[27], je célébrais comme si j'étais devant soixante-dix mille personnes. J'aime à croire que cela a eu un effet positif sur mes coéquipiers, qui ont pensé : « *Oh mon Dieu, ce gars veut s'entraîner, il aime la compétition ;* il n'y a aucun privilège ici, c'est tout pour l'équipe. »

J'avais appris à vivre avec la douleur depuis le lycée. Ne connaissant aucune autre solution, je me suis dit qu'il fallait en prendre mon parti. J'ai donc fait ce que j'avais toujours fait, et ce que tous les coachs et autres membres du staff m'avaient toujours dit de faire : glacer mon bras et mon épaule, me reposer un jour ou deux, retourner sur le terrain, lancer de nouveau et attendre que la douleur revienne. Et elle revenait toujours.

Parallèlement, si je faisais en sorte de toujours tout accomplir avec les mêmes intensité, discipline, état d'esprit et concentration que j'appliquais à l'entraînement, je voulais aussi être certain que mon corps reste en bonne santé, sans blessure. Les rapports des recruteurs n'avaient pas totalement tort. Je n'avais pas le physique type pour le football américain. Oui, j'ai toujours eu un assez bon bras, mais mon jeu de jambes était inférieur à la moyenne, et comme au lycée puis à l'université, où je finissais dernier ou presque à la course avant de m'améliorer pour finir au milieu de tableau, j'étais de nouveau le gars le plus lent sur le terrain. Il m'a fallu au moins un an pour me mettre à niveau et être en mesure de rivaliser avec les vétérans de l'équipe. À vingt-trois et vingt-quatre ans, mon seul but dans la vie était de faire partie de l'équipe, et j'ai continué à faire toujours plus d'efforts parce que c'était impératif. Chaque fois que vous franchissez un niveau, tout le monde devient plus rapide, plus fort et meilleur, et j'ai dû travailler vraiment dur juste pour être compétitif. C'est pourquoi tous les vendredis à 6 heures, quand personne n'était encore arrivé, je travaillais avec notre préparateur physique, Mike Woicik, sur des exercices de vitesse et de

27. Simulation de fin de match où l'équipe doit absolument marquer pour gagner avec seulement deux minutes restant à jouer.

jeu de jambes, afin d'essayer de combler l'écart avec mes coéquipiers.

C'est à peu près à cette période que j'ai commencé à être plus attentif aux changements qui commençaient à se produire dans mon corps.

Il y a une grande différence entre jouer au football américain à l'université et en NFL. Je ne m'en rendais pas compte à l'époque, mais à Michigan, ma charge de travail équivalait à la moitié de ce qui est exigée en NFL, pareil pour l'intensité. Lorsque vous jouez à l'université, la saison ne dure que douze ou treize matchs, et l'entraînement et le travail à la salle ne durent pas plus de quatre heures par jour. En outre, il n'y a probablement que quatre ou cinq matchs pendant la saison universitaire qui sont vraiment intenses, où les deux équipes sont du même niveau. En NFL c'est différent. Le boulot commence à 7 heures tous les jours et se poursuit jusqu'à 18 heures. Chaque match est un combat, et l'intensité ne faiblit jamais. Une saison NFL se compose de quatre matchs de présaison et seize matchs de saison régulière[28] et presque chaque année les Patriots ont disputé les playoffs depuis que je suis le quarterback titulaire, ce qui fait un total de vingt à vingt-quatre matchs par saison. Bref, en débarquant chez les Patriots, l'entraînement et l'intensité avaient doublé. Jusqu'en 2011, les équipes de la NFL avaient ce qu'elles appelaient des journées doubles, deux entraînements par jour, avec énormément de lancers. Après plusieurs années avec des séances doubles, ajoutées aux impacts que recevait mon corps chaque jour sur le terrain, j'en étais arrivé au point où la tendinite de mon épaule droite était si grave que j'arrivais à peine à lancer la balle.

J'avais appris à vivre avec la douleur depuis le lycée. À l'époque, presque tous les jours après l'entraînement de baseball, mon coude me faisait tellement mal que je rentrais chez moi et le plongeais dans un grand seau de glace. Je ne connaissais aucun autre traitement. Si j'avais mal à l'épaule – comme c'était le cas la plupart du temps –, je posais un gros sac de glace qui allait de mon cou à mon épaule. Jouant *catcher*, je passais la plupart de mon temps accroupi, ce qui me faisait mal aux genoux, et ce qui voulait dire encore plus de glace. La douleur m'a suivi à l'université, où mon bras et mon épaule me faisaient souffrir après quasiment chaque entraînement et chaque match. Ne connaissant aucune autre solution, je me suis dit qu'il fallait en prendre mon parti. C'était la faute du football américain. J'ai blâmé le sport. J'ai donc fait ce que j'avais toujours fait, et ce que tous les coachs et autres membres du staff m'avaient toujours dit de faire : glacer mon bras et mon épaule, me reposer un jour ou deux, retourner sur le terrain, lancer de nouveau et attendre que la douleur revienne. Et elle revenait toujours.

Pour faire simple, je suivais la même approche systématique de musculation et de cardio que les athlètes de tout niveau et de tout sport ont suivie pendant des décennies, et suivent encore aujourd'hui. La musculation, que vous utilisiez des poids libres, des machines, ou votre propre poids corporel à des niveaux d'intensité ou de répétitions de plus en plus élevés, couplée à des périodes de repos de plus en plus courtes, a pour but d'augmenter la force et l'endurance musculaire, qui, à leur tour, permettent à vos muscles de supporter encore plus de poids ; tandis que le cardio se concentre sur l'exercice aérobique, la plyométrie, la callisthénie[29] et des exercices basés sur les mouvements de la vie courante – c'est-à-dire tout moyen d'élever votre rythme cardiaque et de vous faire transpirer pour vous préparer à la compétition. Vous faites du cardio et vous soulevez des poids, puis vous faites de votre mieux pour trouver le bon équilibre entre les deux. Si vous vous blessez en vous entraînant ou pendant un match, vous partez du principe que c'est parce que vos muscles sont faibles. Votre première réaction sera de renforcer cette faiblesse ressentie en soulevant des poids. Mais soulever plus de poids n'est pas la solution. Le problème fondamental est un déséquilibre entre musculation, cardio et pliabilité. Donc soumettre cette blessure à plus de poids, ajouté au déséquilibre existant, ne fait qu'empirer les choses. Des charges plus lourdes entraînent encore plus de déséquilibre et plus de compensation musculaire, ce qui entraîne plus de blessures. Renforcer, faire du cardio, se blesser, aller en

28. Depuis la saison 2021, c'est 3 et 17.

29. Travail en poids du corps.

rééducation – c'était et c'est toujours le modèle archaïque performance/entraînement.

Je n'ai jamais remis en question ce modèle ou cette façon de penser, et personne d'autre que je connaissais ne l'a fait non plus. Je n'ai pas non plus envisagé d'autres solutions, parce qu'à ma connaissance, il n'y en avait pas. Sans oublier que, depuis que je suis jeune, les coachs et le reste du staff m'ont toujours dit que faire du sport, c'était savoir faire face à la douleur. Cela semblait être un fait avéré que faire du sport – l'une des grandes joies de ma vie – éprouvait, martelait et cassait mon corps.

C'est à ce moment-là que j'ai commencé à rechercher de meilleures façons de m'entraîner. Le but de ce livre est d'éduquer les gens à adopter une approche de la blessure plus préventive. Dans le monde de la santé et du médical, beaucoup ont parlé des avantages du bien-être et des mesures préventives pour éviter que les gens ne tombent malades. Pourquoi ne faisons-nous pas la même chose dans le domaine de l'entraînement sportif ? Pourquoi les mesures préventives en matière de santé ne sont-elles pas transposées dans le monde du sport ? Ce livre et la Méthode TB12 sont mes propositions de réponse. Pour moi, la seule façon de briser le modèle ancestral muscu-cardio-blessure-rééducation est d'incorporer l'élément manquant le plus important : la pliabilité.

Comme je l'ai déjà dit, le sport a été l'une des nombreuses joies de ma vie. Mais j'ai aussi constaté que les entraînements épuisants et les répercussions que le sport inflige à notre corps privent un trop grand nombre d'athlètes de cette joie. En plus des titres que j'ai eu la chance de gagner, je suis fier de l'état d'esprit et de l'approche que j'ai adoptés pour m'amener vers un modèle d'entraînement différent qui crée et maintient mon pic de performance. Cette méthode, j'aimerais que les athlètes de tous âges l'expérimentent, et sachent aussi que les principes desquels dépendent les résultats que j'ai obtenus toutes ces années sont, je crois, l'avenir de l'entraînement sportif. La méthode TB12 qu'Alex et moi avons développée me permet de jouer et de performer chaque semaine à des niveaux aussi élevés – voire plus élevés – qu'ils l'étaient lorsque j'ai eu, pour la première fois, l'occasion de rentrer sur le terrain en tant que quarterback des Patriots. J'en suis la preuve vivante : j'ai gagné en rapidité chacune de ces six dernières années, et j'ai également battu mes records personnels en matière d'agilité et de tests de force. Au cours de la même période, comme on a l'habitude de le constater, ce n'est pas le cas des athlètes qui arrivent à la fin de leur trentaine ou au début de leur quarantaine.

Mais à l'époque, en 2000, avant de savoir ce qu'était la pliabilité, mon amour pour le football américain, ainsi que ma détermination et ma compétitivité innées, m'ont fait passer outre toutes les douleurs que j'ai pu ressentir et m'ont poussé à donner à ce sport le meilleur de moi-même chaque fois que j'en avais la chance. C'est lors de ma deuxième saison en tant que Patriot, en 2001, que j'ai finalement eu l'occasion de jouer et d'exposer à tout le monde ce que je faisais dans l'ombre, et tout ce que j'étais capable d'accomplir.

C'était le deuxième match de la saison – le premier après les attentats terroristes du 11-Septembre. Une nuit chaude et humide en Nouvelle-Angleterre. Les Patriots affrontaient les New York Jets, et ces derniers menaient au score 10 à 3. Je ne m'attendais pas à jouer ce jour-là. Drew Bledsoe, notre QB titulaire des neuf dernières saisons, était un excellent leader. Mais cinq minutes avant la fin du match, troisième et dix[30], Drew a été obligé de fuir la pression mise par le *defensive end*[31] des Jets, Shaun Ellis, et a percuté, sur la ligne de touche, leur défenseur Mo Lewis. C'était l'un des chocs les plus forts que j'ai jamais entendus. Quand Drew a quitté le terrain, coach Belichick m'a fait rentrer dans le match. Tout s'est passé très vite, et la seule chose que je pouvais faire, c'était m'adapter à la situation. Même si je n'avais joué que quelques infimes minutes la saison précédente, cela restait du football américain, le même sport auquel j'ai joué tant de fois auparavant. Même si j'étais triste de voir Drew blessé, je ne voulais pas décevoir l'équipe en jouant mal.

Pendant ma saison rookie[32], et même pendant la saison 2001, je n'aurais jamais pu imaginer que Drew se blesse, ni l'opportunité que cela représenterait pour

30. Troisième tentative sur les quatre possibles et dix yards à parcourir pour pouvoir avoir droit à quatre nouvelles tentatives.

31. Défenseurs du front de la défense, les plus proches des joueurs de lignes offensives chargés de protéger le QB.

32. Un rookie est un joueur de première année chez les pros.

Je célèbre notre folle remontée lors du Super Bowl en 2017. J'étais euphorique !

moi. Tout ce dont j'étais sûr, c'est que si une chance se présentait, c'était tout ce dont j'aurais besoin, même si cette chance reposait sur le fait qu'un de mes coéquipiers se soit blessé. Ce n'est que quelques jours plus tard que nous avons appris que Drew avait subi une blessure très grave et qu'il serait indisponible pour la majeure partie de la saison. Nous avons perdu ce match contre les Jets, mais il s'est avéré que cela se transformerait en une saison digne d'un conte de fées pour les Patriots, et pour moi aussi. Lors des quatorze matchs suivants, j'étais le quarterback titulaire, et nous finirons avec un bilan de 11 victoires pour 3 défaites. Au cours des play-offs cette année-là, notre *kicker*, Adam Vinatieri, a réussi quelques frappes incroyables – deux lors d'un match que nous avons joué dans un blizzard contre Oakland, et une troisième, qui nous offrit la victoire sur le fil lorsque, en tant qu'outsiders, nous avons battu les champions en titre, les St. Louis Rams – aussi connus sous le nom de « The Greatest Show on Turf »[33] – lors du Super Bowl XXXVI.

Cette époque-là était géniale, et même incroyable. Mais au fil du temps, trois ou quatre ans après le début de ma carrière chez les Patriots, j'étais plus résigné que jamais quant au fait que quoi que je fasse, mon bras et mon épaule allaient me faire mal. En 2004, à l'âge de vingt-sept ans, j'étais constamment préoccupé par l'usure de mon corps. Vingt-sept ans, cela peut sembler jeune, mais en fin de vingtaine, la plupart des athlètes qui ont pratiqué des sports de contact toute leur vie font

33. Jeu de mots avec « The Greatest Show on Earth » pour « le plus grand spectacle sur Terre », le mot « turf » faisant référence au gazon des terrains de football américain.

face à des blessures et à des déséquilibres entre musculation, cardio et pliabilité.

Nous sommes tous nés naturellement déformables, c'est pourquoi nous nous concentrons sur le renforcement musculaire et l'endurance pendant l'adolescence et la vingtaine. Mais à mesure que notre pliabilité naturelle diminue avec l'âge, on comprend plus facilement la différence de l'impact que peuvent avoir sur notre corps l'entraînement maximal et l'entraînement *optimal*. Dans mon cas, cela signifiait plus de douleur. Plus de fatigue. Plus de raideur. Des temps de récupération de plus en plus longs. Pourquoi ? J'étais super costaud, mais ma pliabilité commençait à faire défaut – à tel point que la douleur que j'éprouvais ne me permettait plus de pratiquer le sport que j'aimais.

En 2004, en pleine période de reprise de l'entraînement, un de mes coéquipiers, Willie McGinest, m'a vu prendre du repos et m'a pris à part. Comme moi, Willie venait de Californie, il avait joué à USC. Il était *linebacker*[34], l'un des joueurs les plus talentueux de l'équipe, et un acteur majeur de nos victoires lors des Super Bowls en 2001, 2003 et 2004. Willie avait une certaine aura et un certain charisme – il était le « parrain » du vestiaire – et il a toujours été comme un grand frère pour moi. Conscient du problème, Willie m'a suggéré de rencontrer son coach personnel de l'époque, Alex Guerrero. Sans cette rencontre, la méthode TB12 n'aurait jamais vu le jour.

Quand Willie vous recommandait de faire quelque chose, vous le faisiez. Mais, pour être honnête, je ne m'attendais pas à grand-chose. Alex était peut-être vivement recommandé, mais qu'est-ce qu'un coach ou un préparateur physique pourrait proposer de différent de ce que je faisais depuis le lycée, c'est-à-dire utiliser de la glace, me reposer, puis jouer et faire tout ce que je pouvais pour éviter les blessures et la rééducation, tout en maintenant ma force musculaire et mon endurance, obtenant les mêmes résultats insatisfaisants à chaque fois ? Certes, je n'avais rien à perdre, mais il fallait être très persuasif. Je pensais que je savais déjà tout. Souffrir du bras avec lequel je lance ne signifiait pas nécessairement la fin de ma carrière, mais je commençais à me demander si je ne devais pas simplement continuer à jouer avec cette douleur jusqu'au jour où mon corps me lâcherait. Mais est-ce que c'était une solution saine ? Avec le recul, je n'avais pas assez mal pour réaliser que je devais changer ce que je faisais. Finalement, quand Willie m'a dit « Mec, tu ne peux pas t'entraîner, tu ne peux même pas bouger ton coude », j'ai dit OK et j'ai réservé une séance avec Alex pour la prochaine fois où il serait en ville.

Alex a grandi en Californie et a étudié la médecine traditionnelle chinoise à l'université. Depuis 1996, il travaille dans son centre de rééducation à Los Angeles, où il a pu bosser avec beaucoup d'athlètes venus de sports divers et variés. Il venait tous les mois sur la côte Est durant six jours pour travailler avec Willie et d'autres joueurs, et à l'occasion d'un de ces séjours, nous nous sommes rencontrés chez Willie. À cette époque, personne ne proposait, même partiellement, ce que faisait Alex. La médecine sportive et la performance athlétique collaboraient mais étaient segmentées, avec un préparateur physique faisant un truc, un coach de position[35], un autre truc, et un kiné proposant un truc totalement différent aussi. Alex, de son côté, a passé sa vie et sa carrière à étudier et à combiner les différentes visions pour créer une approche corps-esprit holistique pour la performance sportive et le bien-être. Sa dévotion à ses clients sautait aux yeux. Si j'étais blessé, cela blessait Alex de me voir blessé. La rééducation que lui et moi avons concoctée après ma blessure aux ligaments croisés antérieurs a cimenté notre relation, et avec le temps nous avons développé un ensemble de principes qui ont constitué la fondation de mon entraînement à la performance.

Quand on s'est rencontrés, Alex a commencé immédiatement par soulager ma tendinite en effectuant un travail musculaire profond et ciblé comme personne ne l'avait fait auparavant. Et pourtant, j'ai connu des massages, de la thermothérapie (chaud et froid), les ultrasons, l'électrostimulation, la reprogrammation cérébrale, l'ostéopathie, les étirements, et tout le reste pendant plus de quinze ans et provenant de différents membres du staff. J'ai commencé à comprendre ce qu'était la pliabilité après la première séance avec Alex. M'expliquant que

34. Poste situé au milieu de la défense et considéré comme le général de celle-ci.

35. Chaque poste a un coach de position au football américain.

Alex et moi au TB12 Performance & Recovery Center de Foxborough en 2017.

le tendon de mon coude était inflammé, Alex a passé l'heure suivante à étirer et à détendre les muscles entourant mon coude, ainsi qu'à glacer uniquement mon tendon inflammé, utilisant un mélange d'instinct, de savoir-faire et d'expérience. À mesure qu'il étirait et détendait mes muscles, la douleur et la tension dans mon coude se dissipaient lentement. Pourquoi ? Parce qu'en étirant et en détendant mon biceps, mon triceps et les muscles de mon avant-bras qui tiraient sur mon tendon, Alex était en train d'enlever la tension sur ce tendon. Mon tendon n'a plus jamais eu à forcer autant pour stabiliser mon articulation. Mes muscles pouvaient maintenant fonctionner de façon plus détendue et optimale. Si je décidais de continuer ce genre de traitement pour la saison à venir, Alex m'avait promis que ma tendinite se soulagerait. C'était tellement évident pour moi. Je commençais à me demander pourquoi ce ne serait pas pareil pour tous les muscles de mon corps. En enlevant les tensions de toutes mes articulations, en étirant et détendant tous mes muscles, mon corps entier devrait fonctionner de manière plus optimale, et serait en mesure de mieux redistribuer les forces auxquelles je fais face sur et en dehors du terrain.

Vingt-quatre heures plus tard, après une autre séance, je pouvais sentir la différence dans mon coude. Quarante-huit heures plus tard, et après deux séances supplémentaires, l'amélioration de mon coude était encore plus évidente. Pendant les deux semaines suivantes, alors que je continuais à travailler avec Alex d'une façon méthodique qui finirait par devenir routinière, la douleur et la fatigue dans mon coude étaient réduites de moitié. N'importe qui ayant ressenti l'intensité de la douleur que j'ai connue dans mon coude et mon épaule année après année, et ressentant la douleur passant de 10 (maximum) à 5 (modérée) après seulement quelques séances, vous dirait la même chose. Le but d'Alex était d'éliminer complètement la douleur.

Jusqu'alors, je n'avais pas vraiment réalisé combien je m'étais habitué à ce que mon corps me fasse mal, ou comment j'avais accepté la douleur et la fatigue comme faisant partie intégrante du métier de sportif. Gagner sa vie en jouant au football américain, c'était comme subir un accident de voiture tous les dimanches – un accident planifié –, je commençais à me rendre compte de ce que je faisais subir à mon corps chaque semaine, et la somme des traumatismes subis. Je commençais aussi à considérer Alex moins comme un coach mais plus comme un ingénieur, quelqu'un capable de déterminer l'équilibre optimal de stress et de charge encaissés par mon corps. Me concernant, Alex dessinait, construisait et maintenait mon pic de performance de la façon la plus complète possible. L'année suivante, après avoir modifié mon programme d'entraînement en incorporant plus de travail profond et ciblé, d'étirements et de détente de mes muscles, Alex m'a dit que j'en étais arrivé au point où je pouvais ne plus jamais avoir de problème sérieux au coude ou à l'épaule. C'est le cas aujourd'hui.

L'ajout de bandes de résistance lors de mon mouvement de rotation améliore ma force et maintient ma pliabilité.

CHAPITRE 2

CE QUE JE SAIS MAINTENANT

J'AI PASSÉ LES SAISONS 2004 ET 2005 À BOSSER AVEC ALEX. CONCRÈTEMENT, NOUS TRAVAILLIONS RELATIVEMENT PEU, PENDANT DEUX JOURS UNE SEMAINE SUR DEUX, VU QU'ALEX CONTINUAIT DE SOIGNER SES AUTRES CLIENTS. CE PLANNING ME CONVENAIT À L'ÉPOQUE, PUISQUE J'AVAIS PLUS DE PLIABILITÉ NATURELLE ET QUE JE POUVAIS DONC ME PASSER DE LUI QUELQUES SEMAINES, ALORS QU'AUJOURD'HUI, LUI ET MOI FAISONS DES SESSIONS DE PLIABILITÉ QUATRE FOIS PAR SEMAINE. ENSEMBLE, NOUS AVONS SOLIDIFIÉ LES FONDATIONS DE CE QUE NOUS AVONS COMMENCÉ À APPELER LA PLIABILITÉ – L'ALLONGEMENT ET L'ASSOUPLISSEMENT QUOTIDIENS DES MUSCLES DE MON ÉPAULE ET DE MON COUDE, ET, AU FUR ET À MESURE, DE TOUS LES AUTRES MUSCLES DE MON CORPS, GRÂCE À UN TRAVAIL MUSCULAIRE PROFOND ET CIBLÉ. VOYEZ ÇA COMME UN MASSAGE INTENSE ET RIGOUREUX, MAIS AUSSI TRÈS CIBLÉ, ACCOMPAGNÉ, POUR MA PART, DE L'UTILISATION DE TECHNIQUES COMPLEXES BASÉES SUR LA COMPRÉHENSION DE LA BIOMÉCANIQUE RELATIVE AU LANCER D'UN BALLON DE FOOTBALL AMÉRICAIN, DES FONCTIONS D'UN ATHLÈTE DE TOP NIVEAU QUI ACCÉLÈRE, DÉCÉLÈRE, COURT, CHANGE DE DIRECTION, ET PLUS ENCORE, AINSI QUE DES GESTES DU QUOTIDIEN QUI FONT PARTIE DE MA VIE EN DEHORS DES TERRAINS.

Le fait de choisir la pliabilité comme un composant clef de mon programme d'entraînement ne s'est pas fait en un jour ou une semaine ; c'est le fruit d'une longue réflexion. Dans les faits, j'ai remplacé les blessures et la rééducation par la pliabilité et des exercices préventifs. J'ai commencé à prendre des mesures préventives contre la douleur, ou les blessures, plutôt que d'attendre d'être blessé pour faire quelque chose. Les séances de pliabilité, comme j'ai pu le comprendre après coup, ne servaient pas qu'à rééduquer mon corps et lui faire comprendre qu'il pouvait encaisser un impact tout en gardant mes muscles longs, souples, et activés. Fondamentalement, elles étaient un système de défense principal contre le cycle blessures-rééducation que tout athlète redoute ou vit personnellement. Je me suis aussi rendu compte qu'une fois la saison 2005 commencée, mon épaule et mon coude sont restés indolores ; plus je lançais, mieux je me sentais ; et j'encaissais aussi bien mieux les coups. Pourquoi Alex et moi étions les seules personnes à connaître et à utiliser cette méthode ? J'étais certain de ne jamais l'avoir vue être pratiquée dans aucun des vestiaires ni aucune des salles d'entraînement que j'ai connues.

Jusqu'en 2005, je n'ai jamais remis en question le modèle ancestral muscu-cardio – qui consiste essentiellement à soulever des poids et sprinter. Je n'ai jamais demandé pourquoi un coach prescrivait tel exercice d'épaule plutôt qu'un autre, ou pourquoi je devais reposer mon bras pendant vingt-quatre ou quarante-huit heures après un match, ou en quoi la musculation améliorait ma performance sur le terrain. La majorité des programmes athlétiques sont basés sur ce modèle – donc pourquoi les remettrais-je en question ? Pour moi, les coachs et les préparateurs physiques étaient les experts. Cela ne m'est jamais venu à l'esprit non plus que quelque chose pouvait manquer dans ce modèle.

Les exercices de musculation et de cardio fonctionnent – je ne dis pas le contraire –, mais si vous demandez aux entraîneurs ou aux formateurs d'expliquer pourquoi ils fonctionnent, peu d'entre eux pourraient vous donner une réponse cohérente, même s'ils seraient probablement tous d'accord pour dire qu'ils améliorent les performances. C'est simplement ce que les athlètes ont toujours fait. Ce n'est qu'après avoir commencé à travailler avec Alex que j'ai vu le sujet sous un autre angle. Au cours des saisons suivantes, tout avait changé pour moi, y compris un grand nombre de mes croyances pourtant bien ancrées. C'est là que la discipline est importante. Comme je l'ai dit, je continuais à croire en l'importance de la musculation et du cardio. Nous devons comprendre l'intérêt d'en faire tous les jours ou au moins une fois par semaine. Les athlètes, en particulier, en ont besoin. Mais plus je réfléchissais à créer un programme qui diminuerait l'incidence et le risque de blessure sur le long terme et qui prolongerait le pic de performance, plus je comprenais que les séances de pliabilité étaient l'élément manquant au modèle traditionnel d'entraînement, et qu'il fallait les incorporer, quel que soit le niveau. En fait, plus je m'engageais dans ce que j'appelle aujourd'hui la Méthode TB12, meilleurs furent mes résultats sur et en dehors du terrain.

« Pourquoi personne n'est au courant de ça ? » continuais-je à demander à Alex ? La réponse était qu'il n'y avait pas d'éducation sur ce sujet. Des années de conversations avec Alex ont fini par mener à la création de notre centre TB12 à Foxborough, Massachusetts, en septembre 2013 – notre premier site –, et au programme holistique et ciblé connu sous le nom de Méthode TB12, qui, ces douze dernières années, a transformé ma manière de m'entraîner, travailler, jouer au foot US, manger, m'hydrater, compléter mon alimentation, récupérer, me reposer, gérer ma santé, et vivre ma vie. La Méthode TB12, qui vise un objectif unique – aider les gens à faire ce qu'ils aiment, mieux et plus longtemps –, c'est ma vie, et je suis vraiment content de la partager avec vous.

Mais laissez-moi vous ramener quelques années en arrière. En 2007, j'ai fait une saison digne d'un MVP[36] – les Patriots ont fini avec 16 victoires et 0 défaite, et nous avons été champions de l'AFC[37], puis nous avons malheureusement perdu le Super Bowl face aux New York Giants –, mais en septembre 2008, je me suis blessé au genou. Les joueurs font tout leur possible pour rester éloignés des blessures par contact, mais celle-ci, je ne pouvais l'éviter. C'est arrivé pendant le match d'ouverture de la saison contre les Kansas City Chiefs, lors de notre deuxième *drive*, et après quatorze tentatives depuis le début du match. Sur la quinzième, j'ai reculé, je prévoyais de faire une longue passe. J'ai armé mon bras, et un *defensive back*[38] qui était au sol a bondi pour me plaquer. Son casque m'a percuté le genou gauche. Mon genou fit face à plus de force qu'il ne put en absorber et disperser. L'impact a fini par me déchirer le ligament croisé antérieur et le ligament collatéral médial, causant de multiples hématomes et un gros œdème.

Une rupture du ligament croisé antérieur est une blessure commune au football américain, et une blessure critique pour tout athlète. La mienne était due à un impact direct. Mon chirurgien, Neal ElAttrache, qui m'a prodigué les meilleurs soins possibles, m'a dit que je devais me faire opérer, puis suivre une rééducation durant neuf à douze mois avant de me sentir « de retour à la normale ». Pour couronner le tout, après l'opération, j'ai développé une infection dans le genou qui a rendu ma rééducation encore plus chaotique. La blessure couplée à l'infection, les pronostics n'étaient pas favorables à ce que je redevienne le joueur que j'étais.

Mon opération du LCA et mon staphylocoque ont rendu ce mois d'octobre éprouvant, mais Alex supervisa

36. « *Most Valuable Player* », meilleur joueur de la Ligue.

37. American Football Conference, l'une des deux conférences, l'autre étant la National Football Conference. Les deux champions s'affrontent lors du Super Bowl.

38. Joueur défensif couvrant les receveurs sur le côté, mais pouvant venir mettre la pression sur le QB.

(Page de gauche) Entraînement au TB12 Performance & Recovery Center de Foxborough en 2017

ma rééducation ainsi que mes rendez-vous de contrôle avec le Dr ElAttrache et le staff des Patriots. Beaucoup d'hôpitaux, de chirurgiens et de kinés disposent de protocoles qu'ils souhaitent faire suivre aux personnes récupérant d'une opération du LCA. Peu importent votre âge, votre poids, ou vos capacités athlétiques, la procédure est assez similaire : « Voici ce que nous voudrions vous voir faire pendant la semaine 1. Voici ce que nous voudrions vous voir faire pendant la semaine 2, ainsi de suite. » Mais Alex et moi avions décidé de compléter ce que les docteurs et les préparateurs physiques nous disaient de faire avec notre propre méthodologie. Il n'a pas fallu longtemps avant que l'on fasse plus que ce qui était recommandé, intégrant des idées, par exemple, de la semaine 6 dans la semaine 4, en voyant comment mon corps réagissait. Mieux encore, nous avions repris la pratique de mouvements que je fais sur un terrain de foot US, ceux pour lesquels j'étais supposé me rééduquer – reculer, tendre le ballon au *running back*, des passes *play-action*[39] et lancer en courant. Mentalement, ça faisait du bien d'être de retour et de se préparer à revenir. Physiquement, ça faisait du bien de commencer à répéter ce sur quoi j'allais devoir travailler quand la saison reprendrait.

Quand vous vous blessez, qui au juste est responsable de votre retour en pleine forme ? Le docteur ? Le préparateur physique ? Le sport ? La réponse est aucun d'entre eux. Non – en fin de compte, c'est *votre* corps, et *votre* vie. C'est *vous* qui décidez de la façon dont vous prenez soin de vous et de votre santé et comment vous évitez les blessures. Pour comprendre ce qu'il se passe pendant une blessure, prenons l'exemple de ce qu'il m'est arrivé avec mon ligament. Quand le casque a heurté mon genou, déchirant mes ligaments antérieur et médial, du sang et de la lymphe se sont précipités dans mon genou. Les muscles autour de mon genou se sont contractés et tendus, créant une sorte d'attelle naturelle essayant de stabiliser mon genou et de le protéger de la douleur quand je le bougeais. Mais c'était impossible, car on ne pouvait plus espérer de guérison naturelle. À ce stade, le mal était fait. Durant les sept mois qui ont suivi, Alex et moi nous sommes concentrés sur la pliabilité pour réduire la gêne que je ressentais. Nous voulions retrouver toute la fonction de pompe musculaire – cent pour cent contraction et relâchement – pour que mes muscles puissent supporter toutes les actions que je leur demandais d'effectuer dans le cadre de ma rééducation, ce qui aidait à diminuer l'œdème, puis, la douleur. Grâce aux séances de pliabilité, mon cerveau et mon corps furent capables de réapprendre comment les muscles entourant mon genou devaient fonctionner. Au bout de six semaines, je courais dans le sable, et six mois plus tard – et non pas douze –, la gêne dans mon genou avait disparu. Je tiens à ajouter que durant ma rééducation, je consultais régulièrement le Dr ElAttrache, qui me disait que mon genou était sur la bonne voie. C'est un des nombreux points que j'ai retenus, et qui tient une part importante dans la Méthode TB12 : nous modelons nos programmes individuellement. Oui, il y a des principes fondamentaux, comme équilibrer la musculation et le cardio avec la pliabilité, mais le ratio, l'intensité, et le type d'exercices sont personnalisés, en fonction de l'âge, la force, la forme, le sport pratiqué, le mode de vie, et d'autres facteurs, dont les objectifs recherchés.

Depuis ma rééducation du ligament – il y a douze ans –, mon genou ne m'a plus jamais gêné ou limité. Mieux, il y a quelques années, lors d'un entraînement, j'ai reçu un coup sur mon genou, nécessitant une IRM. Les docteurs se moquaient de moi en voyant mon IRM car mon genou avait l'air tellement en forme qu'ils doutaient sérieusement que je jouais au football américain au niveau pro. À cette époque, je jouais au foot US depuis plus de vingt-cinq ans. Pourquoi mon genou était-il en si bonne forme ? De mon point de vue, c'était parce que mes muscles – et pas mes tendons, ligaments ou articulations – enduraient les forces et les stress encaissés par mon corps juste comme Dieu l'avait souhaité. Si les muscles ne sont pas équilibrés, les charges et les stress vont aux mauvais endroits, comme les articulations, tendons, ou ligaments – et avec le temps, ce n'est pas viable.

Ma déchirure du ligament croisé antérieur fut la blessure la plus intense que j'ai endurée, et reste encore la seule m'ayant empêché de jouer un match. Depuis, j'ai joué le restant de ma vie sans être sérieusement touché.

39. Feinte de jeu à la course en tendant le ballon au *running back* pour finalement lancer une passe en avant à un receveur.

Pour la première fois de mon existence, j'avais compris que je pouvais être sévèrement blessé. Mais à travers cette épreuve, j'ai commencé à poser des questions comme « qu'est-ce que je peux faire pour empêcher un truc comme ça d'arriver encore ? ». C'est en bossant avec Alex, et en réalisant que je n'étais pas la victime de mes blessures, mais que j'étais un acteur majeur de ma santé et de mon bien-être, que j'ai compris qu'il existait des blessures que je ne pouvais pas éviter. J'ai aussi compris que les choix que je faisais en dehors du terrain pouvaient aider à déterminer si je pouvais me blesser ou non, rester blessé, ainsi que les degrés et sévérités des blessures. Les mois durant ma blessure aux ligaments et leur rééducation, et les mois suivants, j'ai commencé à examiner les choix de mode de vie que je faisais qui pouvaient affecter les chances de me blesser, et de guérir. Si incorporer la pliabilité était important, quelles pourraient être les autres choses que je pourrais faire pour prolonger mon pic de performance et m'aider à récupérer plus vite ? Impossible de faire tout ce qui est décrit dans ce livre d'un coup. J'ai progressé pas à pas, précepte par précepte. J'espère que vous ferez de même.

Aussi loin que je me souvienne, comme tous les athlètes, je mangeais et buvais tout ce qui se présentait à moi – pizzas, bière, soda, peu importe. Puis j'ai commencé à m'intéresser au rôle de l'hydratation. La pliabilité et l'hydratation vont de pair, et l'une ne va pas sans l'autre. Que signifie une bonne hydratation ? Comment l'hydratation affecte les muscles ? Comment l'hydratation aide-t-elle les muscles à rester souples – ressemblant plus à du filet qu'à du bœuf séché – et à quoi doit ressembler mon alimentation pour permettre à mes muscles de garder cet aspect optimal ? À partir du moment où j'ai commencé à comprendre que les choses que j'absorbais avaient un effet direct sur ma performance sur et en dehors des terrains, j'ai pris le temps d'analyser mon régime alimentaire et les choix nutritionnels que je faisais ou ne faisais pas. L'hydratation et la nutrition sont la base de muscles en bonne santé, et s'ils ne le sont pas, c'est d'autant plus dur d'atteindre la pliabilité optimale. Ignorez l'une, l'autre ou les deux, cela sera d'autant plus long. Encore une fois, ce n'est pas viable. Sachant que quasiment tous les joueurs NFL prenaient des sortes de compléments alimentaires pour augmenter la force musculaire, je me suis aussi penché sur les vitamines et les compléments.

Plus tard, toujours dans le but de continuer à réduire l'inflammation, Alex et moi avons aussi commencé à explorer le rôle des vêtements bioénergétiques et ceux portés pour dormir. En janvier 2017, après deux ans à chercher les meilleurs matériaux, TB12 a lancé ses premiers vêtements de récupération fonctionnels. Pour moi, les vêtements technologiques ne sont pas si différents de la réalité virtuelle, dans le sens où ce qui paraissait comme lointain il y a quelques années fera partie de notre quotidien d'ici peu, qui plus est dans le domaine de la prévention et de la rééducation. Je suis content de pouvoir dire que TB12 se positionne en leader de ce mouvement.

Comme je l'ai dit, la pliabilité et la Méthode TB12 ne sont pas une substitution à la musculation et au cardio. Mais j'en suis arrivé à croire que choisir la muscu et le cardio au détriment de la pliabilité mène droit aux blessures. En introduisant la pliabilité dans leurs programmes quotidiens, les athlètes de tous niveaux constateront qu'ils ont plus de chances d'éviter les blessures et de prolonger leurs carrières quasi indéfiniment – sans oublier une amélioration de leurs performances. En limitant leurs risques de blessures, la pliabilité augmente leurs possibilités de s'entraîner. En NFL, il y a cent entraînements par saison. Je participe à la quasi-totalité d'entre eux – disons quatre-vingt-dix. La moyenne est d'environ soixante-dix. Si l'entraînement rend meilleur, cela veut dire que j'augmente de vingt pour cent mes chances de m'améliorer grâce à l'entraînement, et donc mes opportunités de devancer la concurrence.

Il m'arrive d'imaginer à quel point la NFL serait incroyable si les joueurs arrivaient à faire en sorte de rester en forme et d'éviter les blessures non pas juste pendant deux ou cinq ans mais douze, quinze, ou, dans mon cas, vingt ans et plus. Dans le football américain pro, santé est égale à productivité égale à durabilité. Si vous êtes un receveur qui fait sept réceptions par match mais qui ne joue que huit matchs à cause des blessures, cela donne cinquante-six réceptions sur l'année – des stats en dessous de la moyenne. Mais si vous pouvez jouer seize matchs, avec la même moyenne de réceptions, pour un total de 112, cela transforme votre saison, direction le

Les exercices de musculation et de cardio fonctionnent – je ne dis pas le contraire –, mais ce n'est qu'après avoir commencé à bosser avec Alex que j'ai vu le sujet sous un nouvel angle. En réfléchissant à créer un programme qui réduirait le risque de blessure sur le long terme et prolongerait le pic de performance, je savais que la pliabilité était le chaînon manquant qui devait être incorporé à tous les niveaux.

Pro Bowl[40]. La différence ? Productivité et durabilité. Si vous jouez en NFL, vous avez déjà montré au monde de quoi vous êtes capable. La question maintenant est, combien de fois votre corps est capable d'aller sur le terrain pour le prouver ? Ce n'est qu'avec l'ajout de la pliabilité dans votre entraînement que vous pourrez atteindre un état où votre cerveau et votre corps travailleront en fonction des objectifs que vous vous étiez fixés. Quels sont vos objectifs ? Comment définissez-vous le succès dans votre vie ? Il n'y a que vous qui puissiez répondre à cela ! Je suis certain que la Méthode TB12 saura vous aider en chemin.

La durabilité rend aussi le jeu meilleur. J'ai emmagasiné tout un tas d'infos dans ma tête match après match, issues de résolution de problèmes et de reconnaissance de schémas de jeu. En tant que quarterback, ma capacité à m'adapter au changement est cruciale. Le jeu n'arrête pas d'évoluer, pourquoi le devrais-je ? À ce stade de ma carrière, j'ai quasiment vu toutes les situations et tous les scénarios qui existent. J'ai toujours eu de grands coachs et mentors, mais l'expérience m'a aussi entraîné, de ce fait je trouve rapidement les réponses aux multiples scénarios qui se déroulent sur le terrain. La capacité à coupler l'expérience avec un corps en bonne santé crée de meilleurs joueurs, de meilleures performances, et un jeu meilleur. Lors d'un match il y a quelques saisons de ça contre les Buffalo Bills, avec quatre minutes restantes dans le premier quart-temps, j'ai traversé ma poche de protection[41], pu échapper à un défenseur, et lancer la balle à Danny Amendola, notre receveur, qui était en train de courir vers la droite de l'en-but pour un *touchdown*. Une action basique. Mais avant même que je ne lance la balle, mon cerveau était revenu au moment où j'avais fait exactement la même action quatre ans auparavant contre les New York Jets. Je savais ce que j'allais faire parce que je l'avais déjà fait. Ce qui a fait la différence, encore une fois, c'est la durabilité. C'est à ça que vingt ans au top de la performance ressemblent pour moi, physiquement et mentalement, et j'adore ça.

Il y a eu une mauvaise perception de la Méthode TB12 par les médias, pensant qu'il fallait la suivre d'une manière particulière, et, qu'à moins d'atteindre un super niveau de ninja, vous n'en verrez pas les bienfaits. Ce n'est pas vrai. La Méthode TB12 peut profiter aux femmes et aux hommes de tous âges et de tous niveaux de forme ou de performance ou d'habilité. Dans nos TB12 Performance & Recovery Centers[42], nos *body coachs* voient toute une variété de profils qui sont attirés par notre approche globale et comportementale. Notre mission est de créer des programmes détaillés et personnalisés pour nos clients, en phase avec leurs situations et leurs objectifs. Beaucoup d'athlètes viennent à nous parce que les méthodes conventionnelles n'ont pas marché pour eux. Certains viennent pour s'entraîner, d'autres sont plus concentrés sur la performance, et il y a ceux qui essaient de récupérer de blessures. Nous voyons des athlètes

40. L'équivalent du All Star Game en NFL, le match des étoiles, les joueurs choisis par les fans pour participer à un match de gala.

41. Les joueurs de la ligne offensive sont chargés de protéger le QB de la charge des défenseurs, cette protection crée une sorte de poche.

42. Centres de Performance et de Récupération TB12.

Alex et moi, en train de travailler au TB12 Performance & Recovery Center de Foxborough en 2017.

professionnels, des amateurs élite (dont les athlètes lycéens), des étudiants universitaires qui veulent intégrer leur équipe ou qui veulent devenir pros, les sportifs du dimanche, et des femmes et des hommes de sept à soixante-dix-sept ans qui veulent juste accéder à leur propre pic de performance, peu importe lequel, et améliorer leur vitalité à travers toutes les étapes de leurs vies. Ce que nous essayons de créer avec nos clients, c'est un changement profond et de nouveaux comportements qui vont au-delà de faire acte de présence à la salle quelques jours dans la semaine. Même si vous ne retenez que quatre ou cinq éléments de ce livre, que ce soit comment améliorer votre alimentation, ou s'entraîner plus intelligemment, ou la demi-douzaine de compléments alimentaires que tout le monde devrait prendre, je vous garantis que vous commencerez à voir de grandes différences dans votre vie.

Et cela ne veut pas dire – contrairement à ce que les médias pensent – que je refuserai toujours un cheeseburger ou une glace. C'est juste que je n'en prendrai pas tous les soirs, ni que j'en prendrai dix d'un coup. Récemment, avec ma femme nous sommes allés en Italie, un pays plein de tentations. Oui, j'ai apporté mes électrolytes, tout comme mes protéines, mes compléments alimentaires et mes en-cas TB12 – je devais me tenir prêt à jouer au foot US peu de temps après –, mais en Italie, bien entendu, j'ai mangé des choses qui ne sont pas TB12 compatibles ! Mon cerveau et mon corps avaient besoin de ça. Trop d'une mauvaise chose est mauvais pour vous, trop d'une bonne chose n'est pas bon non plus.

Comme je l'ai dit précédemment, nous avons tous des objectifs différents. Je veux jouer jusqu'à la moitié de ma quarantaine, et j'ai compris que cela requiert une approche disciplinée et stricte. J'ai toujours voulu cibler mes lacunes et les améliorer, et c'est ce que je veux encore aujourd'hui. Coach Belichick disait toujours « tu payes d'avance », et un de mes coéquipiers aimait à dire que « le seul endroit où la gloire est placée avant le travail c'est dans le dictionnaire ». Si j'ai pu jouer en pro pour la première fois en 2001, c'est parce qu'un coéquipier s'est blessé. Je n'ai pas envie de voir quelqu'un d'autre prendre ma place – ce qui est une raison de rester en bonne santé. Les autres joueurs me demandent tout le temps quelle est « la chose » qu'ils devraient faire pour améliorer leur performance. Eh bien, il n'existe pas « une chose ». Étendre sa longévité et son pic de performance ne relève pas du changement d'une ou deux habitudes dans votre vie. C'est votre vie. Cela demande de l'implication. De la discipline. De l'ouverture d'esprit. Ma carrière en tant que quarterback en NFL et ma vie ne sont pas deux choses distinctes. Chaque heure de chaque jour de ma vie tourne autour de mon job. Cela comprend ce que je mange, ce que je bois, quand je prévois mes vacances, mes voyages, et le matériel d'entraînement que j'apporte avec moi. Étant quarterback pro, je m'entraîne environ quatre heures par jour – et je suis décidé à faire que chaque heure de chaque jour compte.

J'ai écrit ce livre dans l'espoir d'enseigner et d'inspirer un style de vie très différent pour maximiser la performance et augmenter la vitalité. Mon objectif est de vous aider à découvrir ce qu'un pic de performance signifie pour vous.

Beaucoup d'athlètes viennent à nous parce que les méthodes conventionnelles n'ont pas marché pour eux. Ce que nous essayons de créer avec nos clients, c'est un changement profond et de nouveaux comportements.

LIGHT

CHAPITRE 3

12 PRINCIPES DE TB12

Travail du tronc avec bande de résistance.

LA MÉTHODE TB12 N'EST PAS SEULEMENT UN PROGRAMME D'ENTRAÎNEMENT – JE LA VOIS COMME UN MODE DE VIE HOLISTIQUE. ELLE EST BASÉE SUR DES FAITS ET DES PRINCIPES QUI ÉTAYENT CE QUE NOUS FAISONS AVEC DES CENTAINES D'ATHLÈTES CHAQUE JOUR DANS NOS TB12 PERFORMANCE & RECOVERY CENTERS. MAIS AVANT D'APPROFONDIR, JE VOUDRAIS RÉSUMER CES PRINCIPES, PUISQU'ILS CONSTITUENT LES FONDATIONS DE CE QUE NOUS PENSONS ETRE, ICI CHEZ TB12, L'APPROCHE OPTIMALE DES EXERCICES, DE L'ENTRAÎNEMENT, ET D'UNE VIE PLEINE DE VITALITÉ. CHACUN DE CES PRINCIPES PEUT ETRE ISOLÉ, BIEN ENTENDU. MAIS IL FAUT SAVOIR QUE LEURS EFFETS S'ACCUMULENT, DONC PLUS VOUS EN INCORPOREZ, MEILLEURS SERONT LES RÉSULTATS. NOUS NE CONSIDÉRONS PAS LE CORPS COMME UN ASSEMBLAGE DE PLUSIEURS PARTIES. C'EST UN SYSTÈME CONNECTÉ QUI FONCTIONNE EN GLOBALITÉ, ET VOUS DEVRIEZ LE CONSIDÉRER COMME TEL. EN PRATIQUANT ET EN VIVANT SELON L'ENSEMBLE DES DOUZE PRINCIPES, VOUS COMMENCEREZ À VOIR D'EXCELLENTS RÉSULTATS.

Pompes avec bande de résistance.

12 PRINCIPES DE TB12

1. **LA PLIABILITÉ EST LE CHAÎNON MANQUANT DE L'ENTRAÎNEMENT À LA PERFORMANCE – ET LE MOINS UTILISÉ ET COMPRIS.** Tout commence par de la pliabilité, l'allongement et l'assouplissement quotidiens des muscles avant et après l'activité physique. Sans muscles souples, vous ne tendrez jamais vers une bonne santé à long terme. Tout athlète doit trouver le bon équilibre entre la muscu, le cardio, et la pliabilité. L'équilibre variera en fonction de votre âge, votre sport, vos besoins, et de vos objectifs.

2. **UN ENTRAÎNEMENT HOLISTIQUE ET CUMULATIF.** Rien ne marche en vase clos. Tout ce que nous faisons chez TB12 est interdépendant, et nous pensons qu'une approche holistique fonctionne mieux qu'une approche divisée. Le corps est un système unique. Prenez-en soin. C'est le seul que vous ayez.

3. **ÉQUILIBRE ET MODÉRATION DANS TOUTE CHOSE.** Nous adhérons au précepte de l'équilibre et de la modération dans toute chose. Trop d'une bonne chose n'est pas bon. Trop de mauvaises choses, c'est vraiment mauvais.

4. **LE CARDIO POUR L'ENDURANCE ET LA VITALITÉ.** Le cardio vise à avoir l'énergie, l'endurance et la vitalité nécessaires pour réaliser les activités que vous aimez, en pleine santé et sans douleur. Être en bonne santé, cela peut se ressentir. Nous avons été éduqués de sorte à faire attention à notre apparence. Mais se sentir mieux, c'est la clef.

5. **MUSCULATION ET CARDIO FONCTIONNELS.** Les muscles ne sont pas faits pour la force ou pour le paraître. Leur fonction consiste à protéger votre structure osseuse et à vous aider dans les actes de la vie quotidienne. Vous devez vous entraîner afin de développer la force optimale utile au job que votre corps doit accomplir, tout en limitant la charge – particulièrement la surcharge – que vous appliquez sur vos articulations. Faites travailler vos muscles tous les jours, et chargez-les de manière appropriée par rapport à ce que vous leur demandez dans votre vie quotidienne.

6. **FAVORISEZ LES RÉPONSES ANTI-INFLAMMATOIRES DE VOTRE CORPS.** Tout ce qui réduit l'inflammation dans nos corps, y compris l'hydratation et la nutrition, maximise la pliabilité et accélère la récupération. Essayez d'éviter l'inflammation auto-induite – que ce soit mentalement ou physiquement.

7. **FAVORISEZ LE FLUX SANGUIN RICHE EN OXYGÈNE.** Le sang qui irrigue votre cerveau est le même qui irrigue vos pieds – ainsi que tout le reste. Plus vous avez de façons de favoriser la circulation d'un sang riche en oxygène et la fonction de pompe musculaire à 100 pour cent – contractions et décontractions totales – dans toutes les parties de votre corps, mieux c'est. Le sang riche en oxygène rajeunit et régénère, ce qui contribue à une santé optimale.

8. **UNE BONNE HYDRATATION.** Boire suffisamment d'eau chaque jour, préférentiellement avec des électrolytes, est essentiel pour la pliabilité musculaire et une santé optimale.

9. **UNE NUTRITION SAINE.** Aucun exercice ou entraînement n'est efficace s'il n'est pas accompagné d'une bonne nutrition. Vous ne pouvez pas vous entraîner ou récupérer correctement si vous privez votre corps et vos muscles des bons nutriments. Ce que vous mettez dans votre corps correspond souvent à ce que vous en tirerez.

10. **COMPLÉMENTS ALIMENTAIRES.** Une bonne nutrition est amplifiée par les bonnes vitamines, les bons nutriments et minéraux, en fonction de votre régime actuel, votre âge et votre niveau d'activité.

11. **LES EXERCICES CÉRÉBRAUX.** La neuroplasticité consiste à générer et régénérer des connexions neuronales – ce qui n'arrive que quand nous entraînons notre cerveau de la même manière que nos muscles.

12. **REPOS CÉRÉBRAL, RECENTRATION, ET RÉCUPÉRATION.** Le corps et le cerveau ont besoin de se recentrer, se reposer et récupérer *via* le sommeil, la méditation (ou d'autres techniques qui encouragent le travail de l'esprit), et les innovations technologiques comme les vêtements pour le sommeil.

Ci-dessous et dans les chapitres suivants, je développerai chacun de ces douze principes plus en détail. Ils forment les fondations de la performance, la productivité et la durabilité.

LA PLIABILITÉ EST LE CHAÎNON MANQUANT DE L'ENTRAÎNEMENT À LA PERFORMANCE – ET LE MOINS UTILISÉ ET COMPRIS.

La plupart des athlètes grandissent en apprenant à soulever des poids et à faire des sprints dans le but d'accomplir leurs objectifs athlétiques durant leurs entraînements d'intersaison. Cela fait tout simplement partie des croyances de leurs coachs et entraîneurs. Et ça marche aussi – jusqu'à un certain point. Mais je pense que le modèle traditionnel d'entraînement mène aussi à d'innombrables blessures, rééducations et carrières écourtées. La carrière moyenne en NFL est de 3,3 ans, la moyenne en baseball pro est de 5,6 ans, en NHL de 5,5 ans, et en NBA de 4,8 ans. Même en dehors de l'élite du sport, nos corps entament un déclin général vers le milieu, voire fin de vingtaine. Mais en intégrant la pliabilité dans vos programmes d'entraînement, il n'en sera pas de même. Bien sûr, vous allez continuer à vieillir, mais avec la pliabilité, vous aurez moins de chances de mal vieillir, ou de vieillir en mauvais état. Mon but est d'apprendre aux gens à maintenir un état physique optimum aussi longtemps qu'ils se tiennent aux principes fondamentaux TB12 mentionnés en page précédente. Résumons : vous ne pouvez pas atteindre et étendre votre pic de performance seulement grâce à la muscu et au cardio. Vous pouvez bien performer, souvent exceller, pendant une courte période, mais vous n'arriverez pas à tenir. Demandez-vous ce que cela pourrait bien vouloir dire de ne pas être blessé, ou de ne pas souffrir, ou tout du moins de commencer à créer un « système immunitaire corporel » plus fort et plus efficace pour contrer la douleur et les blessures. Personne ne fait tout ça pour une carrière de seulement deux ans après tout ! C'est là que la pliabilité va jouer un rôle majeur. En contractant et relâchant de manière rythmique vos muscles dans une optique d'allongement et d'assouplissement grâce aux séances de pliabilité, vous créez des connexions entre le cerveau et le corps, connues sous le nom d'activation neuronale. Pourquoi est-ce important ? Parce que le corps commence à assimiler le travail musculaire et le mouvement grâce à des contractions de muscles longs, souples, et activés. Un des points cruciaux est de faire des séances de pliabilité aussi bien avant qu'après votre entraînement complet ou votre activité physique. (Considérez la pliabilité comme le nouvel « échauffement » et la nouvelle « récupération. ») C'est l'essence de la connexion cerveau-muscle : créer la bonne activation neuronale, mémoire musculaire, et condition physique qui permettent à vos muscles de fonctionner de sorte à réduire les risques de blessure pendant l'activité physique.

Comparez cela à un athlète qui fait de la musculation quotidiennement sans aucune pliabilité. La seule façon pour lui d'absorber une force, c'est en rendant son muscle tendu, dense, et rigide. Ces muscles ne peuvent pas disperser une force de manière appropriée pour deux raisons. Premièrement, ils sont déjà contractés, ce qui veut dire qu'ils n'ont pas la possibilité d'absorber de stress supplémentaire ; et deuxièmement, ils travaillent seuls, plutôt qu'en tant que membres d'un groupe musculaire complet intégré dans un système de groupes musculaires. Qu'arrivera-t-il à un athlète avec des muscles tendus, denses, rigides quand il ira sur le terrain pour faire un plaquage, ou courir et changer de direction brutalement ? Si ces actions surchargent un muscle, un os, un tendon ou un ligament, il se blessera. En fait, je pense que ses muscles, qui ne sont pas déformables, ont plus de chances d'être surchargés, induisant un trauma négatif – c'est-à-dire un trauma inattendu et non contrôlable – et des blessures. Plus tard, il blâmera des « muscles faibles » causant la blessure. Il pensera sans doute qu'il ne s'est pas entraîné assez longtemps. Mais je pense que c'est faux. En continuant à soulever des poids, il dit à son cerveau – et par extension à son corps – que ses muscles doivent rester tendus, denses et rigides. Malheureusement, tendu, dense et rigide sont les ennemis de la pliabilité et augmenteront bien plus son risque de blessure.

Comme je l'ai dit, l'objectif de la pliabilité est de rééduquer votre connexion cerveau-corps, qui envoie continuellement des messages à vos muscles pour rester longs, souples et activés, peu importe ce que vous demandez à votre corps de faire. Quand un athlète a besoin de contracter et de relâcher ses muscles, ils sont prêts à répondre de manière appropriée pendant qu'ils font les tâches qui leur sont demandées. En tant que quarterback en NFL, je ne peux pas prédire quand je subirai un trauma provenant d'un coup ou d'un plaquage. Mais j'ai entraîné mes muscles à rester déformables pendant que je suis dans ma poche de protection. Au moment où le casque d'un autre joueur rentre en contact avec mon corps, mes muscles sont suffisamment déformables pour absorber instantanément ce qui est en train de se produire. Mon cerveau ne pense qu'à « allonge-toi, assouplis-toi et disperse » avant que mon corps n'absorbe et ne disperse équitablement l'impact et que je ne touche le sol. De cette façon, il est difficile pour quelque partie de mon corps que ce soit d'être surchargée, puisqu'un maximum de muscles possible font en sorte d'endurer les forces reçues. C'est ça la clef.

L'objectif de la pliabilité est de rééduquer votre connexion cerveau-corps, qui envoie continuellement des messages à vos muscles pour rester longs, souples et activés, peu importe ce que vous demandez à votre corps de faire. La clef est de faire de la pliabilité avant et après toute séance d'entraînement, tout sport ou toute activité.

UN ENTRAÎNEMENT HOLISTIQUE ET CUMULATIF

Chez TB12, nous pensons que tout ce que nous faisons pour notre corps est interconnecté et interdépendant. Tout comme vous ne pouvez vous passer de faire de la muscu sans faire du cardio, vous devez aussi trouver le bon équilibre entre la muscu, le cardio, et la pliabilité, en fonction de votre sport ou activité, et de l'intensité que vous y mettez. Cela dépend aussi de votre âge et de votre condition physique. Plus vous prenez de l'âge, plus vous avez besoin d'incorporer de la pliabilité – et vous y tenir aussi, car les jeunes athlètes ont beaucoup de pliabilité mais qui se dissipe avec l'âge. On attribue beaucoup de bénéfices à la muscu et au cardio – vous avez besoin d'une bonne base des deux pour faire le job que vous essayez de faire. Plus important encore reste comment vous le faites, fonctionnellement, et si vous le faites communément à la pliabilité.

« *Holistique* » signifie simplement que votre santé et votre performance sont liées. Vous devez réfléchir à chaque détail de votre programme d'entraînement et réduire ou supprimer les éléments qui affectent votre

Travail du tronc avec bande de résistance.

L'un des mots clefs de la Méthode TB12 est *l'équilibre*. Chacun de nous doit découvrir la signification de l'équilibre dans nos vies, en fonction de nos forces et faiblesses innées, et de facteurs externes. Chez TB12, l'équilibre c'est aussi bien créer le bon dosage de muscu, cardio et pliabilité que faire les bons choix de style de vie – ce que nous mangeons, combien de temps de sommeil et de récupération nous avons, et quelles sont les activités quotidiennes que nous réalisons. Plus nous sommes équilibrés, mieux c'est.

pliabilité de façon négative. Le temps est un atout pour nous tous, c'est pourquoi adopter une approche holistique et cumulative pour vos exercices et entraînements habituels est si important. Entre la muscu, le cardio et la pliabilité, à mon âge je consacre à peu près la moitié de mon temps à la pliabilité. Beaucoup d'athlètes ne consacrent rien à la pliabilité – et de rares autres y consacrent peut-être quelques minutes. Je pense qu'au minimum, la plupart des jeunes devraient dédier vingt pour cent de leur entraînement à la pliabilité. En vieillissant, et en fonction du sport (par exemple contact ou sans contact), vous devez augmenter le pourcentage de pliabilité dans votre entraînement. Pourquoi les golfeurs connaissent plus de maux de dos que lors des décennies précédentes ?

Pourquoi les lanceurs au baseball ont régulièrement recours à l'opération Tommy John[43] ? Trop de surcharge, et pas assez de pliabilité musculaire !

ÉQUILIBRE ET MODÉRATION DANS TOUTE CHOSE

L'un des mots clefs de la Méthode TB12 est l'équilibre. Tout au long de la saison, les footballeurs travaillent dur pour progresser en sprint, saut, agilité et en musculation. Beaucoup sont souvent récompensés de leurs efforts – mais leurs corps peuvent probablement être déséquilibrés. Travailler trop dur sur une chose, même si vous travaillez plus dur que quiconque, peut ne pas conduire à une amélioration de performance, surtout si vous avez des déséquilibres. Au mieux vous devenez juste meilleur pour faire cette chose.

Chacun de nous doit découvrir la signification de l'équilibre dans nos vies, en fonction de nos forces et faiblesses innées, et de facteurs externes. Chez TB12, l'équilibre c'est aussi bien créer le bon dosage de muscu, cardio et pliabilité que faire les bons choix de style de vie – ce que nous mangeons, combien de temps de sommeil et de récupération nous avons, et quelles sont les activités quotidiennes que nous réalisons. Plus nous sommes équilibrés, mieux c'est. Selon mon expérience, la majorité des athlètes aiment bosser sur des trucs pour lesquels ils sont déjà bons. Cela renforce leur confiance en leurs propres capacités. Les athlètes costauds aiment bosser la force, et les athlètes rapides aiment bosser la vitesse. Mais cela ne crée pas un équilibre. Pour créer un équilibre, nous devons aussi travailler nos lacunes.

43. Reconstruction du ligament collatéral ulnaire, cette opération prend le nom d'« opération Tommy John » en référence au premier lanceur de l'histoire du baseball à avoir été en capacité à reprendre le baseball après une telle opération, alors qu'il évoluait à l'époque pour les Dodgers de Los Angeles.

LE CARDIO POUR L'ENDURANCE ET LA VITALITÉ

Pourquoi nous entraînons-nous, et qu'est-ce qu'être « en bonne santé » veut vraiment dire ? Si vous êtes comme la plupart des gens, vous mesurez votre santé en fonction d'une échelle, de votre pression sanguine, de votre cholestérol, IMC, ou votre reflet dans le miroir (peut-être avez-vous même déjà mesuré votre masse graisseuse). Vous jugez aussi sans doute la santé des autres en utilisant ces mêmes critères.

Je définis la bonne santé et la forme comme étant la vitalité – et le fait de le ressentir. Cela veut dire que j'ai l'énergie pour faire les choses que je veux faire et que j'aime faire : être joueur pro de football américain. M'entraîner. Skier. Surfer. Jouer au basketball. Jouer au foot dans le jardin avec mes enfants. Passer du temps avec mes coéquipiers. Me concentrer sur le plan de jeu dans la salle de meeting. Cela veut également dire faire toutes ces activités sans douleur et avec énergie, enthousiasme, passion, et endurance.

Conclusion : le cardio et l'endurance que nos clients travaillent chez TB12 aident à créer l'énergie et la vitalité dont ils ont besoin pour faire les choses dont ils ont envie. Exercices, entraînement, participer à des activités physiques, tout cela fait partie d'une vie joyeuse.

MUSCULATION ET CARDIO FONCTIONNELS

La muscu vous aide à bien faire votre job, peu importe le job, et aide vos muscles à se contracter correctement pour réaliser vos gestes du quotidien. Mais l'accent porté sur des poids plus lourds, plus de reps[44] et des entraînements plus longs usent la pliabilité naturelle de nos corps et créent des muscles tendus, denses, rigides qui ne sont pas appropriés pour les jobs que nous leur demandons de faire ou nos gestes du quotidien. Les quarterbacks,

44. Répétitions d'un mouvement.

les lanceurs au baseball et les golfeurs sont tous ce que l'on appelle des athlètes à rotation. Cela veut dire que leurs troncs ou bras doivent faire des rotations quand ils travaillent. Si les athlètes à rotation ne font que des entraînements linéaires, comme courir et soulever des poids, ils embrouillent leurs corps. Ils ont besoin que leurs muscles soient longs, souples et activés, ce qui leur permet de faire une rotation de manière efficace pendant qu'ils font leur job. Cela ne peut pas se produire si leurs muscles sont tendus, denses, et rigides.

Chez TB12, environ 90 pour cent du temps nos clients travaillent avec des bandes de résistance. La plupart sont surpris de constater que les bandes de résistance font travailler leur corps de manière plus fonctionnelle que les poids en termes d'élasticité, résistance, polyvalence et efficience. Les bandes permettent aussi une amplitude de mouvement plus grande et plus fluide et créent force et puissance sans surcharger les muscles ou créer un excès d'inflammation. En ciblant les groupes musculaires accélérant et décélérant à la fois, sans exercer de stress inutile sur vos articulations, les bandes peuvent aussi refléter vos mouvements corporels quotidiens.

Beaucoup de gens s'entraînent avec des bandes de résistance ou font de l'aquagym ou du tai-chi. Parmi eux, peu de jeunes. Ils ont grandi en croyant qu'être en forme est synonyme d'avoir de gros muscles. Mais malgré ce que la culture veut nous faire croire, le but de la musculation, ce n'est pas de faire de la gonflette. Il est d'entraîner vos muscles à travailler correctement pour effectuer la tâche demandée ou à la bonne manière d'accompagner vos mouvements au fil de la journée, sans risque excessif de blessure.

FAVORISEZ LES RÉPONSES ANTI-INFLAMMATOIRES DE VOTRE CORPS

L'inflammation chronique est l'ennemi de la pliabilité. Les muscles chroniquement inflammatoires fonctionnent de manière suboptimale et sont plus résistants à l'allongement et l'assouplissement. C'est pourquoi la pliabilité et la nutrition travaillent de concert pour diminuer la présence d'inflammations chroniques dans nos corps. Pourquoi un corps serait-il inflammatoire chronique ? Simple : déshydratation, mauvaise alimentation, mauvaise récupération, et des muscles tendus, denses, et rigides.

Certains degrés d'inflammation chronique sont inévitables en vieillissant. Mais pour atteindre la pliabilité optimale et favoriser une récupération plus rapide, envisagez d'adopter des changements dans votre mode de vie, qui luttent contre l'inflammation. Comme une bonne hydratation, un régime alimentaire fait de vrais aliments – préférentiellement organiques – et adopter des méthodes qui réduisent le stress, activent le cerveau et accélèrent la récupération.

FAVORISEZ LE FLUX SANGUIN RICHE EN OXYGÈNE

Peu de choses peuvent survivre sur cette planète sans oxygène. Pourquoi nos corps et nos muscles sont si bien oxygénés quand nous sommes jeunes ? Parce que les muscles jeunes s'étendent et se contractent à cent pour cent – ce que nous appelons une fonction de pompe musculaire à cent pour cent – et qu'ils n'ont pas subi beaucoup de traumas comme les chutes, les contacts, les blessures ou les surcharges.

En vieillissant et en connaissant des années de contractions musculaires et de traumas d'une vie toute simple, nos muscles deviennent plus rigides, plus courts et plus denses, limitant la fonction de pompe musculaire, limitant à son tour l'oxygénation. C'est une des raisons pour lesquelles, en prenant de l'âge, nous récupérons moins vite. Les athlètes disent souvent « je suis trop vieux pour ça ». Pourquoi ? Parce qu'ils n'ont pas de pliabilité. La pliabilité nous aide à atteindre les cent pour cent de la fonction de pompe musculaire. Cela permet une oxygénation parfaite de chaque muscle de notre corps, nous menant à un état optimal de santé et de vitalité. Inversement, avec le temps, les muscles tendus, denses, rigides et déshydratés perdent leur pliabilité optimale – et par conséquent leur oxygénation optimale. Sans oxygénation parfaite, les muscles entament une dégénérescence. Voilà pourquoi les athlètes disent qu'ils sont trop vieux.

Comme je l'ai dit, nous naissons tous avec une pliabilité optimale. En revanche, nous avons dû travailler notre force et notre endurance. Laquelle était là en premier ? La pliabilité. Nous devons prioritairement être déformables.

UNE BONNE HYDRATATION

La majorité d'entre nous sont loin d'être bien hydratés. S'hydrater, concrètement, est l'une des choses les plus faciles et les plus importantes que nous pouvons faire sans attendre pour améliorer notre pliabilité. Boire suffisamment d'eau aide nos corps à maintenir un bon métabolisme et une bonne digestion, lubrifie nos articulations et permet à l'oxygène et aux nutriments de circuler vers nos muscles. Plus encore que l'alimentation, une bonne hydratation est essentielle pour garder des muscles sains et déformables.

> Le moment où le casque d'un autre joueur rentre en contact avec mon corps, mes muscles sont suffisamment déformables pour absorber instantanément.

Dans les TB12 Performance & Recovery Centers, nous recommandons à tous, même les non-athlètes, de consommer au moins 33 ml d'eau par kilo sur la balance. Pesant 100 kilos, cela veut dire que je devrais boire 3,3 litres par jour, minimum. Lors d'une journée particulièrement active, je vais boire entre 6 à 9 litres d'eau. Parfois, j'ai l'impression d'être la personne la plus hydratée au monde.

UNE NUTRITION SAINE

Une mauvaise alimentation annule les bienfaits tirés de l'exercice et risque de mettre en danger les muscles sains. Plus vous mangez des aliments pleins de nutriments, plus votre corps génèrera de l'énergie. En adoptant le bon régime nutritionnel, vous créez un environnement interne sain qui permet à votre corps de prospérer.

De mon point de vue, bien manger signifie manger essentiellement des fruits et légumes complets, des aliments riches en fibres et des acides gras essentiels. Pas d'aliments transformés ou de fast-food, sucres ou graisses. Une quantité minimale de caféine et d'alcool. De la même façon que la pliabilité complète le modèle traditionnel muscu-cardio, la nourriture riche en nutriments permet à nos cellules d'absorber ce dont elles ont besoin. Trouvez ce qui vous convient le mieux.

COMPLÉMENTS ALIMENTAIRES

Ça serait génial si tout le monde tirait les bénéfices d'un régime nutritionnel essentiellement basé sur les fruits et légumes et de vrais aliments, mais ce n'est quasiment jamais le cas, à cause de nos vies trop remplies. D'où l'intérêt des compléments alimentaires. Chez TB12, nous définissons le mot « compléments » littéralement

– comme un ajout ou une supplémentation aux aliments que nous mangeons. Les bons compléments ne remplacent pas une bonne alimentation, mais ils s'assurent que vous ayez les vitamines, minéraux et nutriments dont votre corps pourrait manquer au quotidien.

Avec les entraînements intenses et tous ces lancers et courses, j'ai poussé mon corps à sa limite. Depuis 2000, j'ai utilisé les compléments comme moyen d'aider mon corps à travailler dur et à récupérer vite. Avec les électrolytes et les gouttes de minéraux, chaque jour je prends un complexe multivitaminé, vitamine D, vitamine B, un antioxydant, des huiles essentielles de poisson, de la protéine en poudre et des probiotiques. Je parlerai plus en détail des compléments alimentaires dans un prochain chapitre.

LES EXERCICES CÉRÉBRAUX

Par le passé, les exercices cérébraux étaient réservés aux personnes ayant subi une lésion cérébrale, ou celles touchées par des stades précoces de démence ou d'Alzheimer. Mais les recherches que nous avons menées chez TB12 nous rappellent que le cerveau est un organe que nous devons entraîner de la même manière que notre corps. Personnellement, j'ai besoin d'anticiper et d'éviter les lésions cérébrales, particulièrement pendant l'intersaison, et j'essaie de conserver mon cerveau aussi sain que possible en m'assurant une bonne quantité d'exercices cognitifs, une bonne hydratation et le bon choix de nutriments.

Les exercices cérébraux TB12 sont basés sur nos connaissances actuelles sur la neuroplasticité, autrement dit la capacité du cerveau à continuer de changer et d'apprendre tout au long de la vie. Les exercices que je fais augmentent la quantité d'informations sensorielles reçues par mon cerveau et améliorent ma faculté d'intégrer et d'enregistrer ces informations. Ils améliorent mon sens de l'analyse rapide, affûtent ma concentration et augmentent ma reconnaissance visuelle.

REPOS CÉRÉBRAL, RECENTRATION ET RÉCUPÉRATION

Aucun véritable entraînement visant le pic de performance ne peut être intégré par nos corps à moins que nous le fassions en conjonction avec nos cerveaux. Nos cerveaux sont nos centres de contrôle. Nous pouvons exercer nos cerveaux pour créer une plus grande neuroplasticité et générer de nouvelles connexions neuronales. Un autre moyen de garder notre cerveau aussi sain que possible est de s'assurer qu'il fasse suffisamment d'exercices grâce au fitness cognitif.

Créer un environnement interne sain grâce à l'hydratation et l'alimentation n'est pas suffisant. Est-ce que ce que vous mangez a autant d'importance si vous avez un état d'esprit négatif, si vous êtes en colère, ou avez une faible estime personnelle ? Chez TB12, nous encourageons nos clients à adopter le bon état d'esprit, mais aussi à prendre le temps de réfléchir et de se recentrer. Beaucoup d'auteurs ont écrit des livres sur comment atteindre le bon état d'esprit, et j'en ai lu beaucoup. Je suis une personne positive qui choisit de se focaliser sur les choses qui m'apportent de la joie. Plus important que la méditation, il faut développer un état d'esprit positif qui vous permet de réussir tout ce que vous voulez entreprendre.

Une chose très simple, que tout le monde peut faire, reste de créer une routine régulière pour dormir. Mon rythme disciplinaire habituel est de dormir de 21 heures à 6 heures, ce qui me procure neuf heures thérapeutiques et régénératrices ininterrompues. Je veux aussi m'assurer que mon corps reste en état de repos même pendant la nuit. C'est pourquoi je porte des vêtements fonctionnels pour le sommeil. Les avantages ? Ils peuvent augmenter l'énergie, favoriser la récupération et améliorer la performance. Si mes adversaires ne portent pas ça, je prends un avantage sur eux même en dormant.

CHAPITRE 4

PLIABILITÉ : EXPLICATION DÉTAILLÉE

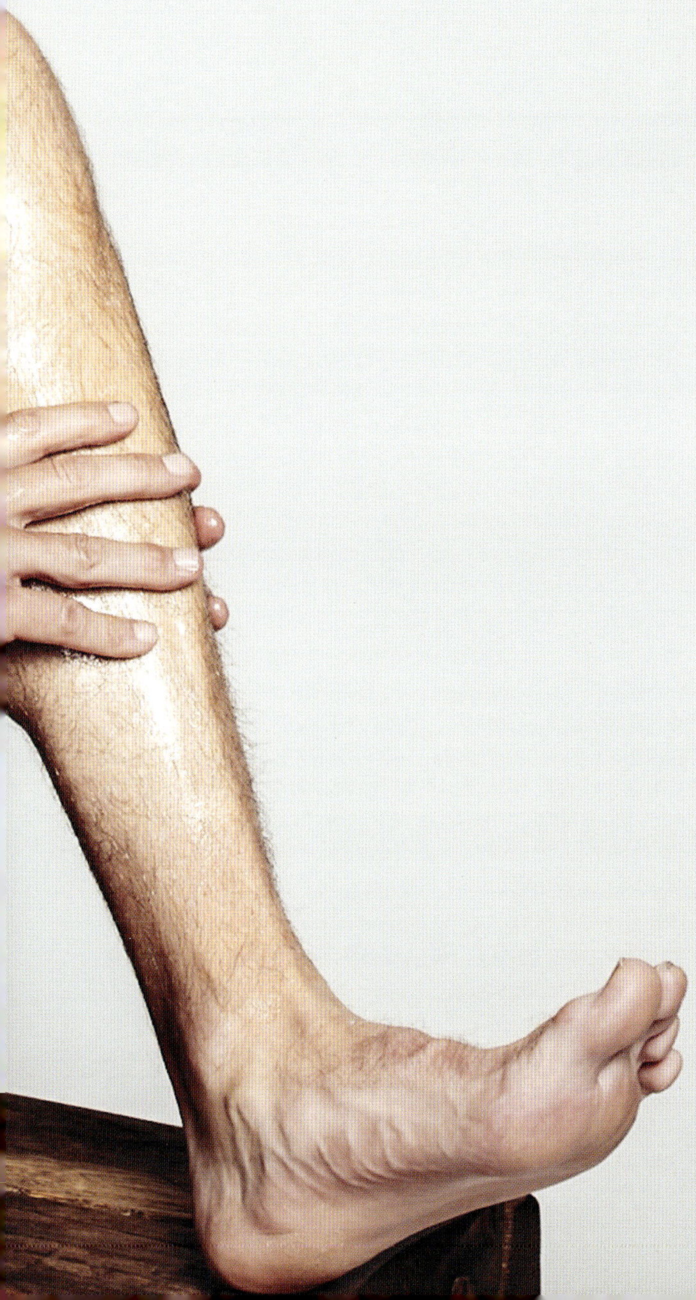

Autopliabilité sur mon mollet gauche, toujours des manœuvres vers le cœur.

LE CHAÎNON MANQUANT

Le coeur de la méthode TB12 repose sur la prévention des blessures et le bien-être, grâce aux soins préventifs, en tant qu'objectif nécessaire et atteignable pour les athlètes et les individus actifs. Si des blessures surviennent, nous pensons qu'il existe des moyens plus rapides, plus efficaces et plus durables de récupérer que la rééducation traditionnelle.

La clef consiste à compléter l'entraînement traditionnel (muscu-cardio) avec de la pliabilité musculaire. Les muscles déformables sont plus souples, longs et plus résilients : ils aident à protéger le corps des blessures et accélèrent la récupération après blessure.

AVEC L'ENTRAÎNEMENT CONVENTIONNEL, LA RÉÉDUCATION EST UN MAL NÉCESSAIRE

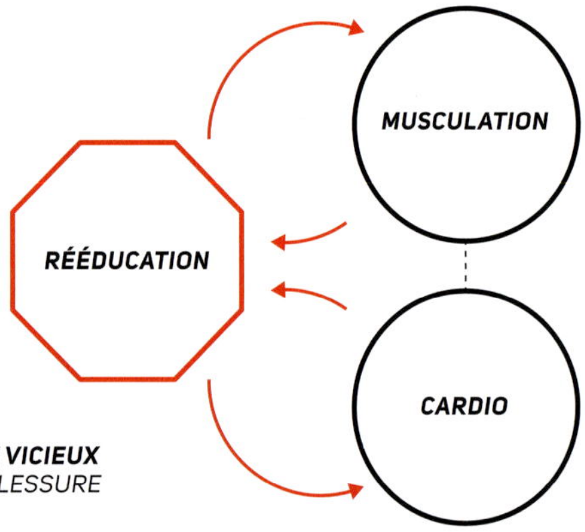

CERCLE VICIEUX
DE LA BLESSURE

L'entraînement conventionnel se concentre sur des exercices traditionnels de muscu et de cardio. Si cela peut permettre d'atteindre des objectifs de performance, c'est en général sur du court terme et cela fait de la rééducation un « mal nécessaire. »

La rééducation traditionnelle, de son côté, permet de pouvoir reprendre la muscu et le cardio, souvent sans régler le problème sous-jacent. Cela peut créer un cercle vicieux muscu, cardio et rééducation – un cercle où la rééducation traite les symptômes mais pas les causes. Vous vous sentirez probablement mieux, mais vous ne l'êtes pas et ne le resterez pas.

LA PLIABILITÉ MUSCULAIRE ACCRUE TRANSFORME LE CERCLE VICIEUX EN CERCLE VERTUEUX

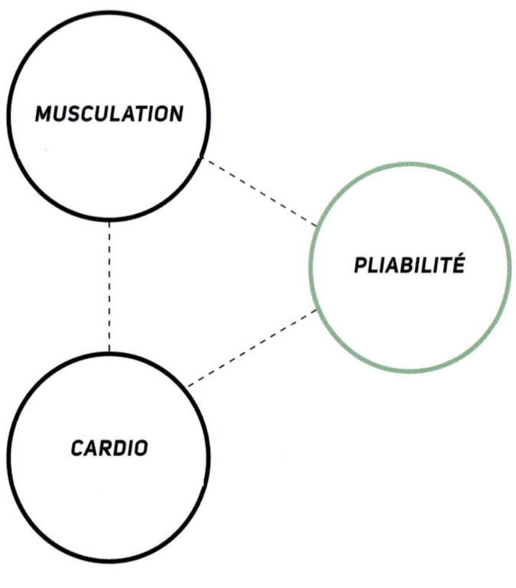

Des soins préventifs appropriés et le bien-être de l'ensemble du corps peuvent réduire de manière significative le risque de blessure – et permettre une longévité et un pic de performance prolongés. Nos méthodes complètent la muscu et le cardio avec un élément manquant essentiel à la préparation athlétique : la pliabilité.

Les muscles déformables sont longs, souples et capables d'assurer une fonction de pompe musculaire complète. Ils améliorent la force et favorisent la circulation du sang et de la lymphe pour faciliter la guérison. Nous améliorons la pliabilité par un travail musculaire en profondeur et la favorisons par l'hydratation et la nutrition. Associé à notre approche unique d'exercices fonctionnels de muscu et de cardio, notre programme permet de briser le cercle vicieux des blessures et de créer un cercle vertueux de performance maximale et de longévité.

IL VA SANS DIRE QUE TOUS LES ATHLÈTES VEULENT ATTEINDRE LEURS OBJECTIFS. D'APRÈS MON EXPÉRIENCE, LA PLUPART DES ATHLÈTES SONT DOUÉS POUR SUIVRE LES MÉTHODES EN PLACE, SANS CHERCHER À REMETTRE EN QUESTION LES RÈGLES ET LES DIRECTIVES. LA PLUPART DU TEMPS, ÇA LEUR CONVIENT PARFAITEMENT. MAIS PARFOIS, SI CETTE MÉTHODE OU CETTE DISCIPLINE EST MAL CONÇUE OU INCOMPLÈTE, ELLE LIMITE LE POTENTIEL ULTIME DE CES ATHLÈTES. MALHEUREUSEMENT, LES MAUVAISES MÉTHODES SONT SOUVENT CONSTRUITES À PARTIR D'ANCIENNES MÉTHODES DÉJÀ MAUVAISES, ET LES ATHLÈTES SONT SOUVENT ENTRAÎNÉS EN SUIVANT CES MÉTHODES. CROYEZ-MOI, JE L'AI VU. MAIS POUR NOTRE SANTÉ IL EN VA DE NOS RESPONSABILITÉS.

C'est particulièrement le cas pour les jeunes athlètes. Ne connaissant rien d'autre – et pourquoi connaîtraient-ils quelque chose d'autre ? –, ils adhèrent à la méthode et à la discipline de la muscu et du cardio, encore et encore. Ce n'est pas une mauvaise chose en soi ; le problème, c'est qu'ils réfléchissent rarement à la raison d'être de cette méthode ou à la raison pour laquelle ils y sont conditionnés. Si le préparateur physique dit « Faites cinquante reps », vous faites cinquante reps. Si le prépa dit « Six tours de terrain », vous commencez à courir. « Quel mur de briques voulez-vous que je traverse maintenant, coach ? » Vous faites ce qu'on vous dit, et les encouragements et retours positifs que vous recevez vous poussent à suivre comme un mouton. Après tout, si vous remettez en cause le système ou si vous demandez pourquoi vous faites de la presse ou soulevez cette charge, vous risquez d'être mis sur la touche ou d'être renvoyé de l'équipe. Vous vous demandez peut-être « Pourquoi je soulève 180 kilos au développé-couché ? » ou « Pourquoi je fais de la muscu trois fois par semaine ? », mais vous gardez ces questions pour vous. C'est comme ça qu'une méthode et une discipline fermées sur elles-mêmes peuvent prospérer.

De nombreux athlètes grandissent aussi en pensant que les meilleurs entraînements correspondent à des séances plus longues et plus fréquentes que celles des autres. Ils pensent également que ces entraînements nécessitent de soulever le maximum de poids. Pourquoi soulever cent kilos si vous pouvez en soulever cent cinquante ? Pourquoi courir un semi-marathon si vous pouvez en courir un entier ? Même les personnes qui ne pratiquent pas de sport mais qui veulent rester en forme ont tendance à aller à la salle de sport et s'entraîner, disons quarante-cinq minutes sur un simulateur d'escalier ou un vélo stationnaire, suivies d'une autre demi-heure à soulever le maximum de poids ou faire le plus d'exercices de circuit-training possible.

Cette idée – misez sur un plus grand nombre d'entraînements et sur les entraînements les plus longs et vous deviendrez meilleur dans tous les domaines que vous souhaitez améliorer – fait sens jusqu'à un certain point. Dans le football américain, par exemple, il existe une croyance répandue selon laquelle travailler dur pendant l'intersaison signifie qu'il faut faire des sprints et de la musculation. Oui, en faisant ces choses, vous pouvez améliorer vos qualités athlétiques générales. L'erreur consiste à croire qu'en travaillant dur et en étant capable de courir et de sauter, vous deviendrez meilleur dans votre travail, ce qui, à mon avis, n'est pas totalement vrai.

Il y a une différence entre un athlète fort ou un athlète rapide et un athlète complet. Lors des tests au foot US, par exemple, les entraîneurs demandent aux joueurs de soulever des poids, de sprinter et de sauter. Pour eux, c'est ce que signifie être un bon athlète. Il est vrai qu'il s'agit de trois aptitudes linéaires spécifiques, mais mesurent-elles vraiment les qualités athlétiques ? À mon avis, nous ne devrions pas définir ces dernières d'une seule façon. Les qualités athlétiques comprennent en partie la vitesse et la force, mais pas seulement. Elles requièrent également de la coordination et de la dureté mentale. Demandez aux gens de citer les plus grands athlètes du monde, et la plupart d'entre eux nommeront quelqu'un qui possède tous ces attributs plutôt que, par exemple, l'homme le plus fort du monde ou l'homme le plus rapide du monde.

Pour résumer, nos idées sur la façon de s'entraîner pour devenir un grand athlète manquent d'équilibre. Un entraîneur peut faire travailler un joueur à fond sur un critère, et un joueur peut travailler plus fort que n'importe qui d'autre sur ce critère, mais à l'arrivée, ce joueur ne s'améliorera que sur un ou deux critères. Et bien trop souvent, ses progrès se feront au détriment de sa pliabilité, s'il n'en fait pas aussi.

On ne se claque ou ne se déchire pas un muscle parce qu'il est trop faible. On se claque ou se déchire un muscle parce qu'il est surchargé. Ne confondez pas une douleur musculaire ou une déchirure musculaire avec une faiblesse musculaire. Vous devez allonger et assouplir ce muscle afin de rétablir l'équilibre et l'efficacité.

Le modèle du plus/plus longtemps existe depuis mon entrée au lycée, et même avant. Encore une fois, ce modèle peut sembler logique. Parfois, il offre même des avantages à court terme – mais il ne fonctionnera pas si vous visez la longévité et un pic de performance prolongé. Pourquoi ? Parce que la plupart des sports ne requièrent pas ces efforts extrêmes ou ces compétences. Dans mon métier – lancer un ballon de football américain –, je n'ai pas besoin d'arriver à soulever 150 kg. Ce n'est même pas une question de perte de rendement – cela nuit en fait à mes performances. Il en va de même pour la course d'endurance. Pourquoi m'entraînerais-je comme si je devais courir un marathon ? Cela nécessiterait une configuration physique différente de celle dont j'ai besoin pour mon travail, et cela mettrait inutilement à rude épreuve mes pieds, mes chevilles et mes genoux. C'est pourquoi l'un de nos douze principes TB12 consiste à créer un programme d'entraînement équilibré et optimisé pour le sport ou l'activité que vous devez pratiquer ou les actes de la vie quotidienne que vous demandez à votre corps de réaliser.

Pour utiliser une analogie, ce n'est pas parce que vous vous trouvez devant un buffet que vous devez tout manger. Vous devez manger juste assez pour vous sentir rassasié, et pas plus. Pour l'entraînement sportif c'est la même chose. Si vous êtes un athlète, au lieu de vous concentrer sur *le plus* ou *le plus longtemps*, vous devez entraîner vos muscles à travailler de manière appropriée pour les actions que vous leur demandez de faire. Si vous faites tous les jours des squats avec une charge de cent quatre-vingts kilos sur le dos, la seule chose sur laquelle vous progresserez sera de faire des squats avec une charge de cent quatre-vingts kilos sur le dos. En dehors de l'haltérophilie professionnelle, quand demande-t-on à quelqu'un de faire ça ? La réponse : rarement, et encore, c'est sans doute spécifique à un sport précis. Encore une fois, cela peut être gratifiant sur le plan personnel, mais sans la bonne pliabilité, je pense que cela se fait au détriment de votre santé à long terme. J'insiste sur le fait que la plupart de vos entraînements doivent viser à faire travailler vos muscles de manière appropriée, en fonction des actions que vous leur demandez de faire. En d'autres termes, vos entraînements de muscu doivent dépendre des particularités de votre sport ou de votre activité. Nous nous concentrons trop sur la force *maximale* – et pas assez sur la force *optimale*.

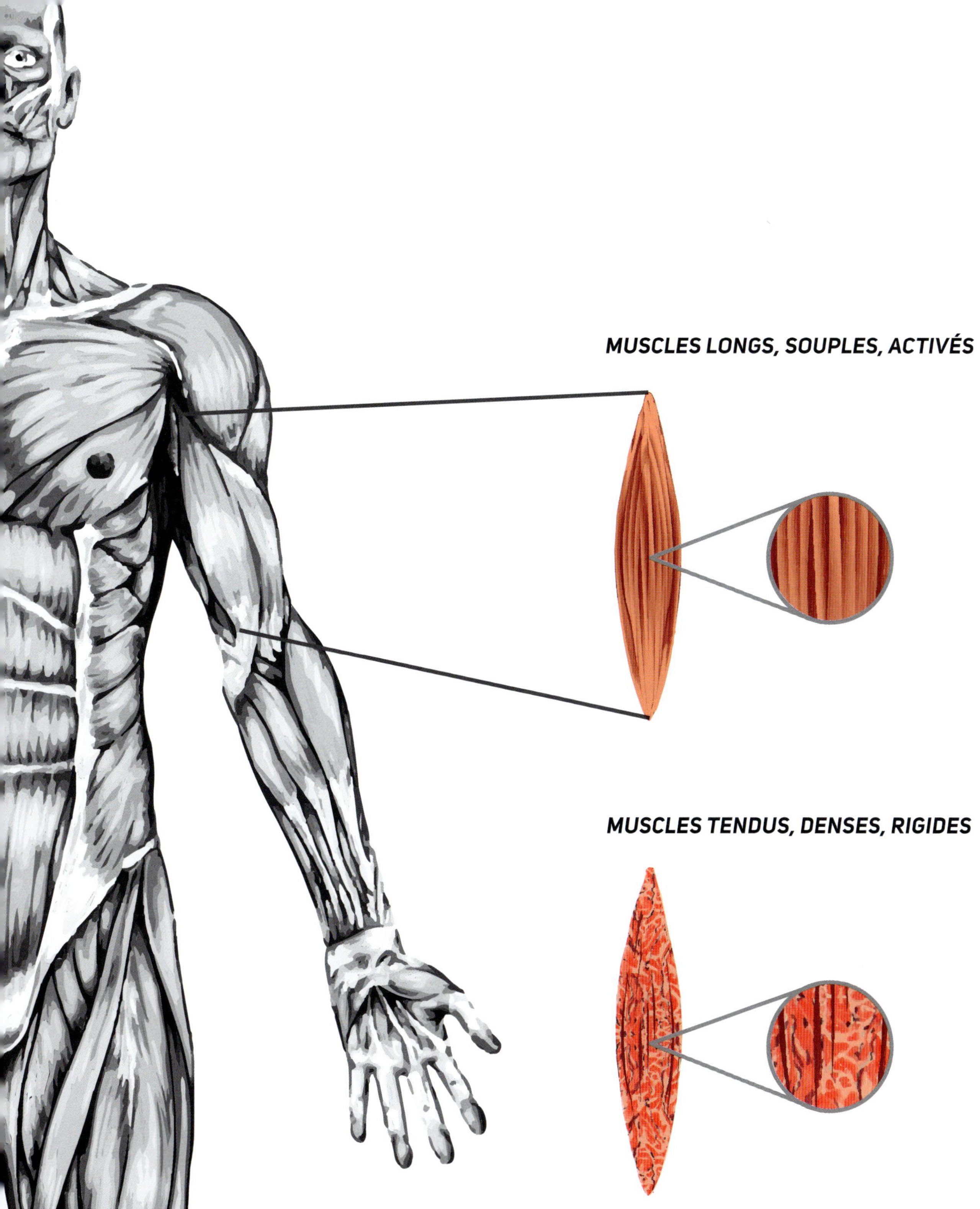

Avoir des muscles longs et souples ne veut pas dire avoir des muscles détendus. Lorsque vos muscles sont longs et souples, cela signifie simplement qu'ils ne sont pas tendus, denses et rigides. Au lieu d'être contractés, ils sont activés, prêts à fonctionner.

La plupart des athlètes ne le savent pas. Comme je l'ai dit, s'ils pratiquent un sport de façon encadrée, ils font ce qu'on leur demande. Maintenant, pour défendre le modèle ancestral muscu-cardio, dans toute l'histoire du sport professionnel, personne n'a jamais cherché à savoir comment arriver à « jouer pendant des années ». L'accent a toujours été mis sur « jouer ». Les athlètes veulent seulement faire partie de l'équipe. S'ils se blessent quelques années plus tard, au lieu de pointer du doigt l'entraînement qu'ils ont suivi toute leur vie, ils accuseront le sport.

Mais être professionnel signifie prendre soin de son corps, de sa santé et de sa carrière. Si vous ne le faites pas, qui le fera ? Cela signifie que vous devez vous demander pourquoi vous faites ce que vous faites. Si élever votre rythme cardiaque et soulever des poids fonctionne si bien, alors pourquoi les statistiques en rapport à ça sont-elles si mauvaises ?

Il faut savoir que, chaque année aux États-Unis, deux millions d'athlètes lycéens se blessent, ce qui entraîne plus de 500 000 visites chez le médecin, lesquelles conduisent à beaucoup trop d'interventions chirurgicales. Les joueurs universitaires sont tout aussi susceptibles de se blesser, tout comme les athlètes amateurs adultes. Soixante-dix pour cent de tous les sportifs universitaires déclarent avoir joué au moins une fois en étant blessé, et plus d'un million de sportifs amateurs adultes se blessent dans leur pratique chaque année. Une bonne carrière de footballeur professionnel dure environ 10 ans, mais la moyenne en NFL aujourd'hui est de 3,3 ans, la plupart de ces carrières étant écourtées par des blessures. Les jeunes joueurs s'arrêtent aussi beaucoup plus tôt. En 2014, dix-neuf joueurs âgés de trente ans ou moins ont quitté la NFL, contre cinq en 2005. La principale raison, pour les joueurs, reste la peur des effets à long terme d'une blessure. Je n'ai pas peur de ça. Conclusion : La pratique d'un sport augmente la probabilité de blessures, car vous faites plus souvent face à des charges et des forces excessives. C'est pourquoi, en tant qu'athlète, si je veux vivre une vie plus saine sur le terrain et en dehors, je dois faire des choix importants qui correspondent à mes objectifs.

Mais, si vous me le permettez, revenons-en au lycée, où la plupart des athlètes sont initiés à la musculation. Afin de s'améliorer dans leur sport, ils sont incités à soulever des poids, et à en augmenter la quantité au fil du temps. *Sans inclure de la pliabilité, leurs muscles deviennent tendus, denses et rigides. Ils perdent leur fonction de pompe musculaire, ce qui entraîne des déséquilibres dans leur corps. Les déséquilibres entraînent une compensation musculaire. La compensation musculaire entraîne une surcharge musculaire – et la surcharge musculaire entraîne des blessures. En principe, un équilibre entre la muscu, le cardio et la pliabilité doit être trouvé – mais en général ce n'est pas le cas. Une fois que vous avez déterminé la force dont vous avez besoin, vous devez également déterminer la pliabilité dont vous avez besoin.*

Ce même cycle (et système d'entraînement) accompagne les athlètes à l'université, où beaucoup d'entre eux se blessent sans comprendre pourquoi. Il se poursuit ensuite dans le sport professionnel. Si un joueur soulève déjà, disons, 100 kilos lors de quinze reps au développé-couché – sans trop savoir pourquoi, le développé couché et les squats sont les critères de force les plus courants –, il pense qu'il doit soulever encore plus. Tous les jours, je vois des joueurs soulever 135 ou 180 kilos au développé-couché, et lorsqu'ils se déchirent un muscle, ils se disent que c'est parce qu'ils ne se sont pas assez étirés avant. Ils ne réalisent pas que neuf fois sur dix, la déchirure musculaire n'a rien à voir avec l'étirement – les déchirures surviennent parce que les muscles n'absorbent pas et ne dispersent pas la force qui leur est appliquée. Comment changer cela ? En mettant l'accent sur la pliabilité afin de créer un équilibre permettant d'absorber ces forces extrêmes.

Ce ne sont pas que les joueurs en bonne santé qui peuvent ressentir la pression de soulever plus, plus fort et plus longtemps. Même les joueurs blessés sont attirés par un ensemble d'exercices de rééducation visant une amélioration de la force. Comme je l'ai dit, il existe une croyance répandue selon laquelle les blessures sont le résultat direct d'une faiblesse musculaire – c'est-à-dire qu'un muscle blessé doit être *renforcé*. Mais les courbatures ou les douleurs sont surtout le résultat de muscles qui sont *surchargés*. La dernière chose à faire pour les

Les mouvements de la vie quotidienne – se tenir debout, s'asseoir, marcher – peuvent rendre nos muscles tendus, denses et rigides. La pliabilité, sous toutes ses formes, permet de les allonger et de les assouplir. Sur cette photo, je fais de l'autopliabilité sur mon triceps droit. Une fois de plus, la manœuvre que je fais est dirigée vers le cœur.

athlètes serait de renforcer un muscle blessé plus qu'ils ne l'ont déjà fait sans d'abord le rééquilibrer par un entraînement de pliabilité. Une fois l'équilibre rétabli, c'est là qu'il faut renforcer à nouveau le muscle. De plus, de nombreux athlètes croient encore que la seule chose qu'ils doivent faire pour garder la forme consiste à rester forts et endurants tout en maintenant un faible taux de graisse corporelle. Ils ne veulent pas comprendre que tout le

Je travaille sur mon avant-bras droit, en ciblant toutes les parties du muscle. Le cerveau et le corps n'apprendront pas de nouveaux comportements, si ce n'est par le biais d'un trauma positif et intentionnel. Lorsque je fais de l'autopliabilité, je cible l'avant, le milieu et l'arrière de mon avant-bras tout en le contractant et le relâchant de manière rythmique..

Dans ce livre, je dis souvent que pendant une séance de pliabilité, vous devez contracter et relâcher vos muscles de manière rythmique. Mais à quelle vitesse cela correspond-il ? La réponse dépend du sport que vous pratiquez ou des activités que vous exercez dans votre vie quotidienne. Les mouvements que vous effectuez doivent idéalement imiter la vitesse de votre sport ou de votre activité. Si vous pratiquez le yoga, vos contractions musculaires doivent se faire à la vitesse du yoga – voire plus rapidement. Un cycliste sur route qui effectue un traitement de pliabilité sur ses mollets devrait reproduire les mouvements musculaires qu'il effectue sur son vélo – ou, là encore, un peu plus rapidement. Je m'entraîne vite, parce que dans le sport que je pratique, je pense vite et je bouge vite, c'est pourquoi pendant les séances de pliabilité, j'essaie de faire deux contractions musculaires par seconde – et j'essaie encore de m'améliorer là-dessus.

travail, l'énergie et la sueur qu'ils ont investis dans leurs séances d'entraînement peuvent être dommageables. Ils ont passé des années à faire les choses d'une seule façon. Et jusqu'à ce qu'ils découvrent la pliabilité, ils n'ont pas conscience qu'ils peuvent avoir un corps et une carrière qui échappent aux douleurs que les athlètes du passé ont endurées.

Ce que la plupart des athlètes ne demandent pas et qu'ils devraient pourtant demander, c'est : « Comment puis-je m'entraîner pour ne pas me blesser ? Pourquoi la force est-elle importante, mais seulement jusqu'à un certain point ? Quelles sont, à l'avenir, les choses que je dois faire, et les décisions que je dois prendre pour éviter de me blesser, ou de me blesser sans le vouloir ? »

Du lycée à l'université et aujourd'hui chez les pros, j'ai pu constater encore et encore l'impact que peuvent avoir les blessures sur les joueurs et les coéquipiers. J'ai également vu plus d'athlètes que je ne peux en compter naviguer dans un système qui met l'accent sur des solutions à court terme qui ciblent les symptômes et non les causes. Vous avez mal aux ischio-jambiers ? Alors concentrons-nous juste sur les ischio-jambiers. Pourquoi ne pas plutôt se demander *pourquoi* vous vous êtes blessé à l'ischio-jambier – et ce que vous pouvez faire pour éviter qu'ils soient l'objet d'une blessure une nouvelle fois ? Si une blessure est la résultante d'une force excessive, pourquoi ne pas chercher à savoir comment le corps peut absorber cette force ? Mais nous ne le faisons pas. Lorsque quelque chose se casse, nous essayons de la réparer et nous passons à autre chose, sans nous intéresser aux causes profondes. Mais choisir la chirurgie comme la bonne solution à long terme est un non-sens. Se faire opérer ne prolonge pas votre carrière, il la raccourcit. Il en résulte davantage de blessures et d'athlètes brisés, pas seulement dans le football professionnel mais dans tous les sports, à tout âge et à tout niveau.

Un autre problème créé par le modèle traditionnel muscu-cardio ? La philosophie du « bon pour tous ». Prenons l'exemple du foot US. Une équipe professionnelle compte environ soixante-dix joueurs. Les coachs et préparateurs physiques suivent généralement les données des joueurs tout au long de la saison. Encore une fois, la plupart des athlètes ont grandi en croyant que plus ils sont forts, meilleures sont leurs performances globales. C'est tout simplement faux. La force est importante, mais uniquement dans la mesure où elle est liée à la fonction du travail demandé à l'athlète ou à la position qu'il occupe. Dans mon cas, mes amis savent tous que je ne me promène pas en portant de charges lourdes. Pendant mes entraînements, je me concentre plutôt sur les choses qui peuvent m'aider à mieux faire mon travail. Quel est-il ? En tant que quarterback de la NFL, mon travail consiste à me tenir dans la poche de protection, à changer de direction, à courir, à lancer et, d'une manière générale, à résister à la nature difficile du sport que je pratique depuis plus de vingt ans. À quel point dois-je travailler la force ? Combien de poids dois-je soulever ? Les réponses sont basées sur une variété de facteurs, dont mon poids, mon pourcentage de graisse corporelle et la stabilité de mon tronc.

Quel est le travail d'un joueur de ligne offensive ? Ce dernier doit être fort, développer des muscles denses, pousser et lutter contre beaucoup de poids. Qu'en est-il d'un receveur, dont le travail consiste à courir et à attraper le ballon ? De quelle force a-t-il besoin, et combien de poids doit-il soulever ? Certainement pas autant que le joueur de ligne offensive. En fin de compte, un receveur doit faire travailler ses muscles de manière appropriée pour les actions qu'il leur demande de faire. Une fois que vous avez déterminé la force dont vous avez besoin, c'est à ce moment-là qu'il faut déterminer la pliabilité dont vous avez besoin.

Nous sommes tous nés avec une pliabilité naturelle – et de la force. À l'adolescence, nous commençons la muscu et le cardio afin d'atteindre un équilibre. Vers la moitié de la vingtaine, nous commençons à perdre notre pliabilité naturelle. Mais en croyant que c'est la muscu qui nous a permis d'atteindre nos objectifs, nous continuons d'en faire encore plus. En fait, ce dont nous avons besoin pour aider à rétablir notre équilibre naturel, c'est de pliabilité.

Jour après jour, je vois des joueurs s'acharner à faire les mauvais choix. Je parle aussi de certains de mes propres coéquipiers. Ils se sont décidés à améliorer leur force et leur condition physique, mais ils le font souvent à une intensité qui ne leur rapportera jamais rien. C'est un système de rendement décroissant. Alors pourquoi continuent-ils à le faire – et pourquoi les préparateurs physiques continuent-ils à enseigner ça ? Parce que c'est la seule chose qu'on leur a toujours apprise. Si vous faites une mauvaise chose, et que vous vous y maintenez, vous vous améliorez juste à devenir plus mauvais – et à un rythme plus rapide. Imaginez que vous ayez un swing défectueux au golf. Si vous continuez à vous entraîner comme vous l'avez toujours fait, vous ne ferez que renforcer votre mauvaise mécanique. Pourquoi ne pas vous concentrer plutôt sur ce qui vous permettra d'atteindre votre objectif ? Nous connaissons tous au moins une définition de l'absurdité : répéter la même chose encore et encore et s'attendre à obtenir des résultats différents. L'entraînement sportif en est l'apothéose. Trop souvent, nous restons piégés dans les mêmes vieilles routines.

Faire des sprints, soulever des poids, et la douleur, la rééducation et la récupération qui s'ensuivent finissent par constituer un cercle vicieux qui blesse et achève les athlètes année après année. Non seulement c'est institutionnalisé, mais c'est aussi extrêmement rentable pour beaucoup de gens. Il n'y a pas énormément d'argent à se faire avec des athlètes en bonne santé, ni, d'ailleurs, avec des personnes en bonne santé. Le système d'entraînement sportif actuel est également lié à une mentalité axée sur les gains à court terme. Les entraîneurs, les préparateurs physiques et les athlètes veulent tous de grandes victoires immédiates. La plupart d'entre eux n'ont pas la patience de développer l'état d'esprit nécessaire pour obtenir des résultats constants et continus. Pourtant, si j'ai appris une chose à l'aube de ma vingt et unième saison en NFL, c'est l'importance de se tenir à une attitude qui ne s'ébranle jamais dans sa perspective à long terme, et orientée vers la longévité et le prolongement du pic de performance. Pratiquer un sport, surtout au niveau professionnel, est un engagement et un effort sur plusieurs années. Est-ce que je voudrais faire du sport pendant quelques années seulement, ou ai-je envie de jouer au plus haut niveau pendant une décennie, deux décennies ou plus ? La réponse est évidente.

Comme je l'ai dit dans l'introduction, il peut être difficile pour les jeunes athlètes d'appréhender le concept de pliabilité. Peu d'entre eux pensent à long terme – et il en va de même pour la plupart d'entre nous. L'être humain a tendance à se concentrer sur les gains à court terme sans tenir compte de leurs conséquences à plus long terme. Quand on est jeune, on se sent invincible. Vous n'avez pas connu des années et des années de contractions musculaires, de surcharges et de blessures. On ne ressent pas non plus de la même façon l'impact de mauvais choix ou de mauvaises habitudes de vie que lorsque l'on est plus âgé. Je dis aux jeunes athlètes qu'ils se voient peut-être à cent pour cent en ce moment – mais que veulent-ils, et comment se voient-ils à l'avenir ? Malgré cela, ils font preuve d'un manque de motivation. Si on leur donne le choix entre passer des heures chaque semaine à faire de la pliabilité ou traîner avec leurs amis, la plupart d'entre eux choisiront leurs amis. Il y a aussi les athlètes qui s'entraînent d'une certaine façon depuis longtemps et qui ne veulent pas changer leur routine, de peur de ne pas obtenir les mêmes résultats.

Qu'est-ce que cela signifie que ne pas être blessé ? Cela signifie que je me suis donné la possibilité d'être le meilleur possible, année après année, mentalement et physiquement. Et une fois que vous aurez incorporé la pliabilité dans votre programme d'entraînement, ainsi que les autres facteurs amplificateurs que ce livre aborde, je sais que cela vous mènera là où vous voulez aller.

Il y a douze ans, je me suis blessé au niveau d'un tendon à l'aine, côté droit (une blessure très courante au football américain). L'un des médecins que j'ai consultés m'a recommandé de me faire opérer, disant qu'il y avait 99 % de chances que cette blessure me gêne pendant toute la saison. Il m'a également prévenu que mon aine côté gauche aurait probablement besoin de la même opération au cours des vingt-quatre prochains mois. Après avoir évalué mes options, j'ai opté pour une approche plus holistique. Alex et moi avons décidé d'y travailler différemment – avec un programme de pliabilité lors des trois semaines suivantes. Après avoir allongé et assoupli le muscle de mon aine droite, ainsi que les autres groupes musculaires de ma jambe en lien avec mes mouvements spécifiques, la tension a été éliminée de mon tendon et je n'ai ressenti aucune douleur. Depuis, je n'ai plus jamais eu de problème à l'aine côté droit. Il est compréhensible qu'un médecin recommande une intervention chirurgicale, sur la base de sa propre expérience et de sa formation, ignorant les avantages de la pliabilité.

PIC DE PERFORMANCE
ET LONGÉVITÉ

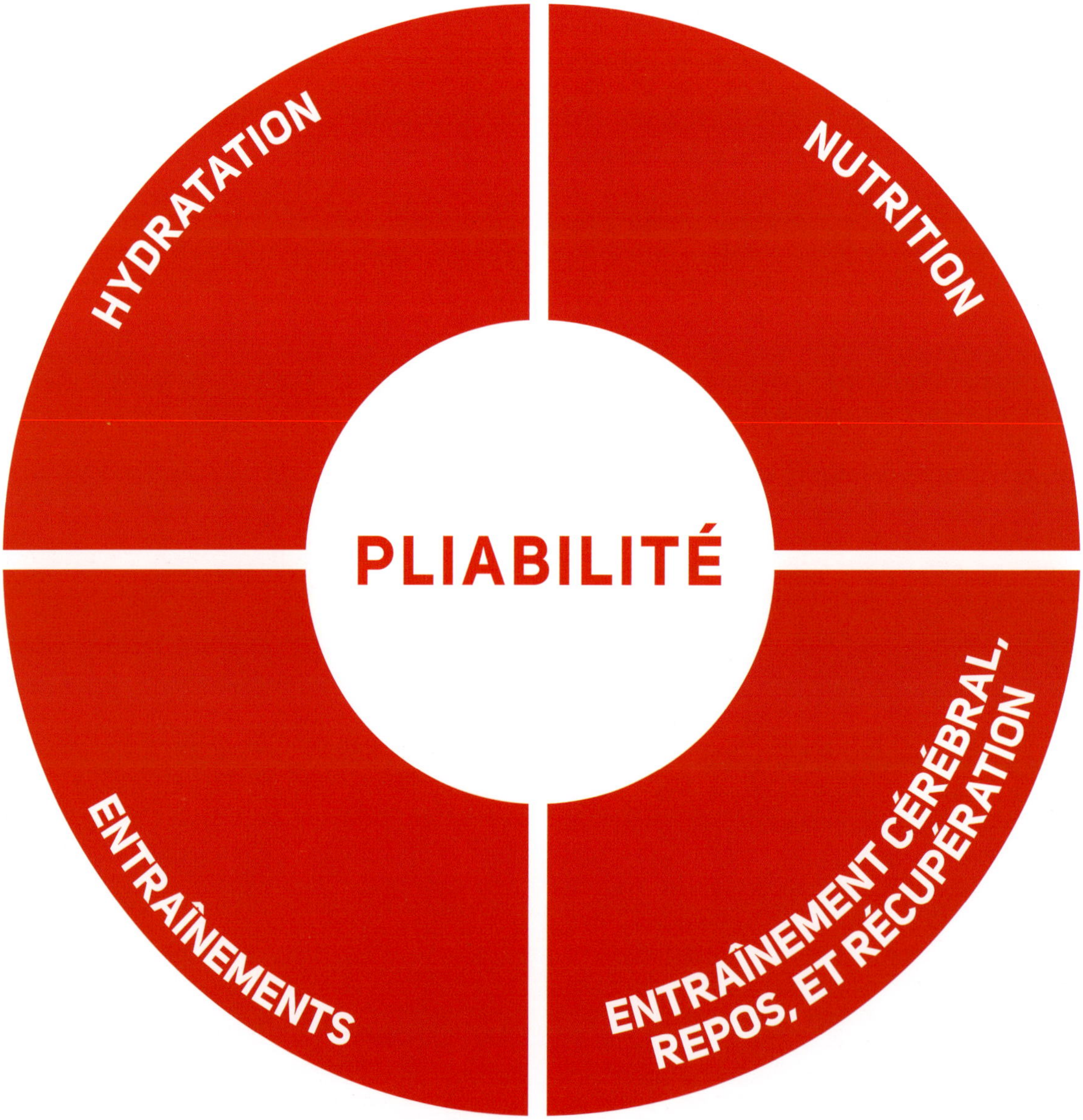

Maintenir sa longévité et prolonger son pic de performance ne sont pas le fruit de la seule pliabilité. Les facteurs qui font la différence dont vous allez prendre connaissance dans les pages qui suivent – hydratation, nutrition, entraînement cérébral, repos et récupération – boostent la pliabilité et garantissent que votre environnement intérieur soit aussi sain et équilibré que votre environnement extérieur.

QU'EST-CE QUE LA PLIABILITÉ ?

La pliabilité est le nom qu'Alex et moi donnons au programme d'entraînement que nous suivons tous les jours. À l'aide de ses mains et de ses coudes, Alex effectue un travail musculaire profond et ciblé, pour allonger et assouplir chaque muscle de mon corps, tandis que je contracte et relâche ces muscles de façon rythmique. Nous travaillons presque toujours sur l'ensemble de mon corps, à moins qu'une zone ne nous prenne plus de temps. Lui et moi faisons cela deux fois – une fois avant une séance d'entraînement complète et une fois après –, pour des raisons que je vais expliquer dans un instant.

La pliabilité est différente du massage. Mais pour vous aider à visualiser, imaginez que je suis allongé sur une table. Au lieu de rester allongé passivement, je contracte et relâche mes muscles de façon rythmique tandis qu'Alex les travaille un par un. Mon mollet, mes ischio-jambiers, mes quadriceps, mes triceps, mes biceps – jusqu'à vingt groupes musculaires en tout. Lorsque je contracte et relâche chaque muscle, Alex, en utilisant une pression optimale et des forces similaires à celles que je subis en jouant, en m'entraînant ou en accomplissant les actes de la vie quotidienne, effectue des manœuvres sur ce muscle, de manière isolée et toujours vers le cœur, pendant vingt secondes en moyenne. Plutôt que de faire travailler tous les muscles de mon corps simultanément, il se concentre sur chaque partie de chaque muscle – l'extérieur (latéral), l'intérieur (médial) et le milieu.

La pression qu'il exerce est intense – encore une fois, j'essaie d'imiter ce que je vis au quotidien. Une fois, lorsqu'une équipe du Massachusetts Institute of Technology nous a testés, les chercheurs ont constaté qu'Alex exerçait une pression de cinquante à cent newtons (unité de force) avec son seul doigt. Lorsqu'il utilise la pointe de son coude, la pression peut approcher les quatre cents newtons ou plus. Cela représente une force d'environ quarante kilos. Cela signifie qu'Alex applique une force de quarante kilos sur des zones de mes muscles. La quantité de pression qu'il exerce entraîne mon cerveau à créer des voies neuronales – et prépare mes muscles aux impacts extrêmes auxquels je suis confronté au cours d'un entraînement, d'un match ou de ma vie en général. Alex apprend à mon cerveau et à mes muscles à rester allongés, assouplis et activés, ce qui explique en grande partie pourquoi je suis capable de bien absorber et disperser les coups.

Lorsqu'Alex et moi travaillons la pliabilité, un certain nombre d'avantages essentiels se manifestent dans mon corps et mon cerveau.

En effectuant des mouvements vigoureux dans chaque muscle, toujours en direction du cœur, pendant que je les contracte et les relâche, Alex apprend à ces muscles à fonctionner à cent pour cent de leurs capacités – ou, comme nous le disons chez TB12, avec une « fonction de pompe musculaire à 100 pour cent ». Il apprend à mes muscles à rester allongés, assouplis, et activés, tout en remplissant leurs fonctions. En faisant vivre à chacun de mes muscles une expérience « traumatisante » positive et intentionnelle lorsqu'il l'allonge et l'assouplit, Alex contribue à établir la connexion entre mon cerveau et mon corps. Il apprend à mon cerveau et à mon corps que c'est en étant allongés, assouplis et activés que je veux que mes muscles répondent au mouvement que mon cerveau leur demande. Ensemble, notre objectif est d'aider mes muscles à atteindre le même état d'allongement, d'assouplissement et d'activation que celui dans lequel j'ai besoin qu'ils soient pour accomplir les actes de la vie quotidienne, qui pour moi incluent l'entraînement et les matchs.

Je subis souvent les mêmes traitements à chaque fois. Le processus d'allongement et d'assouplissement de mes muscles est prévisible et répétitif. La seule fois où la routine varie, c'est si j'ai voyagé ou fait des choses qui ont rendu mes muscles tendus, rigides et denses, ou si je me concentre sur un muscle qui a été endommagé par un impact (par exemple, mon épaule) ou une partie du corps comme ma jambe. Sinon, le processus de pliabilité est très routinier. Si j'ai trop travaillé une zone ou que mes muscles y sont denses, c'est à ce moment-là que je sais que je dois allonger et assouplir les muscles en question. Si j'ai fait beaucoup de muscu au niveau de la poitrine avec des bandes, cela rendra mes muscles denses. Lorsque je commence à lancer, je peux dire que je ne suis pas aussi fluide que je devrais l'être, ce qui signifie que j'ai surchargé, trop travaillé ces muscles. La solution consiste à rééquilibrer ces muscles en les allongeant et en les assouplissant.

Comme je l'ai dit, je fais de la pliabilité avant et après une séance d'entraînement complète, mais chaque séance a un objectif légèrement différent. Avant la séance, avec la pliabilité, j'entraîne mes muscles à rester longs, souples et activés pendant l'entraînement que je m'apprête à leur faire subir. Vous imaginez bien qu'un coureur ne se présente pas simplement sur une piste pour faire un sprint de 100 mètres. Il commence par préparer ses muscles – et la pliabilité d'avant-séance fait la même chose pour moi.

Vient ensuite le moment où j'arrête de faire de la pliabilité et où je commence ma véritable séance d'entraînement. Je peux travailler sur le jeu de jambes ou les mécanismes de lancer. Je peux courir, nager ou faire de la musculation. Si je me trouve dans l'un des TB12 Performance & Recovery Centers, je ferai un entraînement corps entier en utilisant des bandes de résistance, en essayant d'activer à cent pour cent la fonction de pompe musculaire dans chaque partie de mon corps – pieds, chevilles, jambes, quadriceps, fessiers, tronc, épaules, bras, cou, etc. – en maintenant cette fonction dans toute l'amplitude du mouvement.

Au moment où les muscles de mes bras ou de mes jambes commencent à fatiguer, j'arrête de m'entraîner et je termine par une autre séance de pliabilité – mais elle est légèrement différente. Pendant cette séance d'après-entraînement, je me concentre surtout sur l'élimination de l'acide lactique pour faciliter le mouvement de la lymphe, permettant à un sang plus oxygéné de revigorer mes muscles. Les manœuvres sont similaires, mais j'y mets moins de force et moins de vitesse lorsque je contracte et relâche mes muscles. Là encore, j'entraîne mon cerveau à mémoriser ce que mes muscles viennent d'apprendre. Qu'ont-ils appris ? Ils ont appris à être longs, souples et activés par des mouvements intenses lors des séances, les mêmes que ceux que j'utilise en match. C'est à cela que ressemble l'entraînement idéal pour moi.

Je recommence ce processus encore et encore. De cette façon, mon cerveau apprend de nouvelles routines et réponses. En restant allongés, assouplis et activés, mes muscles sont beaucoup moins susceptibles de se blesser. Pourquoi ? Parce que lorsque mon corps est confronté à une force – par exemple deux défenseurs qui tentent de me plaquer –, mes muscles peuvent plus facilement absorber et disperser cette force. Imaginez l'inverse : disons que trois de mes muscles sont chargés d'absorber une force, mais que deux d'entre eux sont si denses qu'ils ne peuvent pas se contracter et se détendre complètement, et ne peuvent donc pas absorber et disperser l'impact de manière égale. Ce qui veut dire que le muscle restant, le maillon faible de la chaîne, pour ainsi dire, subit la totalité de l'impact. Ce muscle est surchargé par la force en question – et cette surcharge entraîne souvent une blessure.

Comme je n'arrête pas de le dire, la pliabilité change la donne et devrait être adoptée par tous les athlètes, de tous âges, s'ils veulent essayer d'éviter les blessures et de prolonger leur pic de performance. En fin de compte, faire de la pliabilité, c'est s'entraîner plus intelligemment. Au fil des ans, j'ai pris la décision de réaffecter le temps que j'avais l'habitude d'accorder à faire des sprints, à courir en côte et à soulever des poids, dans de la pliabilité quotidienne. J'attribue à la pliabilité le fait que, à l'exception de ma blessure au LCA en 2008, j'ai joué les vingt dernières saisons sans blessure importante.

Je vais maintenant expliquer la pliabilité point par point, en commençant par ce que notre cerveau et notre corps intègrent et stockent, et pourquoi.

Chez TB12, nous voyons les choses à travers quatre prismes différents :

1) Est-ce que j'augmente l'oxygénation ?
2) Est-ce que je réduis l'inflammation ?
3) Est-ce que j'optimise la pliabilité ?
4) Mes objectifs sont-ils en phase avec mon programme d'entraînement ?

COMMENT UN CERVEAU APPREND

Notre cerveau est le centre de traitement des actions de notre corps et de notre mode de vie. Cela inclut la façon dont nos muscles bougent, répondent et se comportent. Notre cerveau communique avec nos muscles par l'intermédiaire de cellules nerveuses appelées neurones. Les neurones se connectent à un muscle spécifique – fessiers, ischio-jambiers, biceps, etc. Lorsque je ramasse un ballon de foot US, cela peut sembler simple, mais l'acte de ramasser un ballon est le résultat d'une grande coordination entre le cerveau et le corps. Avant de me baisser, un neurone dans mon cerveau se met en marche, activant ensuite un neurone de ma moelle épinière. Cette dernière relaie une série d'impulsions qui descendent le long de ce neurone vers les muscles de mon épaule, de mon bras et de ma main. Mes fibres musculaires se raccourcissent et deviennent plus denses. Une fois que j'ai ramassé la balle, elles reprennent leur position détendue. L'ensemble de l'opération – décision de ramasser la balle, déclenchement du neurone, impulsions chimiques, muscles raccourcis et denses – se déroule en un instant.

Le comportement humain est soit inné, ou instinctif – comme sourire, rire ou pleurer – soit acquis, c'est-à-dire qu'il provient de notre expérience personnelle. Dans les deux cas, notre cerveau et notre corps mémorisent et stockent ce comportement ou cette organisation.

Lorsque nous sommes jeunes, à l'adolescence et au début de la vingtaine, nous sommes au top de notre santé. Nos corps sont extrêmement déformables. Ils contiennent beaucoup de collagène, ce qui permet à nos muscles de se contracter et de se relâcher de manière complète et régulière. Nous récupérons rapidement. Au fil du temps, notre cerveau et notre corps commencent à accumuler des routines, des expériences et des traumas, aussi bien négatifs que positifs, que notre cerveau stocke dans ses voies neuronales. Imaginez que vous soyez tombé de votre vélo quand vous étiez enfant, ou que vous vous soyez blessé à un muscle en pratiquant un sport au lycée. Votre cerveau stocke cet événement traumatique dans ses voies neuronales, et la mémoire de cet événement, consciente ou inconsciente, détermine la façon dont votre corps réagira à tout futur mouvement lié à ce muscle, cet os ou ce tendon. Peu importe que l'événement ait eu lieu il y a un an ou dix ans. C'est maintenant devenu une mémoire musculaire.

C'est pourquoi, si au lycée vous commencez à courir en côte, à faire des sprints et à soulever des poids, comme le font la plupart des athlètes, au fil du temps, le cerveau verrouille ces routines et ces mouvements, et ils deviennent des comportements acquis qui inculquent à votre corps la manière dont vous voulez que vos muscles fonctionnent – le tout encouragé par le fait que tous les autres athlètes font exactement comme vous. Vous ne changerez pas ces comportements tant que le trauma négatif n'aura pas été remplacé par les traumas positifs des séances de pliabilité. Disons que vous demandez à votre corps de soulever des poids lourds. Puis vous lui demandez de courir et de travailler les changements de direction. Puis de lancer. Puis de se reposer. En entraînant votre corps à faire beaucoup de choses différentes, il peut s'embrouiller. C'est pourquoi, plus nous entraînons notre corps à effectuer des tâches spécifiques aux sports que nous pratiquons ou à nos activités de la vie quotidienne, moins notre cerveau doit apprendre et moins notre corps doit s'adapter.

SYSTÈME LYMPHATIQUE

Le système lymphatique est un réseau de tissus, de vaisseaux et d'organes qui sert en quelque sorte d'aspirateur. Le système lymphatique nettoie et aide à éliminer les toxines, les déchets et autres substances indésirables en drainant de nos tissus un liquide incolore et clair, appelé lymphe, puis en l'envoyant dans la circulation sanguine, toujours en direction du cœur. Elle aide également notre corps à maintenir l'équilibre des fluides et à absorber les graisses et les nutriments. La pliabilité - ainsi qu'une fonction optimale de la pompe musculaire - facilite l'expulsion de la lymphe des tissus de notre corps, ce qui permet d'obtenir des muscles plus sains et plus forts.

LES DÉSÉQUILIBRES CORPORELS

De nombreux clients qui se rendent dans l'un des TB12 Performances & Recovery Centers pour la première fois ne se doutent pas que leurs corps sont déséquilibrés, et que leurs muscles ne se contractent pas de manière égale, à cent pour cent. Souvent, le problème sous-jacent est lié à un déséquilibre.

Les déséquilibres corporels, qui peuvent provenir des actes de la vie quotidienne – marcher, courir, s'entraîner, porter de mauvaises chaussures, etc. – sont très fréquents. N'oubliez pas que les muscles de notre corps sont conçus pour soutenir notre structure. Les muscles ne sont pas là pour la gonflette ni pour le spectacle. Leur fonction est de protéger nos os et de se contracter, ce qui nous donne la force de bouger. Imaginez que vous ayez une crampe, c'est-à-dire que vos muscles se mettent à avoir des spasmes pendant plusieurs secondes, accompagnés de fortes douleurs. Ou, dans mon cas, imaginez qu'au cours d'un match, un adversaire coure à toute vitesse et m'écrase son casque sur la cuisse (ça arrive !), me blessant au quadriceps. Conscient que quelque chose ne va pas, mon cerveau envoie un message aux muscles proches de mon quadriceps. Il leur demande de se contracter et de devenir tendus, denses et rigides. En fait, mon cerveau demande à ces muscles de créer une attelle naturelle pour soutenir et protéger mon quadriceps blessé et l'empêcher de s'endommager encore plus, du moins jusqu'à ce que l'hématome dans mon quadriceps disparaisse.

Le problème, c'est qu'avec mon quadriceps qui ne fonctionne plus et les autres muscles de mon corps qui compensent ce quadriceps blessé, mon corps devient déséquilibré. Mon quadriceps ne fonctionnant plus, il perd de son utilité. Il ne se contracte et ne se relâche pas à cent pour cent. Par conséquent, ce quadriceps non fonctionnel – et la coordination de ma jambe droite – peut finir par affecter ma hanche, mon genou, ma cheville et mon pied. En fait, tous les autres muscles de mon corps, à l'exception du quadriceps, doivent travailler plus dur pour faire ce que mon cerveau demande à mon corps.

Comme dans l'exemple que j'ai donné plus tôt d'un enfant tombant de son vélo, les déséquilibres sont souvent le résultat de blessures non guéries. Pensez à la fois où vous vous êtes blessé au dos en soulevant une boîte un peu lourde. On vous dit de vous reposer en ne soulevant plus rien pendant les jours suivants et en appliquant de la glace jusqu'à ce que votre dos commence à se sentir mieux. Vous vous sentirez probablement mieux, mais la question est de savoir si vous allez vraiment mieux ? Non, car vous n'avez pas changé la réponse de votre cerveau correspondant à

Il y a certains joueurs qui adorent venir à la salle de muscu. Imaginez un gars qui se prépare à faire son dernier squat. La musique à fond. Toute l'équipe est rassemblée autour de lui. Quand il se met sous la barre et fait son squat, toute la salle l'encourage. En portant ce poids, on dirait que ce joueur dit à ses coéquipiers : « Je vais y arriver, quoi qu'il en coûte. » C'est excellent pour le mental de chacun, et c'est aussi excellent pour la cohésion de groupe. C'est presque ancré dans notre personnalité d'athlète. Mais si un joueur aime vraiment faire ce genre d'exercices parce qu'ils lui font se sentir bien et qu'il en est récompensé, il ferait mieux de travailler tout aussi dur la pliabilité.

Je travaille la force et le cardio avec un médecine-ball.

Et ici je travaille avec Alex sur l'absorption des forces et des stress qui peuvent être imprévisibles.

Il est important d'engager son tronc dans tous les aspects de la vie, à tout moment. Dans cet exercice, je renforce mon tronc en ajoutant la résistance de la bande pendant la rotation.

La plupart des entraînements que je fais sont spécifiques aux domaines dans lesquels je veux exceller. La clef est de faire de la pliabilité avant et après toute séance d'entraînement, tout sport ou toute activité. Si vous sautez la phase de pré et post pliabilité, vous augmentez vos chances de vous blesser. Faire de la pliabilité, c'est comme créer un système immunitaire contre les blessures sportives.

la façon dont vous vous êtes blessé au dos initialement. Vous vous êtes fait mal au dos en soulevant cette boîte un peu lourde parce que les muscles de votre dos ont été surchargés par la force excessive à laquelle vous les exposiez. À moins que vous ne réappreniez, grâce à la pliabilité, à votre cerveau et à vos muscles à comprendre que vos muscles dorsaux doivent réagir de manière optimale et plus efficace au soulèvement de la boîte, votre dos sera toujours surchargé – et vous aurez plus de chances de vous blesser une nouvelle fois. Pour éviter de vous blesser à nouveau en soulevant cette même boîte lourde, vous devez équilibrer tous les groupes musculaires qui sont censés travailler dans ce mouvement particulier. Le fait est que la seule façon de créer un changement dans votre cerveau est de créer une expérience traumatique positive et intentionnelle par le biais de séances de pliabilité. En résumé : aucune guérison réelle ne sera possible dans votre corps si le cerveau et le corps ne travaillent pas ensemble.

La plupart des personnes souffrant de déséquilibres sont devenues bonnes à mal faire les choses, qu'il s'agisse de marcher, de courir ou de jouer au football américain. Certains actes de la vie quotidienne sont inconscients. Nous marchons, courons et nous asseyons avec des déséquilibres. Multipliez cela par des milliers, voire des millions de gestes, et cela représente beaucoup de compensations et de surcharges, qui entraînent souvent des blessures. Par exemple, avant que je rencontre Alex, les muscles de mon bras avec lequel je lance avaient perdu leur pliabilité naturelle. Ils avaient perdu leur fonction optimale de pompe musculaire. Ils se contractaient et se relâchaient à, disons, cinquante pour cent. C'était un cercle vicieux : les muscles de mon bras étaient si tendus qu'ils ne pouvaient plus se contracter et se relâcher complètement. Privés d'une quantité suffisante de sang et d'oxygène, ils ne pouvaient pas guérir. Pourquoi ne recevaient-ils pas suffisamment de sang et d'oxygène ? Parce qu'ils ne pouvaient pas se contracter et se relâcher. La seule solution était de faire de la pliabilité, d'allonger et d'assouplir les muscles de mon bras, ce qui leur a donné la capacité de se contracter et de se relâcher complètement, avec une fonction de pompe musculaire à cent pour cent, et a permis une récupération totale.

ACIDE LACTIQUE

Chaque fois que nous faisons de l'exercice, nos muscles ont besoin de plus grandes quantités d'oxygène. Parfois, nous nous entraînons tellement dur que notre système circulatoire n'arrive pas à suivre les demandes de notre corps. Afin de maintenir le taux d'oxygène dont nos muscles ont besoin, un changement se produit. Le corps passe de ce que l'on appelle le métabolisme aérobie à un autre état, appelé métabolisme anaérobie. C'est alors que notre corps commence à décomposer le glucose stocké et à le convertir en acide lactique, également appelé lactate. L'élimination du lactate est liée à notre faculté à recharger notre énergie musculaire. Même après un exercice intense, le lactate quitte notre corps avec le temps, naturellement ou par la transpiration – mais la pliabilité accélère l'élimination de ce lactate et aide le corps à récupérer.

Au fil des ans, beaucoup de quarterbacks m'ont dit qu'ils voulaient changer leur technique. Le problème, c'est que leur cerveau a sans doute envie de changer, mais tant qu'ils n'auront pas établi une connexion cerveau-corps grâce à la pliabilité, leurs muscles ne le permettront pas. Une grande partie de l'amélioration continue de ma mécanique de lancer provient du travail de pliabilité que je fais quotidiennement. C'est parce que j'établis ces connexions entre mon cerveau et mon corps que mes muscles peuvent effectuer les changements mécaniques qui m'aident à mieux lancer la balle et à me déplacer plus efficacement dans la poche de protection. Conclusion ? Quels que soient les changements que je veux faire dans ma mécanique de lancer, je peux le faire. J'entraîne mon cerveau à demander à mes muscles de travailler différemment. Cela ne peut se faire qu'au moyen de séances de pliabilité – un trauma positif et intentionnel qui découle sur de nouveaux comportements acquis.

LA MÉMOIRE MUSCULAIRE

L'activité aérobie, ou le sprint, suivie d'une séance de musculation, constitue la base du modèle traditionnel d'entraînement. Dans le cadre de l'entraînement musculaire, lorsque vous soulevez un poids de cent kilos au développé-couché, à quoi entraînez-vous vos muscles exactement ? La réponse : à se contracter intensément, à rester tendus, denses et rigides, et à résister au poids lourd contre lequel votre corps est en train de lutter. À cause de cette activité de soulever de poids, vous apprenez également à votre corps et votre cerveau que l'état musculaire optimal correspond à des muscles tendus, denses et rigides. Le problème, c'est que si vous jouez un match quelques jours plus tard et qu'un défenseur vous plaque, il est possible que ces mêmes muscles tendus, denses et rigides induisent une déchirure musculaire ou une fracture, parce que votre corps n'a pas pu absorber les forces de manière équilibrée. Les cent kilos que vous avez soulevés au développé-couché l'ont été au détriment de muscles plus longs, plus souples et plus activés qui auraient pu disperser le coup. Dans l'exemple ci-dessus, un bras ou une jambe en état de contraction constante, qui ne cède pas facilement, a très peu d'utilité sur le terrain – sauf, disons, pour certains postes qui doivent lutter contre un poids important. Cela ne veut pas dire que nous n'avons pas besoin de force – nous avons besoin d'une force optimale pour rester équilibrés –, mais plus encore, nous avons besoin de pliabilité pour compléter cette force, afin d'augmenter notre durabilité.

En résumé : les messages que notre cerveau envoie à nos muscles, et que nos muscles envoient à notre cerveau, seront stockés dans les voies neuronales. Les traumas négatifs y sont stockés jusqu'à ce qu'ils soient remplacés par les traumas positifs que nous expérimentons grâce aux séances de pliabilité.

TRAUMA NÉGATIF ET TRAUMA POSITIF

« Trauma » est un mot riche de sens, et je vais vous expliquer ce que j'entends par là. Je ne crois pas que le corps fasse la différence entre les différents types de traumas. Tout ce qu'il sait, c'est qu'il a été confronté à une force extérieure qui provoque une réaction dans le corps et le cerveau. La plupart des joueurs diront qu'il y a une différence entre les traumas positifs et négatifs. L'un des deux se produit à l'entraînement, ou dans la salle de musculation, lorsque vous subissez une force excessive en courant, en changeant de direction ou en soulevant des poids. C'est quelque chose qui peut aussi se produire lors d'un match. Pourtant, la seule chose que vos muscles savent, c'est qu'ils se contractent pour absorber les forces – ils se contractent même fort.

Le corps ne fait peut-être pas de distinction entre les types de traumas, mais dans le cadre de la pliabilité, je dois la faire.

Parmi les deux types de traumas, celui que je décris ci-dessus est dit « négatif-involontaire ». Il est généralement le résultat d'une blessure qui est parfois indépendante de la volonté du joueur – glisser et chuter, un accident de vélo, etc. Le deuxième type de trauma, qui crée des muscles déformables, est appelé « positif-intentionnel ». Dans les cas de traumas négatifs-involontaires et positifs-intentionnels, le cerveau et le corps font face à des forces qui ne leur sont pas familières. Et le cerveau stocke ces forces sous forme de mémoire musculaire afin de protéger sa structure.

Cependant, le trauma positif-intentionnel qui s'exerce sur moi par le biais d'un travail musculaire profond et ciblé pendant la séance de pliabilité entraîne mon corps et mon cerveau à faire face aux traumas négatifs-non intentionnels auxquels je suis confronté pendant les matchs, les entraînements ou toute autre situation qui échappe à mon contrôle. Grâce aux traumatismes positifs-intentionnels, je crée des voies neuronales qui améliorent la capacité de mon corps à faire face aux stress du sport que je pratique.

Grâce au traumatisme positif intentionnel obtenu en faisant de la pliabilité, mes muscles apprennent à

À plusieurs reprises, au MIT Media Lab, des chercheurs ont mesuré la force qu'Alex et moi-même exercions au cours d'une séance typique de pliabilité. Ils ont constaté que lorsqu'Alex utilise ses mains, il exerce une pression de cinquante à cent newtons – les newtons sont une unité de force – et que lorsqu'il utilise ses coudes, cette pression est quatre fois supérieure. (Certains muscles peuvent nécessiter cinquante newtons, d'autres quatre cents. Cela dépend de la densité du muscle.) Dans le même temps, je fais deux contractions musculaires par seconde. Quatre cents newtons, c'est l'équivalent d'une pression de quarante kilos sur un groupe musculaire. C'est ça, être déformable.

rester longs, souples et activés, et sont capables de gérer tout ce qui se présente à moi sur le terrain ou en dehors. Pourquoi ? Parce qu'ils sont dans un état équilibré, qui absorbe et disperse la force visant n'importe lequel de mes muscles à un moment donné. Comme je l'ai dit précédemment, lorsque je me tiens dans la poche de protection, je ne sais jamais quand je vais être frappé. Au moment où le casque d'un joueur adverse entre en contact avec mon corps, ce dernier est capable d'absorber ce choc grâce à la pliabilité quotidienne. Tout au long de l'action, mes muscles restent longs, souples et bien activés. Quel que soit l'impact que je subis, il est absorbé et dispersé uniformément dans de nombreux groupes musculaires, et pas seulement dans la zone spécifique où j'ai été frappé.

Lorsque les athlètes se blessent, ils ne doivent pas en vouloir à leur sport – ou à leur âge. Les blessures surviennent lorsque notre corps est incapable d'absorber ou de disperser la force qui lui est imposée. Si notre corps est capable de supporter cette force, le sport que nous pratiquons ou notre âge n'a pas d'importance. C'est pourquoi l'âge n'est pas un problème pour moi !

ENTRAÎNER LE CERVEAU

Le cerveau est composé de dizaines de milliards de cellules appelées neurones, qui établissent des connexions avec d'autres neurones. Ces connexions sont appelées synapses, et notre cerveau en contient des centaines de trillions. Chaque fois que nous apprenons quelque chose de nouveau, ces synapses s'épaississent, grossissent et se connectent à d'autres neurones pour renforcer ce que nous venons d'apprendre. Plus ces synapses sont fortes, et plus elles font appel à un grand nombre de neurones, et plus notre cerveau peut stocker et récupérer des informations. Pour créer des connexions plus fortes et plus rapides dans notre cerveau, nous avons besoin de répéter un geste, une routine, une compétence ou un comportement encore et encore. À son tour, notre cerveau génère des synapses liées à cette routine, cette compétence ou ce comportement, et les sollicite à chaque fois que nous faisons cette chose. Plus nous pratiquons cette routine, cette compétence ou ce comportement, plus notre cerveau la reconnaît automatiquement. Grâce à la neuroplasticité – c'est-à-dire la capacité du cerveau à continuer de croître, de changer et d'apprendre tout au long de la vie –, la pliabilité reprogramme le cerveau en introduisant de nouveaux modèles, dans ce cas, l'allongement et l'assouplissement de nos muscles. Avec le temps, le cerveau et le corps finissent par réaliser que c'est ainsi que nous voulons que nos muscles se comportent lorsqu'ils effectuent les tâches que nous leur demandons.

ENTRAÎNEZ VOTRE CERVEAU, CHANGEZ VOTRE CORPS

Précédemment, j'ai écrit que la pliabilité est différente du massage. En quoi ? La clef de la pliabilité est de stimuler et de rééduquer le cerveau en créant de nouvelles voies neuronales. Le massage en lui-même ne le fait pas, car il est passif. Il n'y a pas de contraction de vos muscles due à un mouvement, ce qui signifie que le cerveau ne comprend pas que vos muscles doivent rester longs, souples et activés. Par conséquent, aucune fonction de pompe musculaire n'est possible. Après un massage classique, la plupart des gens se sentent mieux pendant quelques heures, voire une journée, grâce à l'augmentation du flux sanguin et à une forte poussée d'endorphines. Puis ils retournent à leurs vieilles habitudes. Leur cerveau et leurs muscles n'ont rien appris, car aucune véritable éducation n'a eu lieu. Le massage statique n'éduque pas les muscles. Seul le traumatisme positif-intentionnel par la pliabilité le fait.

L'objectif de la pliabilité est de susciter une réponse neuronale positive dans mon corps avant un entraînement. Ce processus est appelé « activation neuronale ». Lorsque je fais travailler un de mes muscles de manière ciblée et en profondeur, je force mon cerveau à créer des connexions entre ses neurones et à forger de nouvelles voies neuronales. À force de répéter cette opération, la quantité d'informations dont les neurones de mon cerveau ont besoin pour stimuler mes muscles – que ce soit en faisant de la musculation, en courant sur un tapis roulant ou en utilisant des bandes de résistance – est reconnue automatiquement. C'est pourquoi Alex aime citer l'adage suivant : « Les neurones qui s'activent ensemble se connectent ensemble. »

Grâce à la pliabilité, au fur et à mesure de la saison, je commence à me sentir de mieux en mieux, car la connexion entre mon cerveau et mon corps se renforce autour des fonctions quotidiennes que je leur demande à chacun d'accomplir. En revanche, en dehors de la saison, avec des entraînements qui varient d'une semaine à l'autre, c'est plus difficile et mon corps est en fait plus endolori que pendant la saison. Mes muscles ne sont jamais vraiment prêts à bouger. À mon avis, c'est pendant l'intersaison que de nombreux joueurs de foot US développent des lacunes neuronales menant à une blessure pendant la saison. C'est pourquoi j'ai modifié mon propre entraînement d'intersaison pour reproduire, du mieux que je peux, ce que je fais pendant la saison.

Que vous ayez sept ou soixante-dix-sept ans, vous pouvez atteindre un niveau supérieur de pliabilité. C'est-à-dire que vos muscles fonctionnent à cent pour cent, de manière régulière, et que la charge dans vos muscles soit réduite. Si un athlète universitaire vient dans un TB12 Performance & Recovery Center à la recherche d'aide pour atteindre et prolonger son pic de performance, en général, Alex dira qu'il faut environ trente jours pour sentir une différence. Au bout de douze mois, cet athlète remarquera d'énormes progrès. Je viens d'avoir quarante-trois ans, mais j'ai l'impression d'en avoir trente.

LES BASES DE LA PLIABILITÉ

La plupart d'entre nous sont nés avec des quantités adéquates de pliabilité, et certaines personnes sont nées avec plus de pliabilité que d'autres. Comme je l'ai dit plus haut, pendant l'enfance, l'adolescence et la vingtaine, notre corps et nos muscles continuent à produire beaucoup de collagène, et cette pliabilité innée accélère notre récupération après un effort ou une blessure. Notre sang est riche en oxygène. Nos muscles se contractent et se relâchent de façon régulière, à 100 pour cent. Nous sommes déformables pratiquement tout le temps.

Mais lorsque notre corps enchaîne les expériences traumatisantes négatives les unes après les autres – chutes, éraflures et blessures, mais aussi musculation intensive et surcharge –, notre pliabilité naturelle commence à se détériorer. Nous nous concentrons sur la muscu et le cardio, sans nous rendre compte que notre pliabilité s'épuise lentement. Même si nous avons été actifs toute notre vie, nous remarquons tous une diminution de notre pliabilité à partir de la moitié de la vingtaine. Il devient de plus en plus difficile de s'entraîner comme avant. Notre corps peut encore créer et stocker du collagène, mais il est moins capable de décomposer et de métaboliser l'acide lactique qui commence à s'accumuler et à se calcifier dans nos muscles. À l'âge de cinquante ou soixante ans, nous avons environ cinquante pour cent de pliabilité et de contraction musculaire en moins que lorsque nous avions vingt ans. Et si nous ne nous entraînons pas à la pliabilité, nous n'obtiendrons jamais une contraction musculaire de cent pour cent, faisant circuler le sang riche en oxygène d'un groupe musculaire à l'autre.

COLLAGÈNE

Le collagène est la protéine la plus abondante dans l'organisme. Présent principalement dans la peau, les os et le tissu conjonctif, il confère à notre corps force, structure et élasticité. Lorsque nous sommes jeunes, notre corps crée et régénère facilement le collagène. Mais avec l'âge, la production de collagène diminue et les protéines qui le composent deviennent plus rigides. Il en résulte une perte d'élasticité de la peau, des organes et des muscles, des temps de récupération plus longs, des raideurs et des douleurs musculaires. Grâce en partie à nos niveaux naturels de collagène, nous n'avons pas besoin de faire autant de pliabilité lorsque nous sommes jeunes que lorsque nous sommes plus âgés – ce qui explique pourquoi les jeunes athlètes se concentrent naturellement sur le renforcement musculaire. Mais à partir de la moitié de la vingtaine, nous devons trouver un équilibre entre la muscu, le cardio et la pliabilité pour compenser la perte de collagène au fil du temps.

À l'heure actuelle, à ce stade de ma carrière, et d'un point de vue structurel, je suis plus équilibré que jamais. J'ai l'impression que mes muscles fonctionnent de manière égale et à cent pour cent. Je ne suis pas plus développé dans un domaine qu'un autre, ce qui me donne d'énormes avantages sur le terrain. La plupart du temps, je joue contre des athlètes qui ont un déséquilibre structurel. Ils ont échangé leur pliabilité contre un renforcement musculaire ou de la condition physique en excès, et je pense qu'ils ont plus de chances de se blesser. J'ai la chance d'avoir à la fois l'expérience et la durabilité.

LA PLIABILITÉ EN FONCTION DE L'ÂGE

Notre besoin de pliabilité ne dépend pas seulement de notre travail ou de notre fonction, mais aussi de notre âge et de nos objectifs. Il existe de grandes différences physiques entre quelqu'un de vingt-deux ans et de quarante-trois ans. Par exemple, à quarante-trois ans, j'ai fait vingt ans de muscu de plus qu'un joueur moyen de vingt-deux ans. Mais le joueur de vingt-deux ans a plus de pliabilité naturelle que moi sous forme de collagène, ce qui donne à son corps force, soutien et structure – en gros, il a moins de kilomètres au compteur. Idéalement, les athlètes devraient commencer à travailler la pliabilité en même temps qu'ils commencent l'entraînement musculaire. En général, un athlète de vingt-deux ans a besoin de plus de muscu et de cardio qu'un athlète de quarante-trois ans, et un joueur de mon âge a besoin de plus de pliabilité que de muscu et de cardio. C'est pourquoi, aujourd'hui, mes entraînements incluent vingt-cinq pour cent de muscu, vingt-cinq pour cent de cardio, et cinquante pour cent de pliabilité. Si j'avais à nouveau vingt-deux ans, je consacrerais un quart de mon entraînement à la pliabilité et le reste à la muscu et au cardio.

L'un des avantages que j'ai sur les jeunes athlètes, c'est qu'à quarante-trois ans, je suis déformable et j'ai de l'expérience. Les jeunes athlètes ont une pliabilité naturelle mais moins de saisons à leur actif que moi. Si je peux annihiler leur avantage naturel, je me trouve dans une position favorable, tant sur le plan physique que sur celui de l'expérience. Tant que je reste déformable, ils ne peuvent pas égaler mon niveau – c'est pourquoi j'ai opté pour la méthode d'entraînement que je pratique aujourd'hui.

La bonne nouvelle pour les athlètes de plus de vingt-deux ans ? Vous n'êtes jamais trop vieux pour bénéficier des avantages de la pliabilité : cent pour cent de contraction dans tous vos muscles, ce qui permet d'augmenter le taux d'oxygène dans le sang. Plus votre taux d'oxygène

PLIABILITÉ NATURELLE EN FONCTION DE L'ÂGE

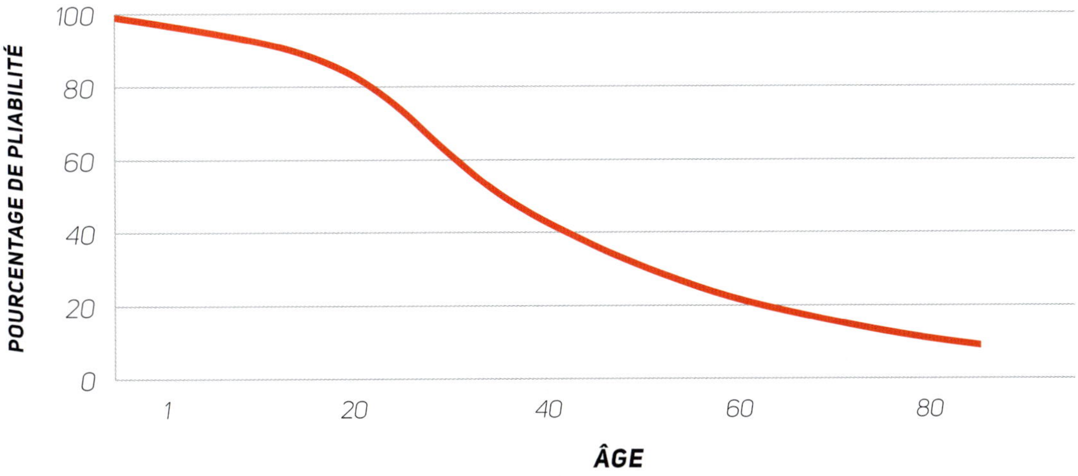

Illustration : ce n'est pas représentatif d'une personne en particulier, mais plutôt une indication d'une tendance pour la pliabilité naturelle.

En pleine réflexion dans mon bureau, 2017.

dans le sang est élevé, plus vos muscles peuvent se dilater et se contracter. Plus vos muscles peuvent se dilater et se contracter, plus votre système lymphatique est capable d'évacuer les toxines de votre organisme. Résultat : des muscles sains – et déformables – ainsi que le plein d'énergie et de vitalité.

Vous serez également surpris des effets que la pliabilité peut avoir au quotidien sur les blessures et les autres paramètres biologiques. Grâce au sang riche en oxygène qui irrigue chaque muscle de votre corps, une pliabilité optimale permet une régénération continue. L'entraînement musculaire (sans pliabilité), en revanche, crée des muscles tendus, denses et rigides, des contractions-décontractions musculaires limitées, moins de sang riche en oxygène et une dégradation étendue. Au fil du temps, ces conditions malsaines entraînent des blessures qui, à leur tour, réduisent la fonction de pompe musculaire, l'oxygénation et la régénération. Malheureusement, c'est à cela que ressemble le vieillissement pour 99,9 % de la population mondiale.

Certaines blessures font juste partie du jeu et sont inévitables pour tout athlète. Prenons l'exemple d'une contusion, lorsque vous recevez un coup direct sur l'os de la hanche. Il s'agit d'une blessure liée à un fait de jeu, et il est souvent difficile de l'éviter. Mais certaines autres blessures, comme les claquages musculaires, sont, d'après mon expérience, très probablement évitables si vous vous concentrez sur la pliabilité et les facteurs amplificateurs. Si vous pratiquez le football américain ou un autre sport dans lequel vous savez que vous recevrez des coups chaque semaine, avant de faire face au choc, vous feriez mieux de commencer à penser : « Comment vais-je préparer mon corps avant qu'il ne soit touché ? » Ce que vous faites sur le terrain et en dehors, en termes de développement et de maintien de votre pliabilité, est essentiel pour réduire les risques de blessures et les prévenir lorsque vous allez faire face à un coup.

QUELQUES MOTS SUR L'INFLAMMATION

Dans le sport que je pratique, je sais que je vais recevoir des coups. Il va y avoir des traumas, et mon corps va naturellement créer des réponses pour atténuer la douleur et les courbatures après chaque match. Même si nos pensées et nos émotions ne jouent aucun rôle dans la génération d'une inflammation – bien qu'elles en aient un ! –, si vous pratiquez un sport, quel qu'il soit, à quelque niveau que ce soit, il est évident que vous finirez par avoir un certain degré d'inflammation. Examinons donc de plus près ce que signifie l'inflammation.

Il en existe deux types : l'inflammation aiguë et l'inflammation chronique. L'inflammation aiguë, qui ne dure que quelques jours, est une réponse naturelle de notre système immunitaire. Lorsque nous sommes blessés, le corps envoie de petites protéines, appelées cytokines, qui encerclent la zone affectée et nettoient les cellules endommagées tout en faisant circuler de l'oxygène, des nutriments et des anticorps qui aident notre corps à faire face aux infections et à accélérer la guérison et le rétablissement. En plus d'aider notre sang à coaguler, ces protéines naturelles déclenchent la douleur, le gonflement et l'augmentation de température qui vont de pair avec la guérison.

L'inflammation chronique, en revanche, se produit lorsque l'organisme envoie continuellement les mêmes globules blancs et cytokines en réponse à ce qu'il perçoit comme une menace. Ces globules blancs et ces cytokines n'ont aucune idée qu'ils ciblent des muscles sains ou leurs tissus. Ils font seulement ce qu'ils sont censés faire. Le problème, c'est que notre corps n'est pas conçu pour gérer des réactions inflammatoires quotidiennes, et qu'avec le temps, nos globules blancs peuvent commencer à dégrader nos organes et nos os. On pense que l'inflammation quotidienne de faible intensité joue un rôle dans certaines maladies et affections à long terme. Il y a aussi l'inflammation intestinale qui peut interférer avec la façon dont nous absorbons des nutriments comme le calcium et la vitamine D, qui contribuent à garder nos os en bonne santé.

L'inflammation est inévitable quand on fait ce que je fais dans la vie. Chaque entraînement cause des dommages microscopiques à mes fibres musculaires qui disparaissent généralement après une période de récupération. À quarante-trois ans, mon objectif est de réduire le niveau d'inflammation dans mon corps de toutes les manières possibles grâce à la pliabilité et l'aide d'autres facteurs amplificateurs dont je parlerai plus loin dans ce livre. L'accumulation d'inflammations sous la forme d'une mauvaise alimentation, d'alcool, etc., n'est, à mon avis, pas en phase avec l'objectif de maximiser votre potentiel.

Alex et moi pensons que la pliabilité peut contribuer de manière significative à la guérison de nombreuses blessures sportives courantes, comme le tennis-elbow, la fasciite plantaire, les douleurs lombaires et bien d'autres encore – notamment en luttant contre les fibroses ou en les empêchant de se former – et en réduisant l'inflammation à la suite d'interventions chirurgicales.

Le **TENNIS-ELBOW** survient lorsqu'un joueur se blesse au tendon qui relie l'avant-bras au coude. Comment en arrive-t-on à se blesser à cet endroit en général ? Parce que le tendon a été soumis à une accumulation de tensions excessives. Par conséquent, il est surchargé pendant un temps. La solution est la pliabilité, l'allongement et l'assouplissement de tous les groupes musculaires du membre supérieur pour créer un équilibre. Une fois que les muscles sont équilibrés, souples, longs et activés par les mouvements fonctionnels quotidiens que le cerveau demande au coude d'effectuer, la tension disparaît.

La **FASCIITE PLANTAIRE** est l'inflammation de la bande ligamentaire reliant l'os du talon aux orteils, et qui cause beaucoup de douleurs et d'inconfort. (Cela peut venir simplement du port de chaussures avec de mauvais talons.) Les médecins prescrivent souvent le port d'une botte pour étirer le fascia. Chez TB12, le problème peut généralement être résolu par l'allongement et l'assouplissement du fascia plantaire grâce à des séances de pliabilité. Nous avons vu cette blessure très souvent, et nous avons réussi à la traiter et à guérir nos clients après seulement quelques séances.

Enfin, il y a les **DOULEURS DU BAS DU DOS**. Les médecins et les thérapeutes prescrivent généralement du repos, de la glace et des exercices de renforcement du dos. Mais renforcer des muscles déjà tendus qui provoquent une compression à l'origine même de la lombalgie n'est pas la solution. Ce qu'ils font rarement, c'est cibler les muscles psoas, ou les fléchisseurs de hanche, qui sont en corrélation avec la compression lombaire. Là encore, en allongeant et en assouplissant les muscles psoas et les muscles du dos, la pliabilité permet généralement de se débarrasser entièrement des douleurs lombaires.

Dans les trois exemples ci-dessus, la réponse pour soulager la douleur passe par la pliabilité. Des muscles longs, souples et activés ne provoqueront pas de douleurs au coude, au pied ou au dos. Une fois que les muscles sont déformables et que l'équilibre est rétabli dans ces groupes musculaires, c'est précisément là que vous les rendez plus forts.

Moi, en train de faire de l'autopliabilité sur mon triceps droit – encore une fois en direction du cœur. Comme vous pouvez le constater, je consacre toujours beaucoup de temps à mon bras droit.

FAQ

La pliabilité ça fait mal ?

Certaines personnes qui essaient la pliabilité pour la première fois disent qu'elles ressentent un certain inconfort pendant et après les premières séances. Une bonne analogie est la musculation. Si vous n'avez jamais soulevé de poids, après les premières séances de musculation, vous aurez probablement mal. Mais avec le temps, cette douleur disparaît. (L'haltérophilie, je sais, est un mauvais exemple, mais c'est une bonne analogie que la plupart des gens peuvent comprendre.) En général, le fait que vous ressentiez ou non une gêne après la pliabilité dépend de l'état de santé de vos muscles – ou de leur densité. S'ils sont secs et déshydratés, cela risque de prendre du temps pour se faire à la pliabilité, car sans une hydratation adéquate ou un fonctionnement optimal de la pompe musculaire, les muscles du corps sont tendus, denses et rigides. Il est donc plus difficile de les allonger et de les assouplir. Mais plus vous allongez et assouplissez vos muscles grâce à la pliabilité, plus cela devient facile. Vous ne pouvez pas allonger et assouplir vos muscles en un jour. Cela prend du temps, et vous devez procéder étape par étape. Il ne s'agit pas de se rajouter une contrainte dans son planning quotidien – mais plutôt de répartir votre temps de manière plus intelligente. La clef de la pliabilité est la répétition et la cohérence.

Les femmes sont-elles naturellement plus souples que les hommes ?

Non. Le but de la pliabilité est d'amener les muscles du corps à fonctionner et à s'activer à 100 % afin qu'ils puissent accomplir aussi bien que possible les actes que vous leur demandez de faire. Que vous couriez vingt kilomètres par jour, que vous jouiez au tennis ou que vous fassiez du yoga, les taux d'inflammation sont les mêmes pour les hommes et les femmes.

Combien de temps faut-il pour transformer des muscles en muscles déformables ?

Cela dépend de la personne, de son âge et de la densité de ses muscles. Plus vos muscles sont denses, plus il est difficile de les rendre déformables. En général, avec un programme cohérent, cela prendra entre une semaine et un mois. Dans un TB12 Performance & Recovery Center, nous nous attendons à voir des changements significatifs en deux sessions.

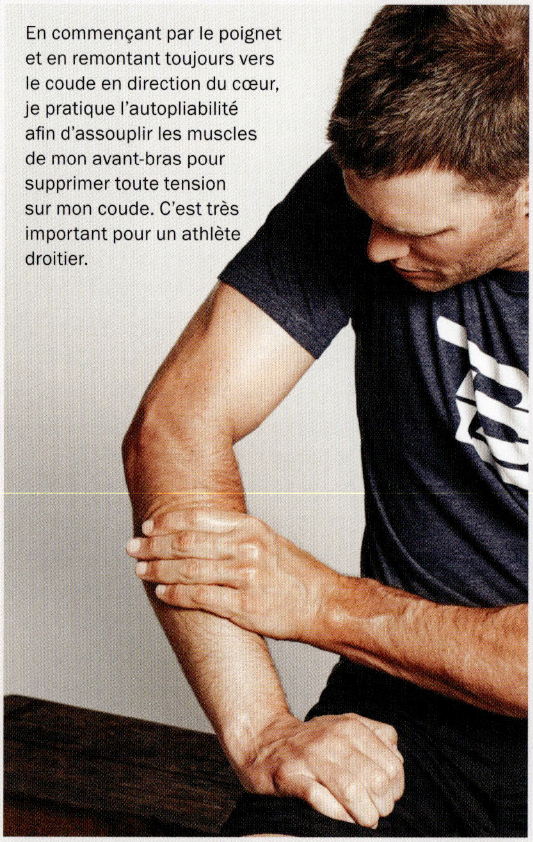

En commençant par le poignet et en remontant toujours vers le coude en direction du cœur, je pratique l'autopliabilité afin d'assouplir les muscles de mon avant-bras pour supprimer toute tension sur mon coude. C'est très important pour un athlète droitier.

Dois-je attendre de me blesser pour commencer la pliabilité ?

Non. Je comprends pourquoi certains athlètes peuvent penser que la pliabilité est une chose à faire après une blessure, mais vous devriez commencer à le faire maintenant pour prévenir les blessures – ou les entorses ou déchirures qui pourraient conduire à une blessure – à l'avenir. Après tout, je n'ai rencontré Alex que parce que la douleur dans mon bras et mon épaule devenait intolérable. La plupart d'entre nous ne veulent pas passer du temps à prévenir des choses qui ne sont pas encore arrivées. Mais le fondement de la pliabilité est qu'elle empêche les athlètes de se blesser en premier lieu. Nous savons comment renforcer nos muscles. Nous devons maintenant apprendre à les allonger et à les assouplir afin de créer un équilibre.

Pourquoi est-ce que je continue à faire de la pliabilité quotidiennement ? Parce que je veux jouer au football américain le plus longtemps possible. J'aime mon sport. J'aime mes coéquipiers. J'aime ce que je fais. Depuis que je suis enfant, mon premier amour a toujours été le foot US, et pour moi, être au top de la performance signifie faire ce que je veux faire, et ce que j'aime faire, aussi longtemps que possible.

DEUX QUESTIONS SUR LA DIFFÉRENCE ENTRE LA PLIABILITÉ, LA SOUPLESSE ET LES ÉTIREMENTS

Quelle est la différence entre la pliabilité et la souplesse ? Ne pourrais-je pas obtenir les mêmes effets procurés par la pliabilité en m'étirant ?

On a tendance à penser que les personnes qui s'étirent depuis vingt ans sont déformables. Ce n'est pas forcément vrai. Les étirements favorisent la souplesse, mais vous ne pouvez pas assimiler souplesse et pliabilité. Il existe quelques différences importantes.

La pliabilité consiste à allonger et à assouplir les muscles. La souplesse, qui résulte souvent d'un étirement, peut allonger les muscles dans une certaine mesure, mais elle ne les assouplit pas. L'allongement et l'assouplissement des muscles soulagent la tension qu'ils subissent. Ce n'est pas le cas des étirements.

Deuxièmement, l'entraînement de pliabilité implique – et requiert – toujours un certain niveau de trauma positif intentionnel pour stimuler le muscle et entraîner le cerveau à contracter et relâcher le muscle complètement. Tout au long de notre travail de la pliabilité chez TB12, nous nous concentrons sur la connexion entre le cerveau et le corps. Contrairement aux étirements.

Un autre problème réside dans le fait que les personnes extrêmement souples peuvent étirer leurs ligaments jusqu'à ce qu'ils deviennent trop lâches. Il est alors difficile pour leurs muscles de se contracter pour retrouver un état optimal. Dans certains cas, cela peut augmenter le risque de blessure. Lorsque les gens étirent leur dos ou leurs jambes, ils risquent de créer des microdéchirures dans les fibres de ces muscles, comme des cordes qui ont été trop serrées et qui commencent à s'effilocher. Pour guérir les microdéchirures, le corps envoie de l'acide lactique, qui durcit et cicatrise les muscles. En réponse, que font la plupart des gens ? Ils étirent à nouveau leurs muscles. Avec le temps, ce cycle d'étirement, de déchirure et de ré-étirement peut entraîner des blessures.

C'est pourquoi les étirements sont une activité qui bénéficierait d'une pré et post pliabilité. La pliabilité avant et après les étirements, comme pour toute activité sportive, peut aider à minimiser les microdéchirures du tissu musculaire et la fibrose musculaire qui pourraient entraîner une blessure. Vous ne gagnerez pas de médaille pour avoir collé votre pied derrière votre cou ! Considérez la pliabilité comme la routine à adopter avant et après toute activité physique ou sportive, yoga inclus.

Puis-je faire de la pliabilité tout seul ?

Oui ! Mais attention. Sans aucun doute, la meilleure forme de pliabilité est obtenue par un travail musculaire ciblé et profond dispensé par un body coach TB12. Atteindre une pliabilité optimale n'est pas tout à fait possible sans les traitements d'un praticien formé à ces méthodes. Mais vous pouvez atteindre une certaine pliabilité, et bénéficier de certains de ses avantages, en utilisant d'autres méthodes, que j'aborderai dans le chapitre suivant. Il s'agit notamment de l'autopliabilité avec des dispositifs d'assistance, de l'autopliabilité sans assistance et de la pliabilité avec un partenaire. Mais la meilleure forme de pliabilité viendra toujours d'un body coach TB12 certifié – et c'est celle que je recommande.

CHAPITRE 5

ENTRAÎNEMENT ET MÉTHODES

Pour moi, il s'agit de la meilleure forme de pliabilité : Alex travaille sur mon épaule droite avant que je ne m'entraîne à la mécanique du lancer.

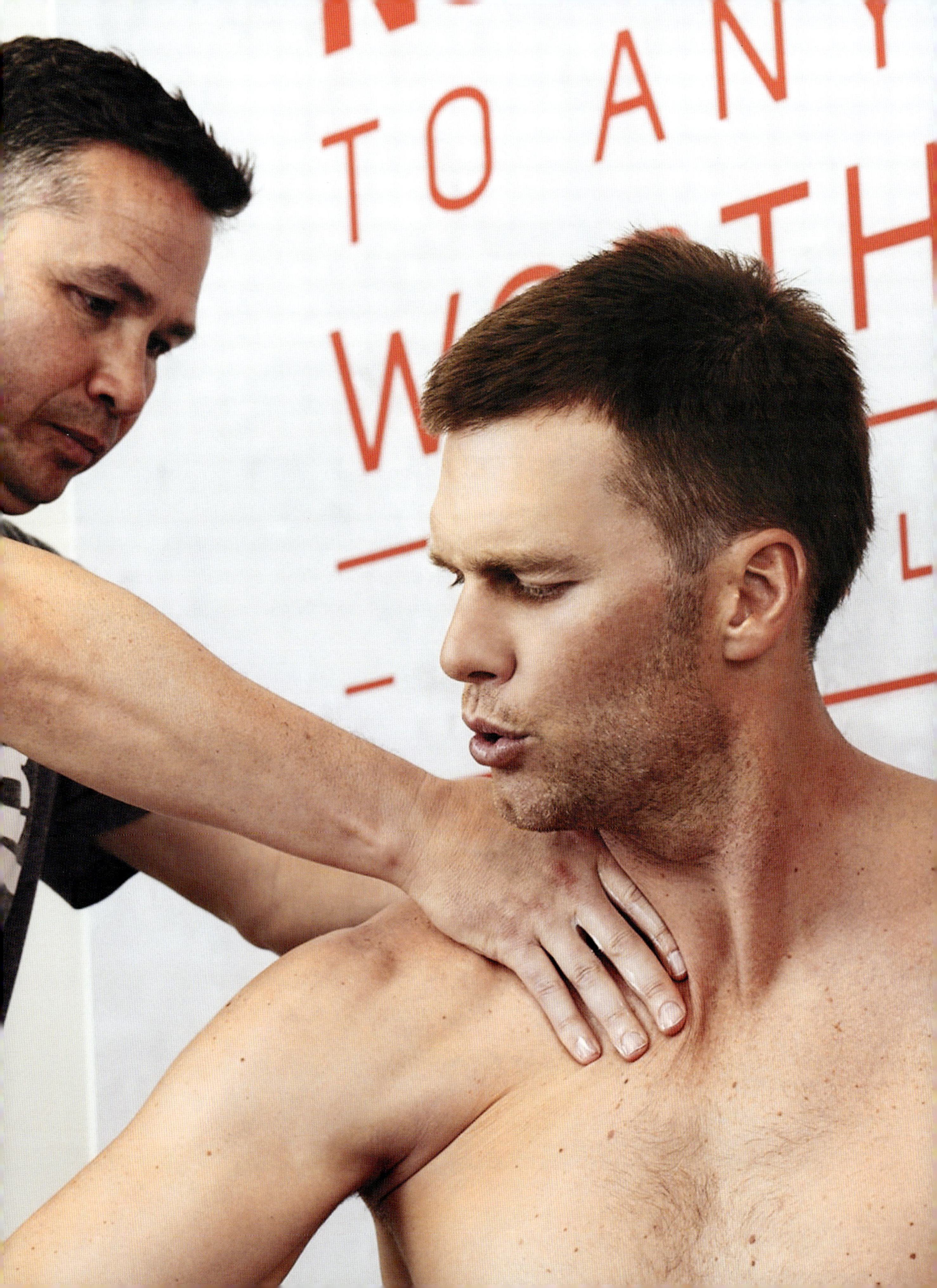

CES QUINZE DERNIÈRES ANNÉES, COMME JE L'AI DIT, J'AI EU LA CHANCE DE TRAVAILLER AVEC ALEX, QUI M'A PERMIS DE CONNAÎTRE LA PLIABILITÉ À SON PLUS HAUT NIVEAU. UN PEU COMME LES ATHLÈTES ONT BESOIN DE COACHS AU GOLF OU AU TENNIS, UN BODY COACH DOIT ETRE CAPABLE DE SAVOIR COMMENT CHAQUE MUSCLE DE VOTRE CORPS FONCTIONNE, AUSSI BIEN DE MANIÈRE ISOLÉE QU'AVEC D'AUTRES GROUPES MUSCULAIRES, ET D'ÉQUILIBRER LES FORCES ET FAIBLESSES DE VOTRE CORPS. J'AI BIEN CONSCIENCE QU'EN DEHORS DU MONDE DU SPORT PROFESSIONNEL, LA PLUPART DES GENS N'ONT PAS LE LUXE D'AVOIR UN BODY COACH. MAIS IL EXISTE PLUSIEURS POSSIBILITÉS D'INCORPORER LA PLIABILITÉ DANS VOTRE ENTRAÎNEMENT QUI SE RAPPROCHENT DES BIENFAITS QUE ME PROCURE LE TRAVAIL MUSCULAIRE PROFOND ET CIBLÉ D'ALEX. CELA VA DE LA PLIABILITÉ AIDÉE D'UN PARTENAIRE, EN PASSANT PAR LA PLIABILITÉ ASSISTÉE D'OUTILS VIBRANTS TELS QUE LES ROULEAUX ET LES SPHÈRES, JUSQU'À L'AUTOPLIABILITÉ. DANS TOUS LES CAS, LA CLEF EST DE FAIRE DE LA PLIABILITÉ AUSSI BIEN AVANT QU'APRÈS VOS EXERCICES.

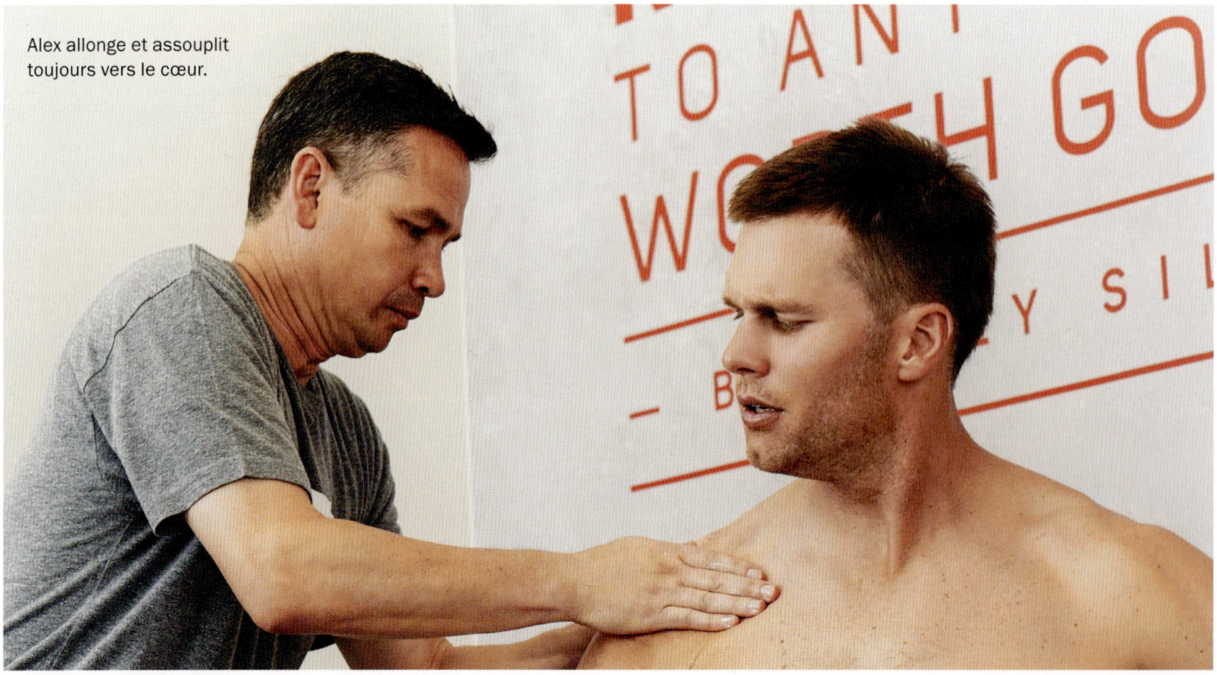

Alex allonge et assouplit toujours vers le cœur.

Quelle que soit la forme de pliabilité, toutes les méthodes peuvent s'imbriquer. Je suis persuadé que peu importe la façon dont vous introduisez la pliabilité optimale dans votre programme d'entraînement, cela aidera à transformer votre santé, performance et longévité. Plus il y a de pliabilité – et d'équilibre –, mieux c'est. Cependant, je tiens à préciser que le meilleur moyen d'atteindre une pliabilité optimale est de faire appel à un *body coach* certifié TB12.

PLIABILITÉ ASSISTÉE D'OUTILS : ROULEAUX VIBRANTS ET SPHÈRES VIBRANTES

Hormis le travail avec un *body coach* TB12, pour moi, le rouleau vibrant est l'un des outils les plus utiles pour créer et maintenir une pliabilité limitée sur certains muscles. Ces rouleaux peuvent aussi bien cibler les points gâchettes, ou *trigger points*, que de plus grands groupes musculaires. Les points gâchettes sont de petites régions de tissus particulièrement contractées qui peuvent réduire l'afflux sanguin nécessaire aux muscles. L'utilisation régulière d'un rouleau vibrant peut aider les muscles à récupérer et à revenir à un état de pliabilité plus naturel – mais seulement jusqu'à un certain point.

Les rouleaux, d'eux-mêmes, ne créent pas de pliabilité optimale. La pliabilité concerne autant la neurostimulation cérébrale que l'allongement et l'assouplissement de nos muscles – encore une fois, la connexion cerveau-corps –, et pour cela, vous avez besoin d'une fonction vibrante. Dans nos TB12 Performance & Recovery Centers, nous utilisons exclusivement des *Vibrating Pliability Rollers* à haute intensité. Utilisés dans un programme complet de musculation, cardio et pliabilité, il a été cliniquement prouvé que ces rouleaux augmentent l'amplitude de mouvement de quarante pour cent, comparés aux rouleaux classiques. Notre but est d'offrir un certain degré de pliabilité à ceux qui ne peuvent pas se rendre dans nos TB12 Performance & Recovery Centers. Mais la pliabilité optimale requiert un *body coach* TB12 certifié.

Avec les rouleaux vibrants, nous utilisons aussi les *Vibrating Pliability Spheres*. Avant et après les entraînements, certains athlètes utilisent une balle de squash pour stimuler leurs muscles. Mais, encore une fois, à moins que la balle n'ait une fonction vibrante, cela n'activera pas le système nerveux et par extension ne mènera vers aucune pliabilité. Inversement, aussi bien la sphère que le rouleau, tous deux vibrants, influent sur le système nerveux. Quand vous utilisez l'un ou l'autre, votre cerveau apprend de nouveaux comportements et réflexes en même temps que vos muscles se contractent et se relâchent.

Rappelez-vous toujours que notre cerveau et notre corps apprennent à travers les traumatismes. Les nerfs à l'intérieur de nos muscles sont en communication constante avec notre moelle épinière, qui est le siège de notre système nerveux. La moelle épinière et le cerveau prennent et traitent l'information qui provient de nos muscles – et renvoient cette information à ces mêmes muscles. Ce cycle continu d'échanges permet à nos muscles déformables de fonctionner uniformément à cent pour cent.

LES GROUPES MUSCULAIRES

Comme tout le monde peut le constater, le système musculaire est extrêmement dense, complexe et interconnecté.

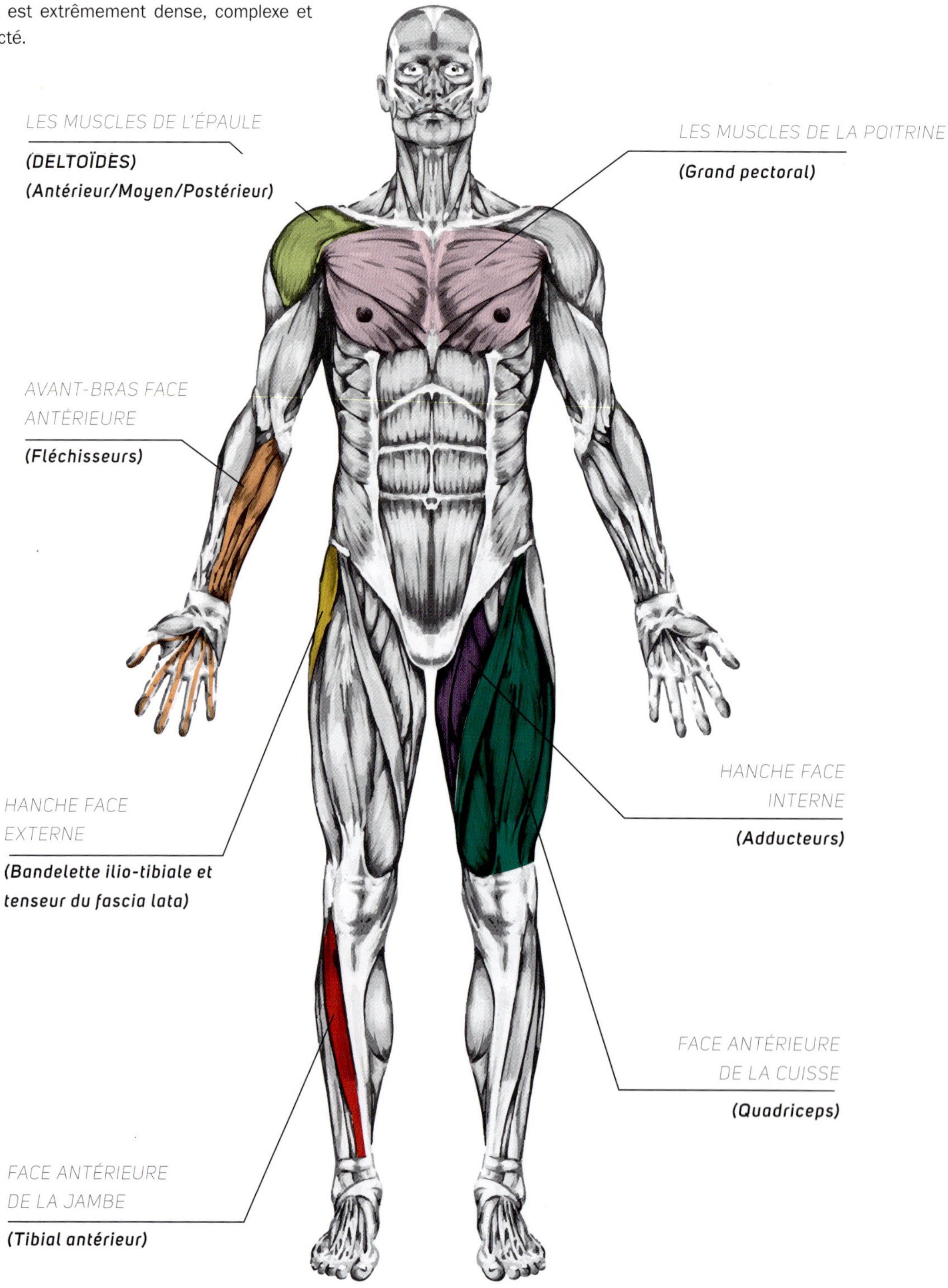

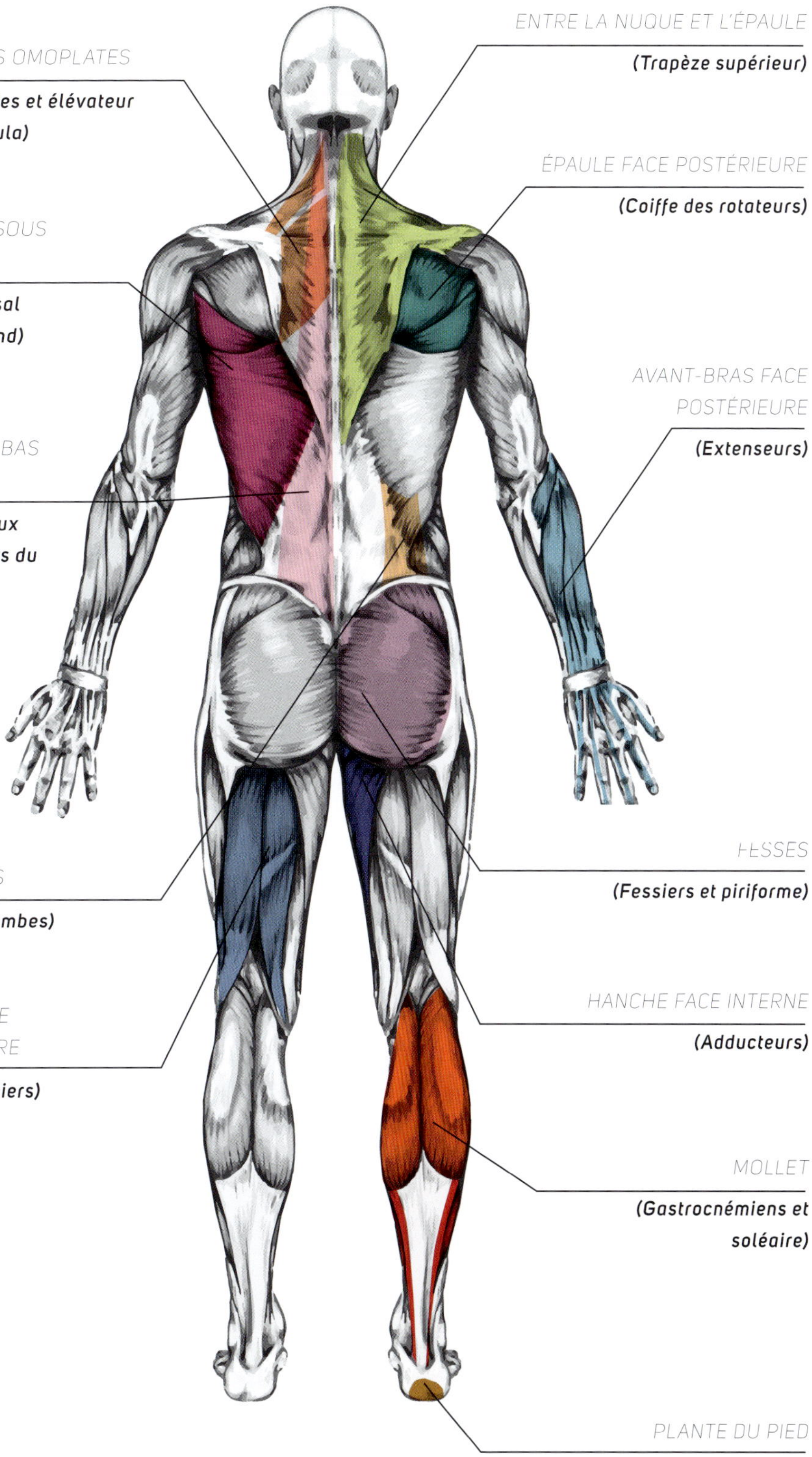
ENTRE LES OMOPLATES
(Rhomboïdes et élévateur de la scapula)
ENTRE LA NUQUE ET L'ÉPAULE
(Trapèze supérieur)
ÉPAULE FACE POSTÉRIEURE
(Coiffe des rotateurs)
MUSCLES SOUS L'ÉPAULE
(Grand dorsal et grand rond)
AVANT-BRAS FACE POSTÉRIEURE
(Extenseurs)
MILIEU AU BAS DU DOS
(Paraspinaux ou érecteurs du rachis)
FESSES
(Fessiers et piriforme)
BAS DU DOS
(Carré des lombes)
HANCHE FACE INTERNE
(Adducteurs)
CUISSE FACE POSTÉRIEURE
(Ischio-jambiers)
MOLLET
(Gastrocnémiens et soléaire)
PLANTE DU PIED
(Fascia plantaire)

CHOISIR ENTRE UN ROULEAU VIBRANT ET UNE SPHÈRE VIBRANTE

Un rouleau vibrant et une sphère vibrante sont-ils interchangeables ? Pour de nombreux groupes musculaires, la réponse est oui. Mais si vous faites de la pliabilité sur vos jambes, par exemple, le rouleau offre une meilleure stabilité. Pour les muscles ou les zones du corps qui sont plus difficiles à atteindre, comme le cou, les bras ou le dos, une sphère vibrante peut être plus efficace, et vous pouvez également l'utiliser contre un mur. La sphère est également plus compacte et plus facile à transporter dans une valise si vous voyagez. Mais plus important que de choisir entre un rouleau ou une sphère – ou les deux –, c'est de se mettre à pratiquer la pliabilité, et les moyens qu'elle offre d'améliorer votre performance.

PLIABILITÉ ASSISTÉE D'OUTILS

Dans la section suivante, je vais vous montrer dix-huit groupes musculaires que vous pouvez cibler en utilisant la pliabilité assistée d'outils.

Une séance de pliabilité du corps entier devrait durer environ vingt minutes. Une fois que vous ressentez une différence dans le muscle sur lequel vous travaillez, et qu'il vous semble plus souple que quand vous avez commencé, passez au muscle suivant. Dans certains cas, si vous faites de la pliabilité et que vous avez l'impression que vos fléchisseurs de hanche ou vos bras sont particulièrement tendus, concentrez vos efforts et votre attention sur ces muscles.

Si vous utilisez un rouleau avec plusieurs vitesses, commencez par la vitesse la plus basse et montez à des vitesses plus élevées une fois que vous êtes à l'aise avec la vibration. (Si la vitesse la plus élevée semble trop intense, c'est le signe que vous devriez baisser d'une vitesse ou deux.)

Dans les pages qui suivent, je passe en revue les meilleures façons de travailler avec le rouleau vibrant et la sphère. Une illustration des muscles sur lesquels travailler à l'aide d'outils ou en pliabilité assistée d'un partenaire se trouve aux pages 78 et 79. Encore une fois, atteindre la pliabilité avec les outils prend du temps. Vous commencerez à ressentir une différence après deux semaines, et une autre plus évidente après environ un mois.

BAS DU CORPS

PLANTE DU PIED (FASCIA PLANTAIRE)

1

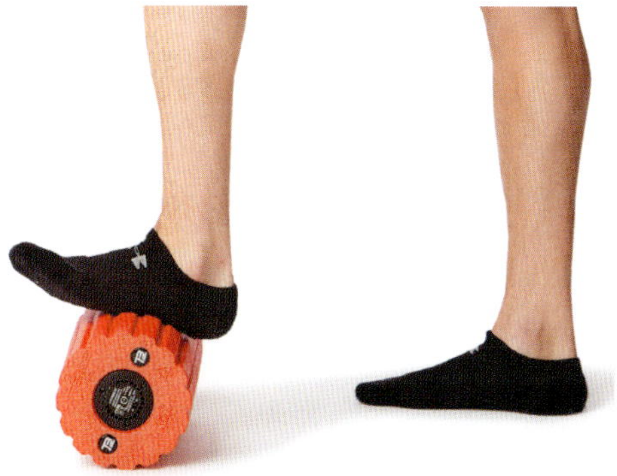

2

3

QU'EST-CE QUE C'EST ? Le fascia plantaire est une bande tissulaire dense qui traverse le bas de votre pied et relie votre os du talon à vos orteils.

POURQUOI FAIRE DE LA PLIABILITÉ ? Tout part de vos pieds ! Les coureurs, les marcheurs, et les personnes ayant les pieds plats ont plus de risques de développer des problèmes avec le fascia plantaire, allant de la douleur au pied, à des problèmes au tendon d'Achille. Si la plante de vos pieds n'est pas déformable, vous aurez moins d'amplitude de mouvement avec vos orteils, ce qui peut entraîner une réduction du mouvement de vos chevilles, ce qui, à son tour, place plus de charge sur vos mollets.

1. Fléchissez votre pied gauche et positionnez-le sur le dessus du rouleau. **2.** Assurez-vous de garder votre poids sur votre jambe et pied d'appui, sans hyperextension.
3. En maintenant cette position, fléchissez vos orteils vers le sol tout en faisant rouler le rouleau vers eux, puis pointez les orteils vers vous au fur et à mesure que vous faites rouler le rouleau de retour vers le talon. Même chose avec l'autre pied.

MOLLET (GASTROCNÉMIENS ET SOLÉAIRE)

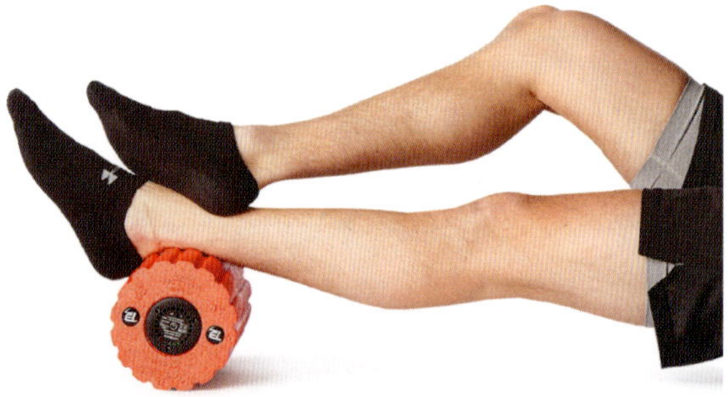

1

QU'EST-CE QUE C'EST ? Les gastrocnémiens et le soléaire forment un groupe musculaire qui compose le mollet. **POURQUOI FAIRE DE LA PLIABILITÉ ?** Nous utilisons les muscles de nos mollets pour marcher, courir, nous tenir debout sur nos orteils, et plus encore. Plus ils sont soumis à du poids – surtout si nous avons plus de quarante ans –, plus ils ont de chances de se crisper. **NOTE :** Lorsque vous utilisez le rouleau sur vos mollets, soyez sûrs de maintenir une extension complète du genou et roulez du talon (où le tendon d'Achille s'insère) jusqu'au genou, en vous assurant de cibler aussi bien le milieu que les côtés du mollet. Pensez à plier l'autre genou (voir photo) pour cibler plus précisément toutes les parties du mollet.

2

1. Assis sur le sol, placez votre mollet gauche sur le rouleau, avec votre jambe droite légèrement en l'air et vos mains derrière vous. **2.** En prenant appui sur vos paumes, roulez votre mollet vers l'avant sur le rouleau, en commençant par le talon, tout en contractant et relâchant rythmiquement le muscle. **3.** Pour le soléaire, croisez votre cheville droite sur celle de gauche afin d'obtenir une pliabilité maximale. Répétez l'opération sur l'autre jambe.

3

DEVANT DE LA JAMBE (TIBIAL ANTÉRIEUR)

1

QU'EST-CE QUE C'EST ? Le tibial antérieur est un muscle long et mince situé à l'avant de votre jambe et qui descend jusqu'à votre cheville et votre pied.

POURQUOI FAIRE DE LA PLIABILITÉ ? Lorsque le tibial antérieur se crispe, cela peut entraîner des douleurs au tibia, des déséquilibres, une mauvaise biomécanique et une diminution de la capacité à supporter le poids, ce qui vous rend plus vulnérable aux blessures.

2

1. En maintenant une position de « grenouille » accroupie, avec les bras tendus devant vous et les mains en appui au sol, positionnez les chevilles sur le rouleau. **2.** Toujours avec votre poids porté sur les bras et les mains, et en utilisant votre jambe droite comme contre-appui, commencez à rouler d'avant en arrière sur votre tibia gauche. **3.** Ciblez votre muscle tibial antérieur plus profondément en inclinant votre tibia contre le rouleau, tout en suivant les instructions ci-dessus. Répétez de l'autre côté.

3

DEVANT DE LA CUISSE (QUADRICEPS)

1

QU'EST-CE QUE C'EST ? Le quadriceps est un groupe musculaire situé sur le devant de votre cuisse.
POURQUOI FAIRE DE LA PLIABILITÉ ? Les quadriceps qui ne sont pas déformables peuvent entraîner une mauvaise biomécanique et un stress accru sur les muscles environnants, menant à une diminution des performances athlétiques.
NOTE : Lorsque vous roulez sur vos quadriceps, assurez-vous de rouler sur toute leur longueur. En partant du haut du genou, roulez jusqu'à l'os de la hanche. Il est important de cibler l'intérieur, le milieu et l'extérieur de votre cuisse pour être certain de toucher les quatre muscles majeurs. Pour ajouter plus d'influx neuronaux et allonger et assouplir encore davantage les muscles, fléchissez le genou lorsque vous remontez le rouleau le long du quadriceps.

2

1. Commencez dans une position de planche modifiée, avec vos coudes sous vos épaules, et le rouleau positionné à environ 2 cm de l'os de votre genou (la rotule). **2.** Roulez de bas en haut le long de votre quadriceps, en allant jusqu'au sommet de la cuisse. **3.** Tout en roulant de haut en bas, contractez et relâchez votre quadriceps de façon rythmique. Répétez de l'autre côté.

3

INTÉRIEUR DE LA CUISSE/AINE (ADDUCTEURS)

1

QU'EST-CE QUE C'EST ? Le groupe musculaire des adducteurs, parfois appelé l'aine ou simplement l'intérieur de la cuisse, nous aide à contrôler et à stabiliser nos jambes et nos pieds.

POURQUOI FAIRE DE LA PLIABILITÉ ? Une pliabilité réduite peut entraîner des mouvements tendus, denses et rigides, menant à une mauvaise biomécanique, une augmentation de la tension sur les articulations et les muscles environnants et une diminution des performances athlétiques.

NOTE : Lorsque vous roulez sur les adducteurs, faites-le depuis le haut de l'intérieur de la cuisse jusqu'à la face interne de votre genou. Pour plus de feedback neuronal à mesure que vous allongez et assouplissez vos muscles, tendez le genou en même temps que vous remontez vers l'aine le long de votre cuisse.

2

1. Commencez, une fois encore, dans une position de planche modifiée, en vous reposant sur vos coudes, les mains jointes. **2.** Inclinez le haut de votre cuisse gauche de sorte que l'intérieur de celle-ci repose sur le rouleau. **3.** En gardant le genou tendu, déplacez le rouleau vers le haut puis vers le bas le long de vos adducteurs tout en les contractant et relâchant de manière rythmique. Répétez de l'autre côté.

3

DERRIÈRE DE LA CUISSE (ISCHIO-JAMBIERS)

1

2

3

QU'EST-CE QUE C'EST ? Les ischio-jambiers (ou ischios tout court) correspondent à un groupe de trois muscles situés derrière la cuisse. Nous utilisons nos ischios quand nous marchons, courons, tournons les hanches, et plions les genoux.

POURQUOI FAIRE DE LA PLIABILITÉ ? Des ischios non déformables peuvent conduire à de mauvaises biomécaniques et postures, qui à leur tour entraînent une diminution des performances athlétiques et augmentent le risque de blessure.

NOTE : Lorsque vous roulez sur vos ischios, assurez-vous de le faire sur toute la longueur de vos muscles jusque derrière votre genou. Soyez sûr de cibler les muscles de l'intérieur et de l'extérieur de la face arrière de vos cuisses lors de votre routine avec le rouleau.

1. Avec les bras derrière vous et vos mains sur le sol, commencez par placer le rouleau pile à l'endroit où la face arrière de votre genou rencontre le début de vos muscles de la cuisse. **2.** En vous appuyant sur les mains, roulez vers l'avant sur le rouleau pendant que vous contractez et relâchez rythmiquement vos ischios. **3.** Pour atteindre une plus grande pliabilité, croisez le pied droit sur le gauche pendant que vous roulez. Répétez de l'autre côté.

EXTÉRIEUR DE LA CUISSE
(BANDELETTE ILIO-TIBIALE ET TFL)

1

QU'EST-CE QUE C'EST ? La bandelette ilio-tibiale et le TFL sont des muscles qui aident notre bassin à maintenir notre équilibre lorsque nous nous tenons debout, marchons ou courons.

POURQUOI FAIRE DE LA PLIABILITÉ ? Sans pliabilité, d'autres muscles subiront une charge plus importante, ce qui peut entraîner des douleurs à l'aine.

NOTE : Lorsque vous roulez sur la bandelette ilio-tibiale et le TFL, faites-le depuis le genou jusqu'au sommet de la hanche. Vous préfèrerez peut-être utiliser la sphère vibrante qui permet un contact plus direct avec votre TFL. L'utilisation de la sphère vibrante contre un mur est un bon moyen de contrôler la pression que vous placez sur votre muscle.

2

1. Allongez-vous sur le côté droit, en mettant votre poids du corps sur votre coude droit, avec le rouleau positionné à environ 2 cm sous le genou. **2.** Roulez vers le haut jusqu'au sommet de la hanche, puis redescendez jusque sous le genou. **3.** Tout en roulant, étendez les bras pour maintenir votre équilibre. Répétez de l'autre côté.

3

LE TRONC

POSTÉRIEUR (FESSIERS ET PIRIFORME)

QU'EST-CE QUE C'EST ? Les muscles fessiers et le piriforme font partie du plan postérieur. Les fessiers sont particulièrement importants dans la performance athlétique pour générer de la puissance et de l'explosivité.

POURQUOI FAIRE DE LA PLIABILITÉ ? Une faible pliabilité vous rend plus sujet aux tensions et aux blessures, ce qui induit une mauvaise biomécanique, un stress accru sur les articulations et les tissus mous, une diminution des performances sportives et un risque plus élevé de blessures sans contact.

NOTE : Lorsque vous roulez sur votre plan postérieur, asseyez-vous de manière que l'arrière de votre hanche entre en contact avec le rouleau. Lorsque vous commencez à rouler, étendez votre hanche de sorte à intensifier le contact entre le rouleau et le rotateur externe de votre hanche. Ensuite, croisez votre jambe sur votre genou pour cibler une zone encore plus profonde du muscle. Ici, la sphère vibrante est un excellent outil pour la pliabilité de la hanche, car elle vous permet d'avoir une action plus profonde sur les muscles.

---

1. Avec vos bras derrière vous, portez votre poids sur vos mains, avec le rouleau positionné directement sous vos fesses. **2.** Assurez-vous que l'arrière de votre hanche est en contact direct avec le rouleau et étendez-la lorsque vous commencez à rouler. **3.** Ciblez les fessiers et le piriforme plus profondément en croisant votre genou gauche sur votre genou droit. Répétez de l'autre côté.

BAS DU DOS (CARRÉ DES LOMBES)

QU'EST-CE QUE C'EST ? Le carré des lombes est situé dans la partie inférieure de votre dos de chaque côté de votre colonne vertébrale, dans la cavité abdominale.

1. Avec les genoux pliés et positionnés devant vous, placez le rouleau sur la partie inférieure gauche de votre dos, sous votre cage thoracique. **2.** Portez votre poids sur votre coude lorsque vous commencez à rouler de haut en bas le long du côté gauche de votre colonne vertébrale. **3.** Appuyez intensément sur le rouleau, inclinez et ajustez votre bas du dos pour cibler les points sensibles. Répétez de l'autre côté.

1

2

3

MILIEU AU HAUT DU DOS
(MUSCLES PARAVERTÉBRAUX)

QU'EST-CE QUE C'EST ? Les muscles paravertébraux forment un groupe de muscles de chaque côté de la colonne vertébrale. D'un point de vue fonctionnel, les paravertébraux aident à stabiliser la colonne vertébrale afin qu'elle puisse effectuer ses mouvements de courbures.

POURQUOI FAIRE DE LA PLIABILITÉ ? La diminution de la pliabilité des paravertébraux peut entraîner une mauvaise biomécanique, des déséquilibres et même une scoliose. Cela peut induire un stress accru sur les autres articulations, les muscles et/ou les disques vertébraux, ce qui provoque ensuite des douleurs lombaires, des lésions discales et un stress accru sur les genoux et les chevilles.

NOTE : Lorsque vous roulez du milieu au haut de votre dos, assurez-vous de le faire sur la longueur complète des muscles. Commencez à la base du coccyx et remontez lentement le long du dos jusqu'au sommet de l'épaule. Ajustez votre position au besoin pour cibler plus profondément les muscles. Prenez le temps de travailler lentement sur toute la longueur, afin de trouver des points gâchettes ou d'autres points de tension.

1. Allongez-vous sur le dos, les jambes tendues. Les genoux fléchis et les bras croisés, placez le rouleau sur la base de votre coccyx. **2.** Pliez les genoux, roulez vers le haut en vous assurant que le rouleau progresse vers le sommet de l'épaule puis roulez vers le bas. Au lieu de rouler directement le long de votre colonne vertébrale, ajustez votre position de sorte que le rouleau cible les deux côtés de votre colonne vertébrale.

1

2

HAUT DU CORPS

MUSCLE DE LA POITRINE (GRAND PECTORAL)

1

QU'EST-CE QUE C'EST ? Le muscle grand pectoral est situé sur l'avant de la poitrine et constitue le muscle thoracique le plus dominant.

NOTE : Lorsque vous roulez sur votre poitrine, il y a plusieurs techniques. L'une d'entre elles consiste à placer le rouleau, ou la sphère, contre un mur et à rouler contre les muscles de la poitrine en déplaçant votre torse d'un côté à l'autre et de haut en bas. Comme pour d'autres groupes musculaires, se déplacer lentement et avec force sur le muscle vous permet de trouver des points de tension. Pour créer le contact le plus profond possible avec votre muscle, placez le rouleau sur le sol et utilisez le poids de votre corps pour arriver à cibler tous les points sensibles de ce muscle.

1. Allongez-vous sur le ventre avec votre bras gauche au sol et le rouleau positionné entre votre coude et votre épaule droite. **2.** Votre poids doit se porter sur votre corps, et non sur votre bras. **3.** En utilisant votre bras gauche comme balancier, déplacez votre torse d'un côté à l'autre et de haut en bas sur le rouleau, tout en ciblant vos muscles de la poitrine. Répétez de l'autre côté.

2

3

ENTRE LES OMOPLATES

1

QU'EST-CE QUE C'EST ? Les rhomboïdes sont des muscles en forme de losange entre nos omoplates, qui sont essentiels pour le lancer et pour les mouvements de bras au-dessus de la tête.

POURQUOI FAIRE DE LA PLIABILITÉ ? Une diminution de la pliabilité dans cette zone peut entraîner un stress sur l'épaule et le cou et causer des asymétries dans le bras et le dos.

NOTE : Lorsque vous utilisez le rouleau entre vos omoplates, pensez à varier la position de vos bras. Cela permet d'accéder à certains muscles tout en modifiant leur longueur. Par exemple, le fait de croiser les bras ou de les lever au-dessus de la tête en roulant permet un meilleur accès à vos muscles tout en les allongeant. Vous pouvez alors faire des rotations de votre tronc pour trouver des points sensibles dans ces muscles.

2

3

1. Allongez-vous sur le dos, pliez les genoux et croisez les bras de sorte que vos mains saisissent l'épaule opposée. **2.** Le rouleau positionné sous votre omoplate gauche, commencez à rouler de haut en bas. **3.** Ajustez la position du haut de votre tronc pour cibler vos muscles plus profondément. Répétez de l'autre côté.

(RHOMBOÏDES ET ÉLÉVATEUR DE LA SCAPULA)

1

QU'EST-CE QUE C'EST ? L'élévateur de la scapula est un muscle situé à l'arrière et de chaque côté de la nuque, dont la fonction principale est de soulever les omoplates.

2

1. Toujours allongé sur le dos, les genoux fléchis, placez le rouleau sous l'omoplate gauche. **2.** Avec vos hanches surélevées de 15 cm au-dessus du sol, roulez de vos omoplates vers votre cou. **3.** Croisez les bras pour accéder au muscle plus profondément. Répétez de l'autre côté.

3

MUSCLES DES ÉPAULES
(DELTOÏDES : ANTÉRIEUR/MOYEN/POSTÉRIEUR)

1

2

3

QU'EST-CE QUE C'EST ? Les muscles deltoïdes sont situés sur la partie supérieure de l'épaule et sont attachés par des tendons à l'épaule et au bras.

NOTE : Lorsque vous roulez sur vos deltoïdes, vous pouvez choisir entre deux approches différentes (rouleau ou sphère). Ici, la sphère vibrante est l'outil optimal pour ce groupe musculaire, car la surface plus petite et plus directe de la sphère vous permettra de pénétrer plus profondément dans le muscle. Placez la sphère ou le rouleau contre le mur, et utilisez le poids du corps pour avoir le plus grand contact possible avec le muscle. Dans l'idéal, essayez de varier les positions pour localiser les points gâchettes dans le muscle. Pour un relâchement encore plus efficace, tendez le bras vers le côté opposé en passant devant votre poitrine, tout en roulant pour cibler plus profondément le muscle.

---

1. Placez la sphère vibrante contre un mur, appuyez-vous dessus pour une action plus profonde. **2.** Commencez à rouler de haut en bas entre le tiers supérieur de votre bras et le sommet de votre épaule. **3.** Variez et ajustez votre position – vous pouvez même lever le bras – pour cibler les points sensibles dans votre deltoïde. Répétez de l'autre côté.

NOTE : L'avantage d'utiliser la sphère vibrante, c'est qu'elle peut accéder à des points plus petits, plus difficiles à atteindre, dans n'importe quel groupe musculaire. Ici, pendant que vous roulez sur votre muscle de l'épaule, laissez la sphère trouver les points de tension ou de faiblesses entre le haut de votre épaule et le dessous de votre aisselle.

1. Placez la sphère vibrante contre un mur et appuyez dessus pour atteindre le muscle. **2.** Faites l'aller-retour entre le tiers supérieur de votre bras et le sommet de votre épaule. **3.** Variez, ajustez votre position et levez le bras pour cibler les points sensibles du deltoïde. Répétez de l'autre côté.

1

2

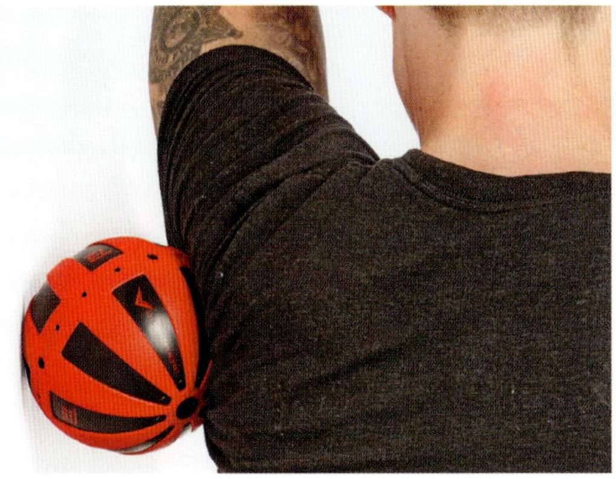

3

ARRIÈRE DE L'ÉPAULE
(COIFFE DES ROTATEURS)

1

QU'EST-CE QUE C'EST ? La coiffe des rotateurs est un groupe de muscles et de tendons qui stabilisent l'articulation de votre épaule. Elle est essentielle pour tous les mouvements de l'épaule, y compris – dans mon travail – pour lancer un ballon de football américain.

2

1. Allongez-vous sur le dos, les genoux pliés, et placez le rouleau entre la partie inférieure de votre bras droit et votre épaule. **2.** En utilisant vos genoux pour soulever votre corps et décoller vos hanches du sol, déplacez votre corps de haut en bas sur le rouleau. **3.** Contractez et relâchez les muscles de vos bras et de vos épaules pour accéder aux points sensibles. Répétez l'opération sur le côté gauche.

3

MUSCLES DE L'ARRIÈRE DE L'ÉPAULE
(GRAND DORSAL ET GRAND ROND)

1

QU'EST-CE QUE C'EST ? Le grand dorsal est un muscle large et plat qui traverse le dos et les aisselles et se connecte à la partie supérieure du bras. Nous utilisons nos grands dorsaux lorsque nous faisons des tractions, ou lorsque nous balançons nos bras ou réalisons une extension. Le grand dorsal et le grand rond s'attachent sur l'humérus et sont responsables des mouvements des bras vers l'intérieur et l'arrière.

NOTE : Lorsque vous roulez sur les muscles de l'arrière de votre épaule, faites-le le long de votre flanc, de la partie inférieure jusqu'aux aisselles. Le fait de fléchir et de tourner continuellement le bras contribuera à allonger le muscle autant que possible. L'utilisation du rouleau contre le mur peut être un bon moyen de localiser les points sensibles dans la partie postérieure de l'épaule.

2

3

1. En prenant la même position que l'exercice précédent, placez le rouleau sous votre aisselle. **2.** En pliant les genoux et en les mettant l'un contre l'autre et sur le côté, roulez vers le bas en partant des aisselles le long du bas du dos. **3.** En bougeant et en ajustant l'épaule (flexion du bras), vous pouvez allonger et assouplir vos muscles encore plus. Répétez l'exercice de l'autre côté.

ENTRE LES ÉPAULES ET LA NUQUE
(TRAPÈZE SUPÉRIEUR)

QU'EST-CE QUE C'EST ? Le muscle trapèze supérieur s'étend des régions supérieures du dos à la face postérieure du cou et de la colonne. Il a pour fonctions d'élever, d'incliner et de stabiliser nos omoplates ainsi que soutenir nos bras.

1. Placez-vous près d'un mur, avec la sphère vibrante en appui contre le haut de votre dos, côté droit. **2.** Utilisez le haut de votre dos pour faire rouler la sphère de haut en bas et d'un côté à l'autre. **3.** Penchez-vous assez fort pour cibler les muscles situés entre votre aisselle et le haut de votre épaule. Répétez l'exercice de l'autre côté.

1

2

3

INTÉRIEUR DE L'AVANT-BRAS
(FLÉCHISSEURS)

1

QU'EST-CE QUE C'EST ? Les fléchisseurs de l'avant-bras forment un groupe de cinq muscles qui sont des fléchisseurs du poignet et des doigts. Ils nous permettent de rapprocher ou d'éloigner nos poignets de notre corps. Le tennis-elbow et le golfer's elbow sont les témoins d'un réel besoin de se concentrer sur la pliabilité de l'avant-bras.

2

1. Les genoux pliés, penchez-vous vers l'avant et placez votre poignet gauche sur le dessus du rouleau. La paume de votre main face au sol. **2.** En vous transférant sur vos hanches, faites rouler votre poignet vers l'avant, en ciblant tout l'avant-bras. **3.** Si nécessaire, utilisez le bras droit pour stabiliser le bras gauche. Répétez l'exercice de l'autre côté.

3

EXTÉRIEUR DE L'AVANT-BRAS
(EXTENSEURS)

1

QU'EST-CE QUE C'EST ? Les extenseurs de l'avant-bras comprennent plus d'une demi-douzaine de muscles à l'arrière de l'avant-bras qui nous permettent d'étendre nos poignets et nos doigts.

2

1. Dans la même position que l'exercice précédent, placez votre poignet gauche sur le rouleau, cette fois avec la paume de la main tournée vers le haut. **2.** En vous transférant sur vos hanches, et en utilisant votre bras droit pour stabiliser le gauche, roulez du poignet au coude. **3.** Tout en roulant sur les extenseurs, contractez et relâchez les muscles externes de l'extérieur de l'avant-bras de manière rythmique. Répétez l'exercice avec l'avant-bras droit.

3

AUTOPLIABILITÉ

Lorsque je ne bénéficie pas de la meilleure forme de pliabilité en travaillant avec Alex, je fais de l'autopliabilité. Au début, on a tendance à se crisper, mais j'essaie de garder les épaules détendues et d'appliquer la tension avec mes mains seulement. (Je devrais paraître encore plus détendu sur cette photo !) Plutôt que de penser y arriver du premier coup, avec l'autopliabilité, commencez lentement, et vous vous y habituerez progressivement.

Parfois, pendant l'intersaison, lorsque je ne peux pas travailler avec Alex, j'arrive à faire de l'autopliabilité. L'avantage de l'autopliabilité, c'est que vous pouvez allonger et assouplir un certain nombre de muscles, où que vous soyez, avant et après l'entraînement. L'inconvénient évident, c'est que l'autopliabilité est limitée dans les parties du corps que vous pouvez atteindre. Ça peut être aussi fatigant ! Néanmoins, si vous le faites sérieusement, l'autopliabilité sans assistance est une excellente chose à faire – mais vous devez commencer lentement, en restant détendu dans la partie supérieure de votre corps pendant que vous massez le muscle. Je pratique l'autopliabilité sur sept groupes musculaires – mon tibial antérieur, mes mollets, mes quadriceps, mes ischio-jambiers, mes avant-bras, mes biceps et mes triceps – et dans les pages qui suivent, je vous montrerai la méthode que j'utilise pour trois de ces muscles.

CONSEILS POUR CEUX QUI VONT À LA SALLE

Je ne pratique pas de sport en particulier. De quel degré de pliabilité ai-je besoin ?

Que vous ayez sept ou soixante-dix-sept ans, les mêmes principes de pliabilité s'appliquent à tous. Si vous n'êtes pas un athlète au quotidien mais que vous allez à la salle de sport pour vous entraîner, je vous recommande de faire de la pliabilité avant de partir et dès que vous avez terminé votre entraînement. Je ciblerais les ischio-jambiers, les mollets, les quadriceps, les bandelettes ilio-tibiales et les fessiers. L'ensemble de la séance d'autopliabilité doit durer environ vingt minutes. Même si vous n'allez pas à la salle de sport, quels sont vos gestes quotidiens ? Est-ce que vous restez assis ou debout longtemps ? Montez des escaliers ? Portez des sacs ? Du jardinage ? Quel que soit votre niveau d'activité, vous contractez vos muscles – si vous ne les allongez pas et ne les assouplissez pas, ils deviendront tendus, denses et rigides. Au fil du temps, ils perdront leur fonction de pompe musculaire et leur capacité de récupération et de régénération – ce qui, finalement, réduit votre santé et vitalité générale.

AUTOPLIABILITÉ : **LES MOLLETS**

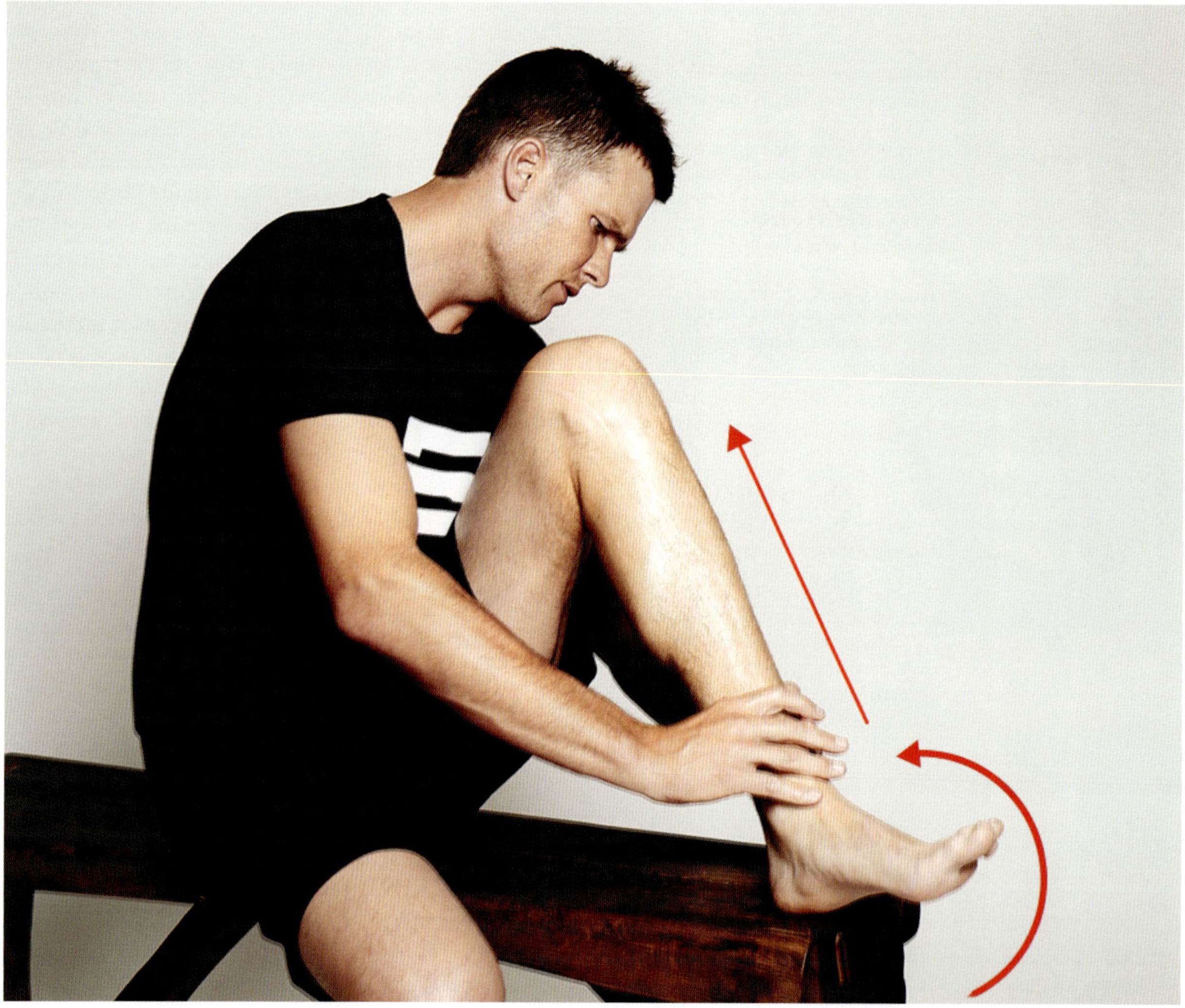

Avec mon travail, je suis toujours debout, je cours et je me déplace dans la poche de protection. C'est pourquoi, lorsque je n'ai pas l'aide d'Alex, je fais beaucoup de pliabilité sur mes mollets. Vous devez déterminer les endroits qui ont besoin de pliabilité en fonction de vos actes de la vie quotidienne.

Appliquez une lotion non adhérente sur votre mollet. (Je recommande l'usage de lotion pour tous nos traitements d'autopliabilité.) En position assise, pliez votre genou devant vous. Avec les mains, saisissez votre jambe juste au-dessus de la cheville. Appuyez avec vos pouces à partir de la cheville, glissez le long des muscles du mollet, vers le cœur, pendant vingt secondes. En même temps, pointez et fléchissez votre pied de façon rythmique. Répétez l'exercice de l'autre côté.

AUTOPLIABILITÉ : **TRICEPS**

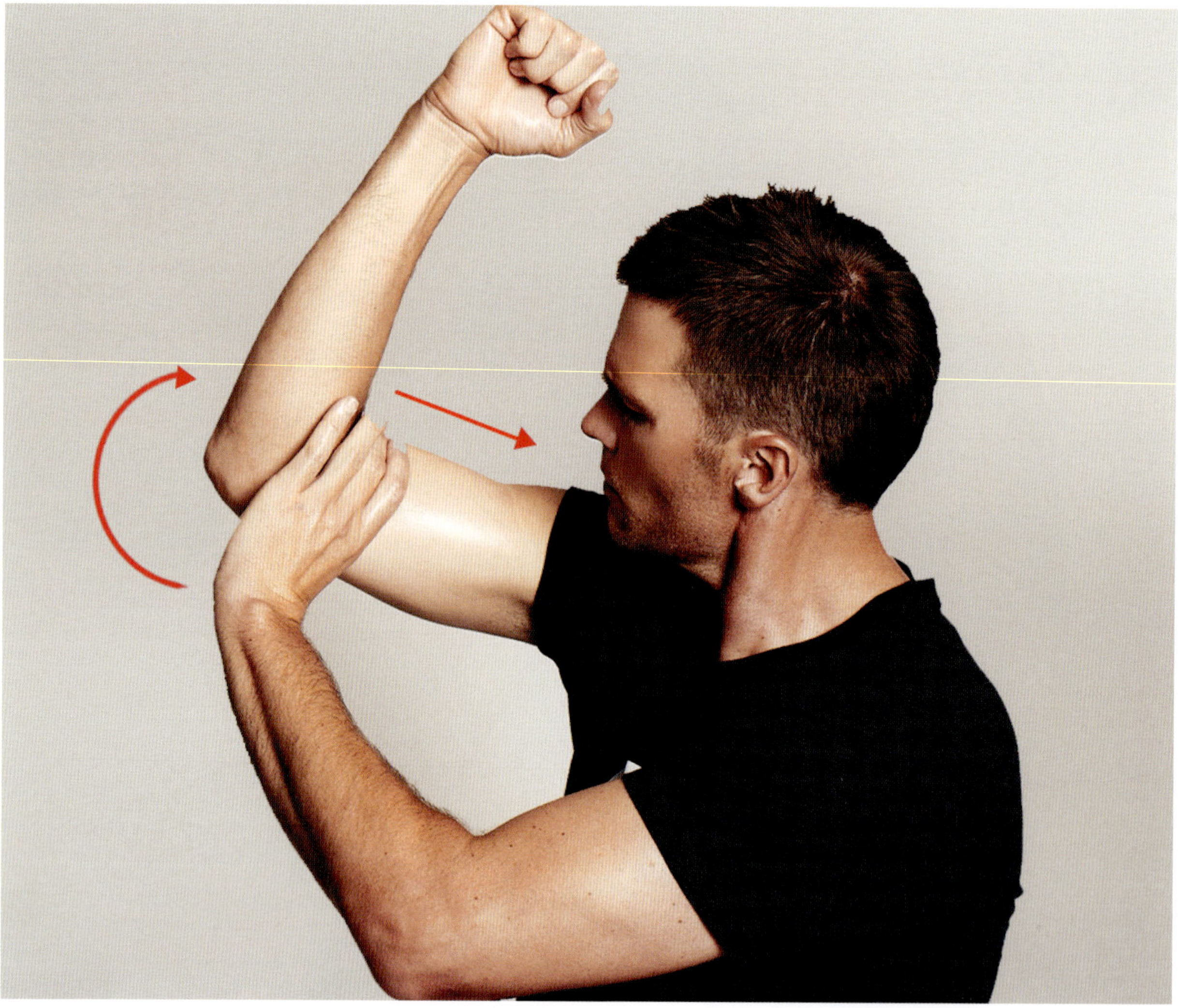

Évidemment, j'ai besoin de maintenir la pliabilité de mes bras – surtout du bras droit.

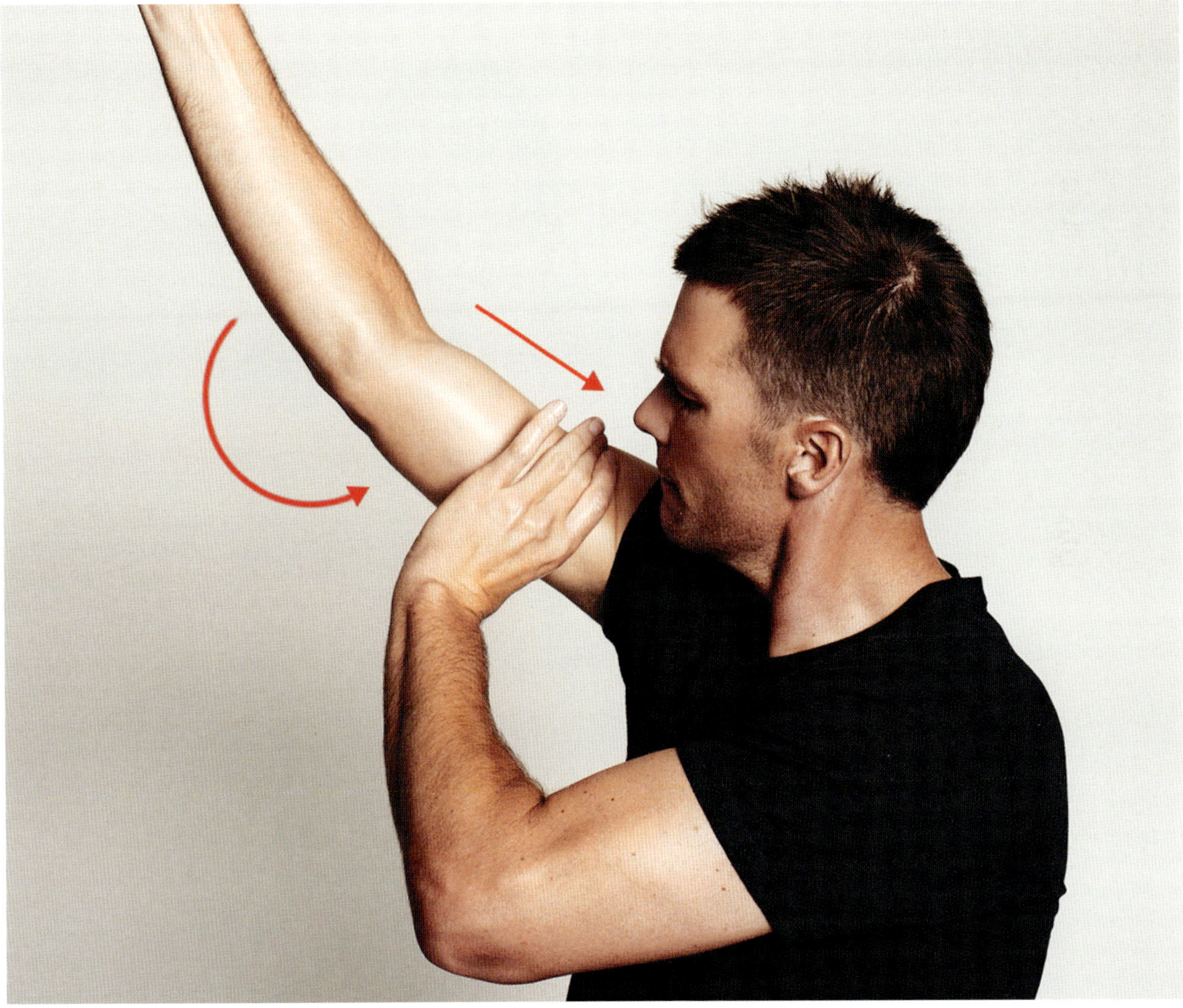

Levez votre avant-bras droit et saisissez votre biceps juste au-dessus du coude. Appuyez votre pouce sur la partie inférieure de votre coude. Avec le pouce de la main gauche, glissez fermement sur le triceps en contractant et en relâchant le muscle de façon rythmique. Répétez l'opération de l'autre côté.

AUTOPLIABILITÉ : INTÉRIEUR DE L'AVANT-BRAS

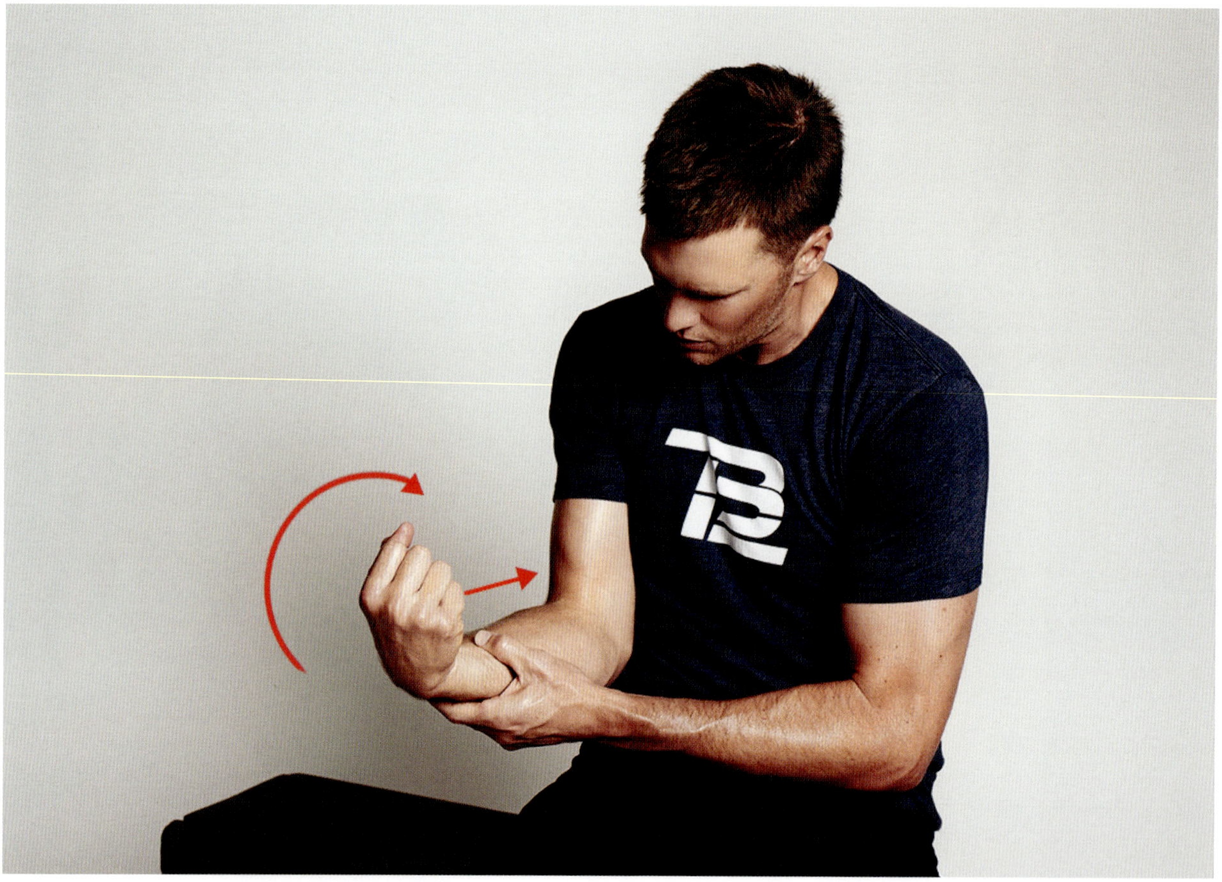

Mon avant-bras me donnait beaucoup de fil à retordre – c'est pourquoi j'avais développé une tendinite avant de rencontrer Alex. Lorsque je fais l'autopliabilité, remarquez que mon pouce gauche exerce une pression lorsque je remonte le long du muscle avec ma main, toujours en direction du cœur.

La paume de votre main droite tournée vers le haut, saisissez l'avant-bras avec la main gauche. En exerçant une pression constante, glissez du poignet au coude en contractant et en relâchant l'avant-bras de façon rythmique. Veillez à cibler toute la longueur du muscle. Répétez l'opération de l'autre côté.

AUTOPLIABILITÉ :
EXTÉRIEUR DE L'AVANT-BRAS

Encore plus de pliabilité sur mon avant-bras droit, allongeant et assouplissant, toujours vers le cœur.

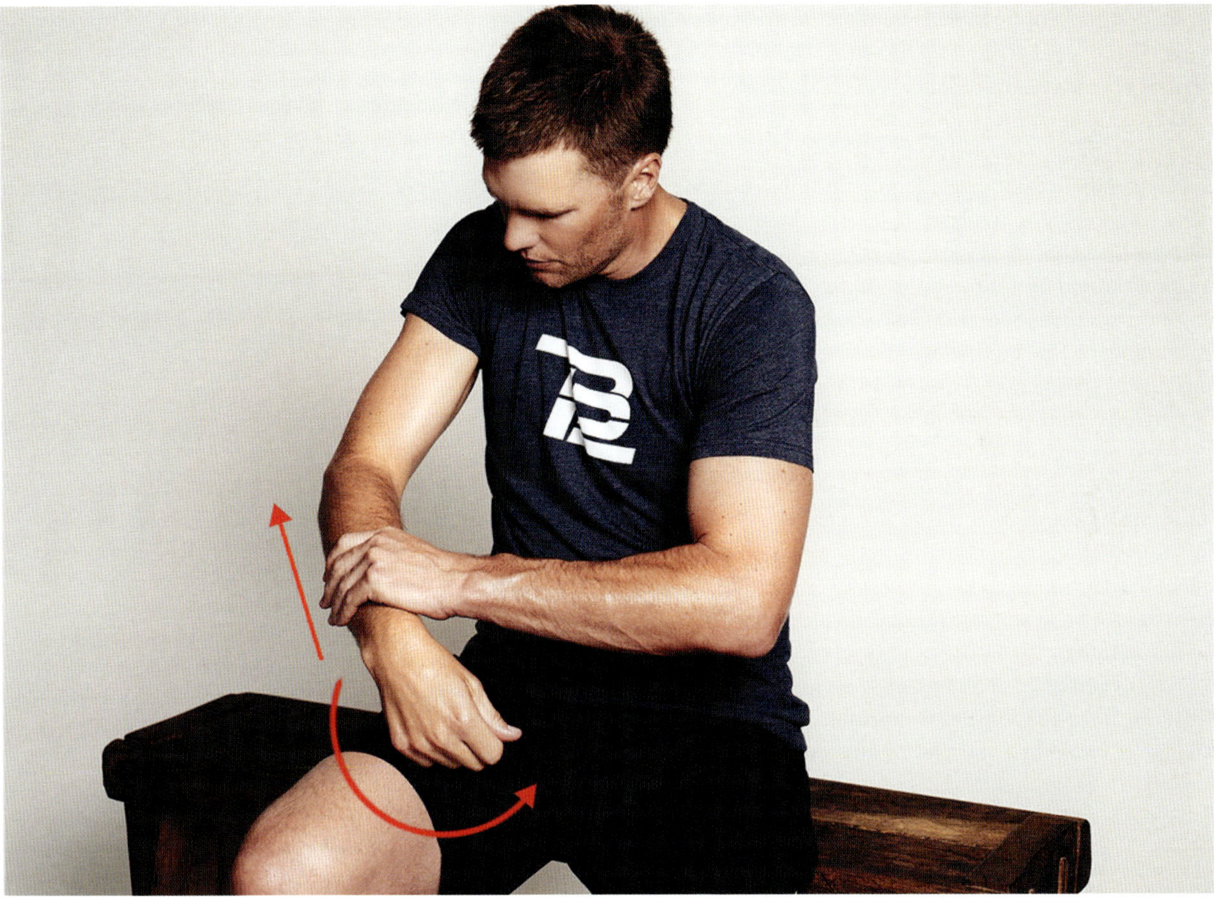

La paume de votre main droite vers le sol, saisissez l'avant-bras avec la main gauche. En exerçant une pression constante, glissez du poignet au coude en contractant et en relâchant l'avant-bras de façon rythmique. Veillez à cibler toute la longueur du muscle. Répétez l'opération de l'autre côté.

PLIABILITÉ AVEC UN PARTENAIRE : LES BASES

Les rares fois où je ne peux pas travailler avec Alex, j'ai trouvé des moyens de faire de la pliabilité avec un partenaire. Comme je l'ai dit, les plus hauts niveaux de pliabilité sont obtenus en travaillant avec l'un de nos *body coachs* TB12, ayant suivi un programme de certification rigoureux pour maîtriser la méthode TB12 de pliabilité grâce à une compréhension approfondie de la biomécanique, de la physiologie musculaire et du fonctionnement correct des muscles. À l'avenir, nous prévoyons de lancer un programme de formation et de certification afin de créer un réseau mondial de *body coachs* certifiés TB12. En attendant, les méthodes qui suivent peuvent offrir certains des avantages d'un travail musculaire ciblé, en profondeur, prodigué par quelqu'un. Si votre partenaire n'est pas en mesure de reproduire le travail musculaire profond et ciblé que j'obtiens en travaillant avec Alex, ou le même degré de force qu'il exerce pour créer une fonction de pompe musculaire optimale, il ou elle peut néanmoins allonger, assouplir et activer les muscles, où que vous soyez, avant et après une séance d'entraînement ou une activité.

Vous connaissez maintenant la technique : En utilisant une force constante mais tolérable, votre partenaire allonge et assouplit le muscle, en glissant toujours vers le cœur. Je répète : toujours vers le cœur. Pendant ce temps, la personne qui reçoit la séance de pliabilité contracte et relâche le muscle de façon rythmique, de haut en bas ou d'avant en arrière, pendant une vingtaine de secondes.

Beaucoup de groupes musculaires ne peuvent être traités de manière optimale qu'avec l'aide d'un *body coach* TB12 certifié. Mais vous trouverez dans les pages suivantes une demi-douzaine de techniques que vous pouvez réaliser avec un partenaire en toute sécurité.

1. Si vous portez un short, avant de commencer, je vous recommande d'appliquer une lotion non adhérente sur le muscle que vous ciblez. Vous aurez besoin d'être directement sur la peau. Vous pouvez vous procurer la même lotion qu'Alex et nos body coachs TB12 utilisent, mais vous pouvez également utiliser tout ce que vous avez sous la main – l'huile de coco peut être utilisée comme substitut.

2. Glissez toujours vers le haut tout en allongeant et assouplissant les muscles de votre partenaire, en direction du cœur, pour favoriser une circulation sanguine optimale.

3. Essayez de cibler toutes les parties du muscle, y compris l'intérieur, le milieu et l'extérieur.

4. La pliabilité est active, jamais passive. Lorsque vous allongez et assouplissez un muscle, la personne qui bénéficie de la séance de pliabilité contracte et relâche ce muscle de façon rythmique, environ deux fois par seconde. Toutefois, la vitesse varie en fonction des possibilités et de la pliabilité de la personne qui reçoit le traitement.

5. Sauf indication contraire, la séance de pliabilité avec partenaire doit se faire détendu et en position allongée. Si vous avez une table de massage à la maison, c'est parfait. Sinon, vous pouvez le faire sur un lit ou toute autre surface plane, afin d'offrir à la personne qui exécute la séance de pliabilité le levier approprié.

6. Commencez par les membres inférieurs, puis passez au tronc et aux membres supérieurs.

7. La pliabilité doit être effectuée pour tous les muscles du corps pendant environ vingt secondes. Cependant, si une zone du corps est plus endolorie ou vous pose problème, continuez le traitement jusqu'à ce que le muscle commence à s'allonger et à s'assouplir.

8. La partie la plus complexe de la pliabilité avec partenaire consiste à ce que la personne qui réalise la séance glisse sur le muscle vers le haut, vers le cœur, pendant que la personne qui reçoit contracte et relâche le muscle de façon rythmique – parfois vers le haut, parfois vers le bas. Avec de l'entraînement, cela finira par devenir automatique. L'objectif est d'allonger et d'assouplir le muscle tout au long du mouvement de glisse.

SOUS LE PIED (FASCIA PLANTAIRE)

1. La personne qui reçoit est dans une position assise confortable, jambes et pieds tendus, pendant que la personne qui exécute appuie ses pouces sur le talon.

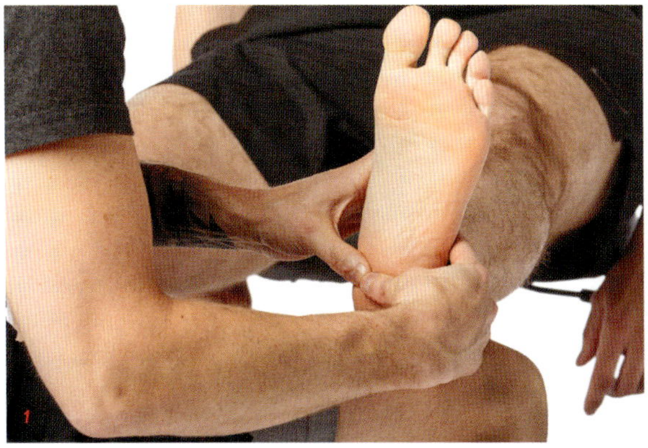

2. La personne qui exécute glisse le long de l'aponévrose plantaire, lentement et avec force, toujours en direction du cœur.

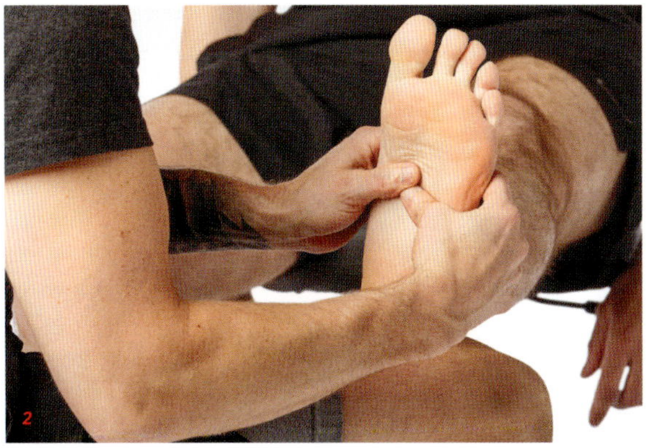

3. La personne qui reçoit contracte et relâche le muscle rapidement et simultanément. Répétez l'opération de l'autre côté.

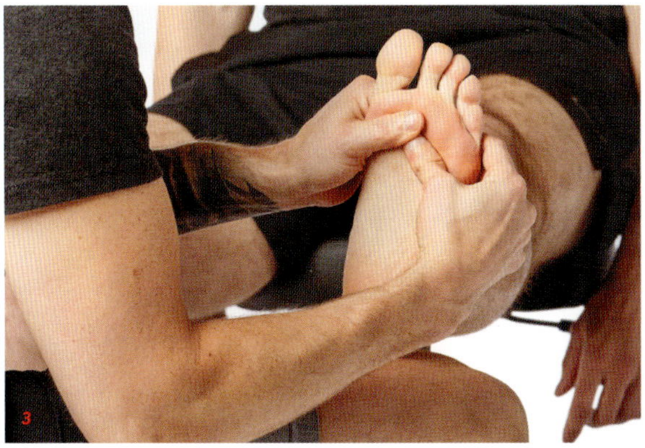

MOLLET (GASTROCNÉMIENS ET SOLÉAIRE)

1. La personne qui reçoit est allongée sur le ventre tandis que la personne qui exécute saisit la cheville.

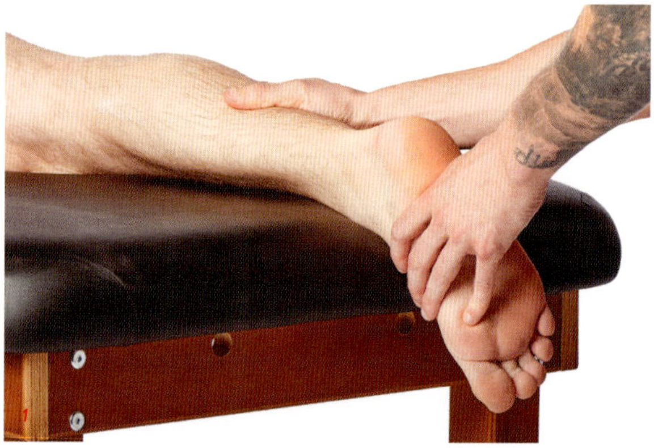

2. À l'aide d'un ou deux pouces, la personne qui exécute glisse vers le haut du muscle, en direction du cœur.

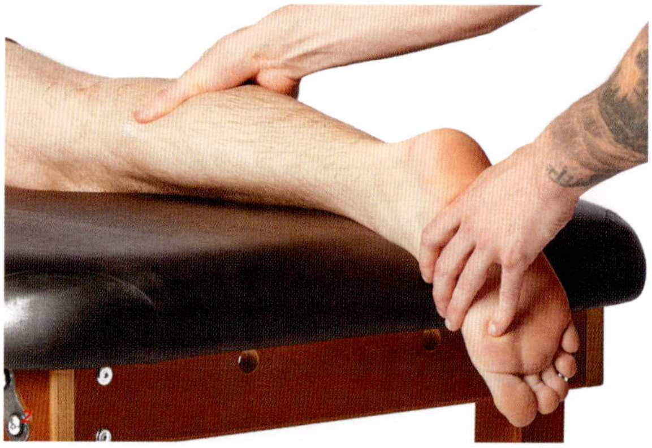

3. Pendant que la personne reçoit le traitement, elle contracte et relâche de façon rythmique les muscles du mollet. Répétez l'exercice de l'autre côté.

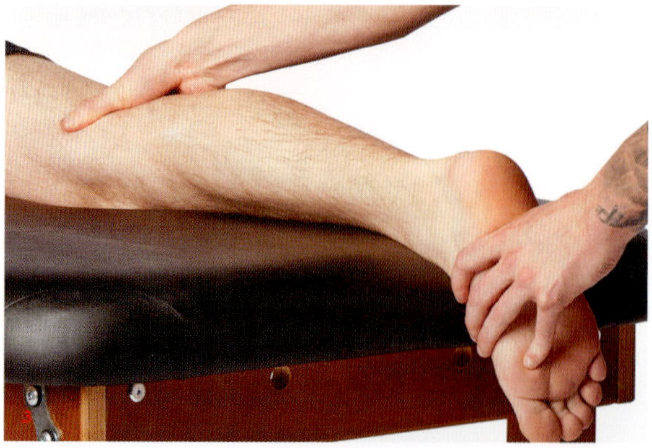

DEVANT DE LA JAMBE (TIBIAL ANTÉRIEUR)

1. La personne qui reçoit est assise avec la jambe gauche tendue, tandis que la personne qui exécute saisit le mollet juste au-dessus de la cheville.

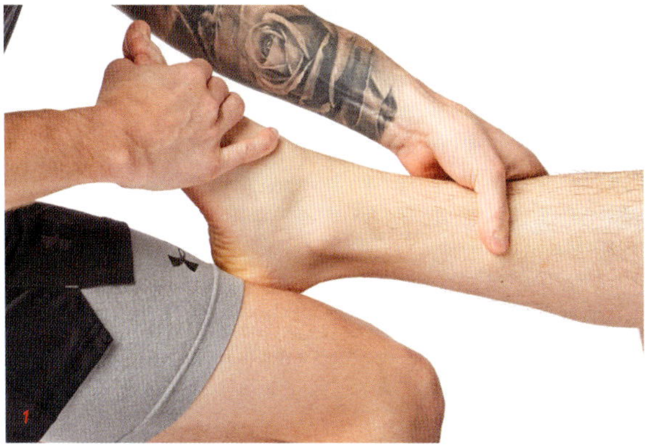

2. La personne qui exécute glisse le long du muscle tibial antérieur, vers le cœur.

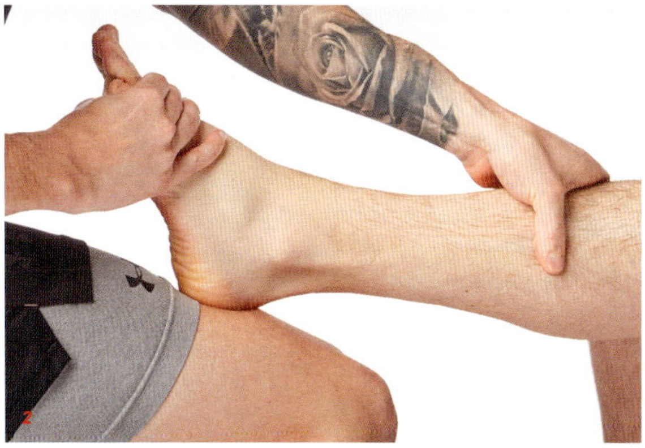

3. Pendant que la personne reçoit le traitement, elle contracte et relâche de façon rythmique le tibial antérieur. Répétez l'exercice de l'autre côté.

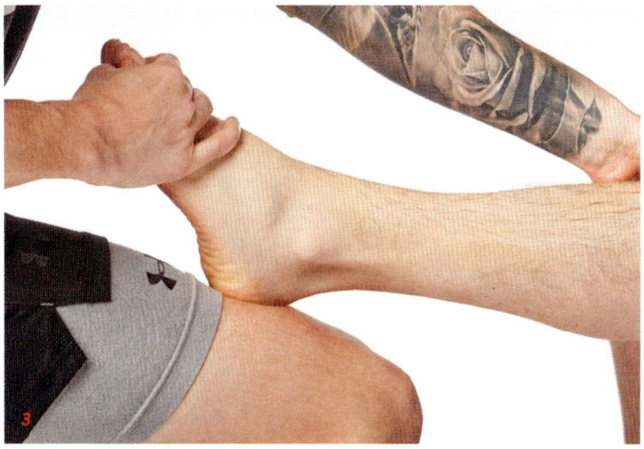

DERRIÈRE DE LA CUISSE (ISCHIO-JAMBIERS)

1. La personne qui reçoit est allongée sur le ventre, la jambe droite tendue. La personne qui exécute place ses mains juste au-dessus de la partie inférieure du genou.

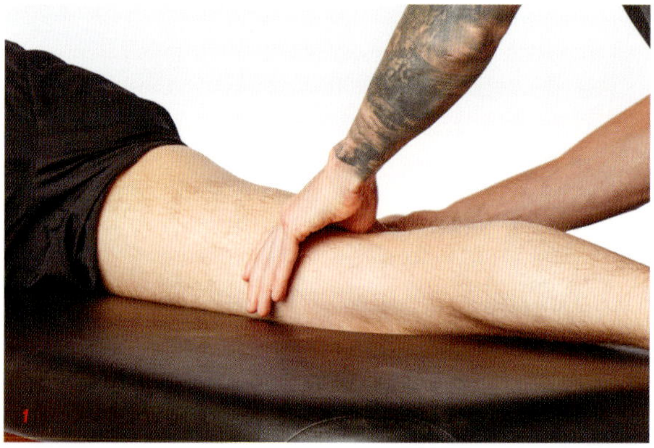

1

2. La personne qui exécute commence à glisser vers le haut en utilisant les pouces.

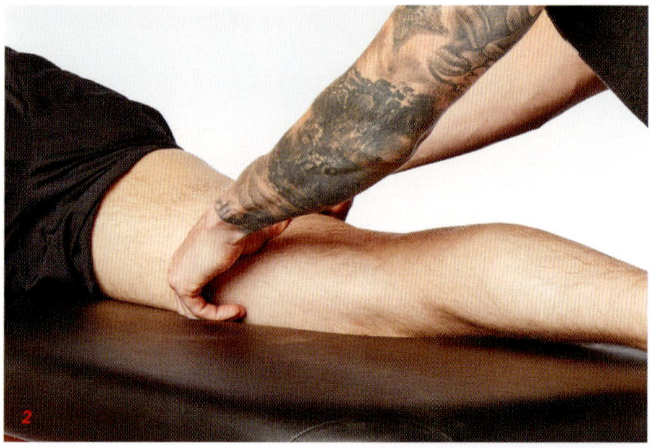

2

3. Pendant que la personne reçoit le traitement, elle contracte et relâche de façon rythmique les ischio-jambiers. Répétez l'exercice de l'autre côté.

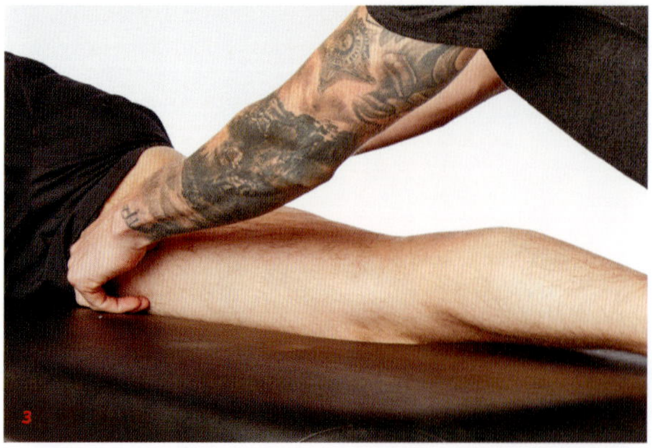

3

AVANT-BRAS

1. La personne qui reçoit tend le bras gauche tandis que la personne qui exécute appuie son pouce sur le poignet.

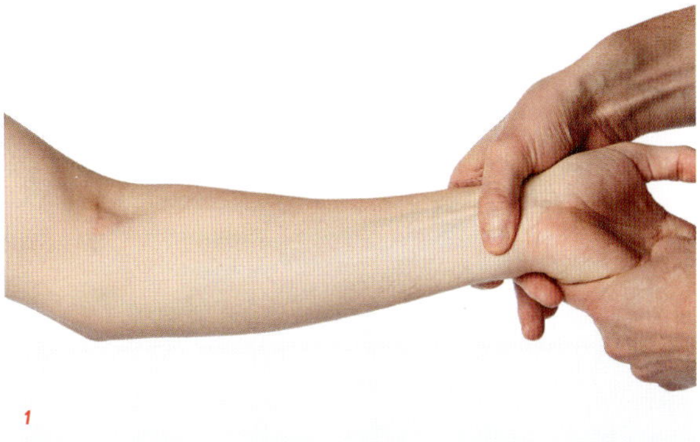

1

2. En exerçant une pression maximale, la personne qui exécute glisse vers le haut jusqu'au coude.

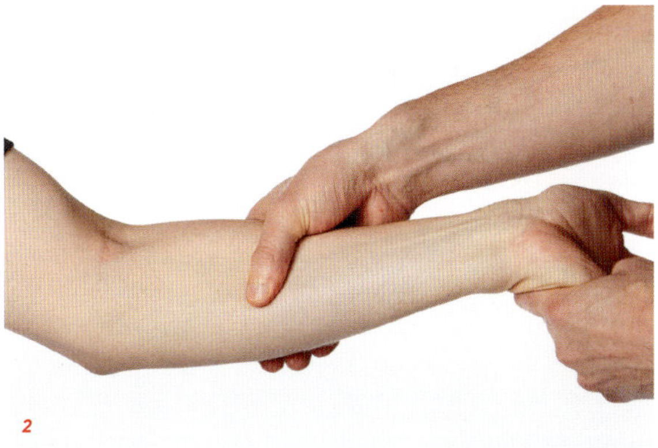

2

3. Pendant que la personne reçoit le traitement, elle contracte et relâche l'avant-bras de façon rythmique. Répétez l'opération de l'autre côté.

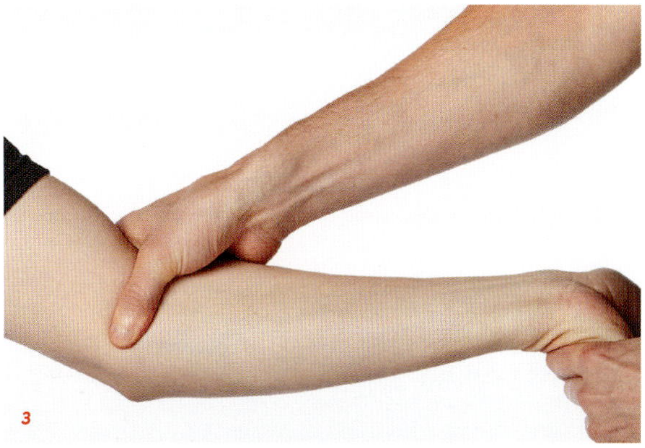

3

DERRIÈRE L'ÉPAULE (COIFFE DES ROTATEURS)

1. La personne qui reçoit est dans une position assise confortable. La personne qui exécute soutient le bras avec une main et place l'autre contre l'arrière de la partie supérieure du bras.

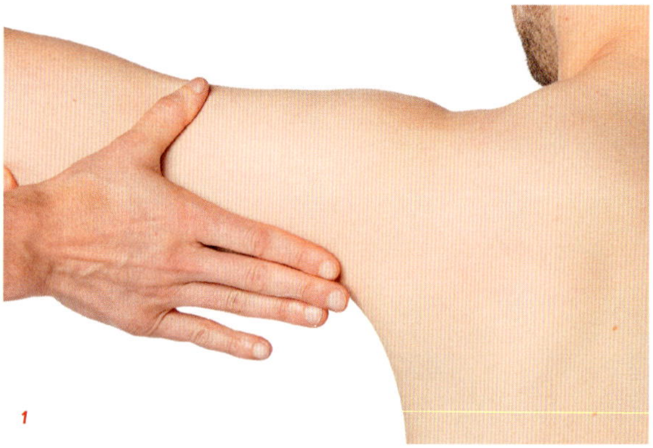

1

2. La personne qui exécute glisse le long des muscles vers le cœur.

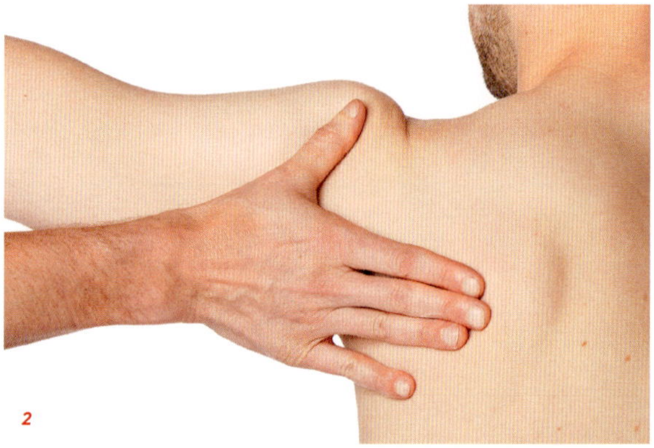

2

3. Pendant que la personne reçoit le traitement, elle contracte et relâche le haut du bras de façon rythmique. Répétez l'opération de l'autre côté.

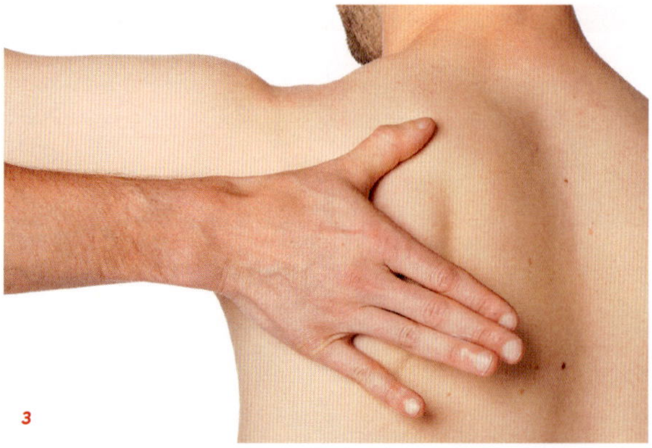

3

Une séance de pliabilité avec Alex, qui travaille sur mon épaule droite
et applique une pression en direction du cœur.

CHAPITRE 6

LES ENTRAÎNEMENTS

Les pompes avec bandes de résistance sont excellentes pour la force.

LIGHT

DE L'UNIVERSITÉ JUSQU'AU MONDE PRO, JE SUIVAIS LA MÉTHODE TRADITIONNELLE D'ENTRAÎNEMENT. TOUT ÉTAIT BASÉ SUR LES POIDS. VINGT MINUTES POUR M'ÉCHAUFFER ET AUGMENTER MON RYTHME CARDIAQUE, SUIVIES DE QUARANTE-CINQ MINUTES À UNE HEURE DE MUSCU, PUIS, POUR FINIR, ENCORE DU CARDIO. DEUX FOIS PAR SEMAINE, LE LUNDI ET LE JEUDI, JE TRAVAILLAIS LE HAUT DU CORPS. LES MARDIS ET LES VENDREDIS ÉTAIENT CONSACRÉS AU BAS DU CORPS, QU'IL S'AGISSE DE SQUATS AVEC HALTÈRES OU DE PRESSE À UNE OU DEUX JAMBES, LE TOUT EN TROIS OU QUATRE SÉRIES DE CHAQUE. LE RESTE DU TEMPS, JE TRAVAILLAIS LE TRONC – CRUNCH OU ROUE ABDOMINALE – ET LE DOS.

Il ne fait aucun doute que soulever des poids permet de construire des muscles plus denses et plus épais et rend les athlètes plus forts – c'était aussi valable pour moi. Le fait est que vous vous améliorez dans tous les domaines dans lesquels vous investissez du temps et de l'énergie, qu'il s'agisse de soulever des poids, de sauter à la corde, de faire de la plongée sous-marine ou de courir des marathons. Pourtant, la plupart du temps, mes séances d'entraînement me faisaient mal. Bien sûr, je devenais plus fort, mais j'étais loin d'allouer la bonne proportion de mon temps d'entraînement à ce qui pourrait me permettre de prolonger le succès plus longtemps – je veux parler de la pliabilité et de ses facteurs amplificateurs.

L'objectif de la musculation traditionnelle est de créer une force maximale – ce qui est différent de la force optimale. La force maximale fait référence au modèle du plus lourd/plus longtemps, dont j'ai parlé plus tôt – faire plus de répétitions avec plus de poids – alors que la force optimale est la force dont vous avez besoin pour effectuer le travail que vous avez à faire. L'objectif de la pliabilité est centré sur la force optimale.

Après avoir découvert la pliabilité, j'ai commencé à incorporer différents outils et techniques dans mon entraînement, notamment des bandes de résistance.

Entraînement avec bande spécifique au football américain.

POIDS ET BANDES DE RÉSISTANCE

Chez TB12, environ quatre-vingt-dix pour cent de ce que nous faisons – et que *je* fais – consiste à s'entraîner avec des bandes de résistance. Beaucoup d'athlètes se présentent dans un TB12 Performance & Recovery Center avec un *a priori* sur le fonctionnement des bandes de résistance, et certains les associent même à la rééducation. Beaucoup sont surpris de découvrir que les bandes de résistance font travailler leur corps mieux que les poids en termes de résistance, de polyvalence et de maximisation de l'efficacité. Les bandes permettent une amplitude de mouvement grande et fluide. Elles aident à développer la force et la puissance, tout en gardant vos muscles plus longs, et en les rendant moins denses, qu'ils ne le seraient si vous utilisiez des poids. Les bandes peuvent également contribuer à limiter l'inflammation et la surcharge. Elles vous font travailler de manière aérobie tout en améliorant votre pliabilité. En ciblant des groupes musculaires qui accélèrent et décélèrent en même temps sans surcharge, elles contribuent également à refléter les mouvements fonctionnels de votre quotidien. Associées à la pliabilité, elles constituent une approche équilibrée pour rester en bonne santé sur une longue période.

Les poids ne sont pas dangereux en soi. Ce qui l'est, c'est la façon dont la plupart des gens les utilisent. Imaginez que votre corps soit une camionnette. Il est alourdi par des centaines de kilos de briques dans sa benne. Voilà ce que la musculation fait à vos muscles, ligaments et articulations. Maintenant, imaginez que votre corps est un pick-up qui tracte des centaines de kilos de briques derrière lui. Le poids sur votre structure est minime. Cette différence, entre charge et résistance, correspond à la différence entre ce que les poids et les bandes font à notre corps. On voit parfois des personnes âgées s'entraîner avec des bandes, faire de l'aquagym ou du tai-chi. Il s'avère qu'elles savent quelque chose que le reste d'entre nous ignore. Alors, quel est l'intérêt de faire peser une charge excessive sur vos articulations lorsque vous êtes jeune et en bonne santé ?

Après avoir passé ma vie à soulever des poids, j'utilise presque exclusivement des bandes de résistance depuis ces dix dernières années. La différence est majeure. Mes muscles sont plus équilibrés et plus fonctionnels, notamment pour les mouvements que je dois effectuer en tant que quarterback de la NFL. Les bandes de résistance sont clairement plus efficaces pour moi.

La musculation est une activité créée par l'homme. Quatre-vingt-dix-neuf pour cent de la population n'a pas besoin de soulever des centaines de kilos à la fois. Mais notre culture s'inspire souvent des athlètes. Ce modèle de musculation a été glorifié et commercialisé dans la culture, mais cela ne signifie pas qu'il soit fonctionnel, ni même qu'il fonctionne très bien de manière isolée. Il doit être complété pour maintenir un équilibre.

ENTRAÎNEZ-VOUS À LA VITESSE DE VOTRE SPORT

En tant que joueur de foot US, mes entraînements imitent les mouvements que je fais au cours d'une saison. L'une de nos principales convictions chez TB12, c'est que vous devez vous entraîner à la vitesse du sport que vous pratiquez. Dans mon travail, je dois lancer, courir, changer de direction et répondre rapidement à des conditions fluctuantes lorsque je me tiens dans la poche de protection. C'est différent du travail d'un coureur, dont les entraînements peuvent être axés sur l'amélioration de sa vitesse ou de ses temps de course et qui devrait se concentrer sur la vitesse, l'agilité et l'endurance cardiaque plutôt que sur la presse ou les squats.

Alex dit toujours : « Pour un pic de performance sur la durée, vous ne pouvez pas vous entraîner lentement et espérer bouger vite. » Sur une courte période, c'est sans doute possible, mais soulever des poids et se déplacer rapidement en même temps n'est pas tenable. Et ce n'est certainement pas viable si vous voulez maintenir une pliabilité optimale. Les jeunes athlètes ayant une pliabilité naturelle peuvent peut-être le faire – mais ils devront sacrifier la durabilité et la longévité. Soulever des poids et se déplacer rapidement est contre-intuitif et contre-productif. Pourquoi ? Parce que, sans le savoir, *via* vos neurones, vous préparez vos muscles à travailler lentement et volontairement, non seulement pendant vos séances d'entraînement, mais aussi lorsque vous pratiquez votre sport. Si les athlètes s'entraînent lentement et avec beaucoup de poids, leur corps peut se mélanger les pinceaux. D'après notre expérience, si les athlètes ne font pas le lien entre le travail sur le terrain et les entraînements en dehors du terrain, ils finiront très probablement par surcharger, compenser et se blesser. En fait, les athlètes entraînent leur corps et leur cerveau d'une certaine manière *en dehors* du terrain et leur demandent de faire quelque chose de complètement différent lorsqu'ils sont *sur* le terrain. Pourquoi leur corps ne serait-il *pas* confus ? Dans le sport, il faut penser vite et s'entraîner vite – surtout sur le long terme.

C'est pourquoi mon entraînement consiste en des séries rapides d'exercices avec des bandes de résistance. Alex et moi choisissons de faire vingt secondes d'un exercice, suivies de vingt secondes de repos. Un autre exercice de vingt secondes, suivi d'une autre pause de vingt secondes. Nous faisons cela encore et encore. Lorsque je vais sur le terrain le dimanche, je ne veux pas que mon cerveau pense – ou performe – au ralenti. C'est pourquoi je m'entraîne de façon rapide. Dès la première action, chacun de mes muscles fonctionne à cent pour cent, est équilibré, et dans un état optimal.

Bref, je m'entraîne de la façon dont je veux jouer, en fonction des besoins de mon sport. C'est pourquoi je finis par jouer comme je m'entraîne. C'est aussi pourquoi je m'entraîne toute l'année de manière holistique et cumulative.

L'IMPORTANCE DE LA POSTURE

Chez TB12, nous insistons sur l'importance d'une posture correcte pendant les séances d'entraînement. Vous devez toujours commencer dans une position biomécanique neutre – les genoux au-dessus des pieds, les hanches au-dessus des genoux, les épaules au-dessus des hanches, un tronc tonique – car si vous n'avez pas un alignement correct, vous conditionnez votre corps à être déséquilibré. Disons que vous faites dix pompes. Après la septième pompe, votre poitrine commence à tirer et vous vous sentez fatigué. Vous avez du mal à terminer l'exercice. Mais votre cerveau vous dit : « Continue ! Bats-toi à fond ! » Il demande à d'autres muscles d'intervenir pour vous aider à terminer. Il peut s'agir de vos grands dorsaux, de vos triceps ou de vos fessiers – votre cerveau fait appel à n'importe quel muscle qui vous aidera à atteindre votre objectif et à terminer ce que vous avez entrepris de faire.

Mais pour moi, l'importance de la posture signifie engager uniquement les muscles que vous devez engager pour le mouvement que vous essayez de faire. C'est comme ça que vous gardez un bon équilibre.

Dès que je sens que ma posture se détériore, je sais que j'entraîne mon cerveau de la mauvaise manière. D'autres muscles compensent pour celui qui devrait travailler, et si je ne m'arrête pas, mon cerveau va intégrer une nouvelle attitude – dans ce cas, une attitude négative. Les athlètes disent souvent : « J'ai fait dix répétitions ! » Mais que se passe-t-il si après la quatrième ou la cinquième répétition, leur posture commence à se dégrader ? L'importance de la posture ! Sinon, vous commencerez à activer des muscles qui ne devraient pas l'être et vous entraînerez votre cerveau à mémoriser de mauvaises attitudes. En tant qu'équipe de football américain, pourquoi aller sur le terrain d'entraînement et faire cinquante répétitions de tactiques de la mauvaise façon ? Si vous devez vous entraîner, faites-le de la bonne manière. Idem pour vos séances individuelles en dehors du terrain.

BANDES DE RÉSISTANCES : LES BASES

Dans nos TB12 Performance & Recovery Centers, nous utilisons trois types de bandes différentes. Nous ne sommes pas les seuls à utiliser ces types de bandes. C'est plutôt la façon dont nous les utilisons qui nous différencie des autres approches d'entraînement.

LES BANDES DE RÉSISTANCE À POIGNÉES ont des… poignées, c'est pourquoi elles sont principalement utilisées pour les exercices qui mettent l'accent sur le haut du corps, bien que vous puissiez aussi les utiliser pour cibler d'autres zones de votre corps. Les bandes sont munies de poignées et sont fabriquées en latex. Elles sont fournies avec une sangle qui s'adapte autour d'une porte ou qui peut être ancrée contre n'importe quel mur ou surface solide à différentes hauteurs.

LES BANDES DE RÉSISTANCE LONGUES EN BOUCLE existent en différentes épaisseurs, qui correspondent à différents niveaux d'intensité. Vous pouvez tenir ces bandes ou les passer autour de vos genoux, de vos chevilles ou de votre taille – ce qui vous permet de faire les mêmes mouvements qu'avec des barres et des poids libres.

LES BANDES DE RÉSISTANCE COURTES EN BOUCLE, plus petites et plus épaisses, s'enroulent également autour des chevilles et des genoux et constituent un excellent moyen d'ajouter de la résistance et de la difficulté aux exercices d'agilité, aux squats et à de nombreux autres exercices.

NIVEAU DE RÉSISTANCE

La bande que vous devez utiliser dépend de votre taille, de votre force, de votre niveau athlétique et de votre expérience. Mais sauf indication contraire, les trente-six exercices des trois sections suivantes conviennent aux athlètes débutants, intermédiaires, avancés et élites. Si un exercice vous semble trop facile, passez à la bande de couleur suivante ou ajustez la distance qui vous sépare du mur, de la porte ou du point d'ancrage.

BANDES EN BOUCLE

AVANT DE COMMENCER

- Les exercices suivants ne sont pas nécessairement propres à TB12. Ce qui est différent, ce sont les ajouts ou les variations que nous appliquons, ainsi que le rythme auquel les exercices sont effectués.

- Les exercices combinent à la fois le cardio et la musculation. Si vous faites, par exemple, un entraînement de haute intensité de vingt minutes en utilisant des bandes de résistance, vous n'avez pas besoin de faire beaucoup de cardio avant ou après. Votre rythme cardiaque sera déjà élevé, je vous le garantis.

- La catégorie indiquée (haut du corps, stabilité du tronc, bas du corps) indique la partie du corps que vous ressentirez le plus, même si les exercices peuvent activer plusieurs zones.

- Pour contrôler votre posture, nous vous recommandons de vous exercer devant un miroir, ou avec un partenaire qui peut vous donner un feedback sur votre posture, ou même de vous filmer avec votre téléphone portable.

- Assurez-vous de maintenir une posture biomécanique correcte (genoux au-dessus des pieds, hanches au-dessus des genoux, et le tronc tonique) avant de commencer, et arrêtez l'exercice dès que votre posture commence à se dégrader.

- Dans ces exercices, nos *body coachs* TB12 mettent l'accent sur la production de force depuis le sol, que nous définissons comme la capacité à transférer l'énergie du sol, à travers votre corps jusqu'à la fonction que vous demandez à votre corps d'exécuter. Par exemple, lorsque je me tiens sur le terrain avec les pieds plantés dans le sol, je génère de la force depuis mes jambes, dans mon torse, puis dans mes épaules et mon bras de lancer. Sans une bonne stabilité du tronc, je n'aurais pas accès à ce niveau de force et de puissance.

- Faites chaque exercice pendant vingt secondes, ou jusqu'à ce que votre posture commence à se dégrader. Au fil du temps, à mesure que vous développerez votre endurance et que vous améliorerez vos compétences, vous finirez par faire l'exercice pendant vingt secondes.

BANDES À POIGNÉES

BLANC—LÉGER | ROUGE—MOYEN | BLEU—FORT | NOIR—EXTRA-FORT

12

EXERCICES DU HAUT DU CORPS

Nous avons tous besoin d'un certain degré de force dans le haut du corps, que ce soit en tant qu'athlètes ou simplement pour accomplir les actes de la vie quotidienne : ouvrir des portes, attraper quelque chose dans une quincaillerie, jardiner, déplacer des meubles, faire rouler une poussette, porter des bagages ou tondre la pelouse. La plupart des exercices pour le haut du corps font également appel au tronc et au bas du corps. Combien de fois dans la journée n'utilisons-nous que le haut du corps, après tout ? La réponse est simple : Pas souvent. L'avantage de ces douze premiers exercices pour le haut du corps c'est qu'ils sont explosifs et rapides, mais aussi à faible tension. Cette tension réduite évite la surcharge et limite le risque de se blesser. Comme tous les exercices de ce livre, ils tendent à imiter un grand nombre de mouvements communs que chacun d'entre nous effectue chaque jour. Y a-t-il un ordre à respecter ? Dans une certaine mesure, mais mélangez-les de temps en temps afin que votre cerveau et votre corps soient mieux à même de s'adapter sur commande à de nouvelles forces et contraintes. Par exemple, une séance d'entraînement typique consiste en trois séries de dix répétitions. Si vous effectuez le même entraînement tous les jours, à la même vitesse, avec la même bande de couleur, vous ne créez pas de nouvelles activations neuronales. Testez en faisant deux à quatre répétitions, ou changez le niveau de résistance – cela permettra à votre corps de rester à l'affût. De plus, les exercices ne doivent être ni difficiles ni faciles. L'objectif est de créer une résistance et un stress tolérables sans surcharge.

1. SINGLE-ARM CHEST PRESS

ÉQUIPEMENT : *BANDES DE RÉSISTANCE (À POIGNÉES OU EN BOUCLE)*

POSITION DE LA BANDE DE RÉSISTANCE : *HAUTEUR DU COUDE, OU LÉGÈREMENT AU-DESSUS*

Dans cet exercice, l'objectif est d'activer le haut du corps tout en gardant le bas du corps stable. Cet exercice cible la poitrine en poussant et en revenant à la position de départ et tend à développer la force via l'augmentation de la résistance. Il devient encore plus difficile en variant la distance entre les appuis.

Face au mur, à la porte ou au point d'ancrage, commencez avec les pieds joints. Gardez votre posture droite ainsi que votre tronc et vos fessiers contractés. Tenez une bande qui doit passer sous votre coude. Faites un pas en avant avec votre pied gauche.

En même temps, amenez votre bras droit tenant la bande vers l'avant, puis faites un mouvement continu de va-et-vient. Continuez ce mouvement sur un rythme fluide pendant vingt secondes.

Changez de côté et répétez.

2. SINGLE-ARM ROW

ÉQUIPEMENT : *BANDES DE RÉSISTANCE (À POIGNÉES OU EN BOUCLE)*

POSITION DE LA BANDE DE RÉSISTANCE : *HAUTEUR DU COUDE, OU LÉGÈREMENT AU-DESSUS*

Lorsque nous nous extirpons du lit ou d'une chaise, nous effectuons des mouvements proches de ceux de cet exercice. Encore une fois, en variant la distance entre vos appuis, vous rendrez cet exercice encore plus difficile.

Commencez en position de fente avant, face au mur, à la porte ou au point d'ancrage. Gardez votre posture droite ainsi que votre tronc et vos fessiers contractés.

Tenez une bande à la hauteur des coudes, bras tendu, puis ramenez votre bras vers votre corps en le serrant contre votre cage thoracique. Continuez ce mouvement à un rythme fluide et continu pendant vingt secondes.

Changez de côté et répétez.

3. ALTERNATING ARM PUNCHES

ÉQUIPEMENT : *BANDES DE RÉSISTANCE (À POIGNÉES OU EN BOUCLE)*

POSITION DE LA BANDE DE RÉSISTANCE : *HAUTEUR DU COUDE, OU LÉGÈREMENT AU-DESSUS*

Cet exercice fait bouger le haut de votre corps, et rapidement même. Il met l'accent sur l'explosivité du haut du corps, tout en maintenant la stabilité du bas du corps. C'est beaucoup plus difficile qu'il n'y paraît !

Tenez-vous debout, dos au mur. Contractez votre tronc et redressez votre colonne vertébrale.

Avec les mains, chacune agrippée à une bande, et les bandes passant sous vos coudes, donnez des coups de poing vers l'avant en alternant les mains. Maintenez l'extension complète du bras pour chaque coup de poing, le tout à un rythme fluide et continu.

4. ALTERNATING ROWS

ÉQUIPEMENT : *BANDES DE RÉSISTANCE (À POIGNÉES OU EN BOUCLE)*

POSITION DE LA BANDE DE RÉSISTANCE : *HAUTEUR DU COUDE, OU LÉGÈREMENT AU-DESSUS*

Similaire à l'exercice précédent en matière d'explosivité, celui-ci fait appel à votre dos, vos biceps et vos triceps pour bouger le haut de votre corps tout en contrôle.

En vous accroupissant légèrement, maintenez une position neutre, avec la poitrine, le cou et la tête bien droits. Contractez vos fessiers et votre tronc.

En alternant les mains, tirez chaque bande vers vous, puis relâchez. Continuez ce mouvement à un rythme fluide et continu pendant vingt secondes.

5. STANDING LATERAL EXTENSION

ÉQUIPEMENT : *BANDES DE RÉSISTANCE (À POIGNÉES OU EN BOUCLE)*

POSITION DE LA BANDE DE RÉSISTANCE : *AU-DESSUS DU NIVEAU DE LA TETE*

Cet exercice sera familier pour tous ceux qui ont déjà essayé de s'extirper du lit ou qui font des longueurs dans une piscine. Tirez avec vos bras, passant d'en haut à en bas, en engageant votre tronc et vos fessiers.

Avec la bande fixée en hauteur, faites face au mur et maintenez une position athlétique.

Saisissez la bande à deux mains. Tirez la bande vers le bas tout droit jusqu'à votre bassin et ramenez vos bras vers le haut jusqu'à la position de départ, tout en contrôle. Tirez la bande vers votre bassin, au niveau de votre hanche droite, et relâchez. Maintenant, tirez la bande vers votre bassin, au niveau de votre hanche gauche, et relâchez.

Continuez cette séquence sur un rythme rapide, tout en gardant le contrôle.

6. CROSS-BODY STEP AND PRESS

ÉQUIPEMENT : *BANDES DE RÉSISTANCE (À POIGNÉES OU EN BOUCLE)*

POSITION DE LA BANDE DE RÉSISTANCE : *HAUTEUR DU COUDE*

Dans cet exercice, nous utilisons à la fois le haut et le bas du corps, tout en maintenant notre stabilité. C'est un excellent exercice pour faire face aux forces et au stress de la vie quotidienne !

Tenez-vous bien droit, le ventre et les fessiers contractés. Saisissez l'extrémité d'une bande en boucle, ou d'une bande à poignée, dans votre main droite. Tendez la bande en l'éloignant de votre poitrine et faites un pas en avant avec votre jambe gauche.

Les seules parties mobiles doivent être votre bras droit et votre jambe gauche. Votre tronc et vos fessiers doivent rester stables.

Continuez de faire le pas et de tendre la bande à un rythme fluide et continu pendant vingt secondes. Répétez l'exercice, cette fois avec votre bras gauche et votre jambe droite.

6. CROSS-BODY PULL

***ÉQUIPEMENT :** BANDES DE RÉSISTANCE (À POIGNÉES OU EN BOUCLE)*

***POSITION DE LA BANDE DE RÉSISTANCE :** HAUTEUR DU COUDE, OU LÉGÈREMENT AU-DESSUS*

Un débutant peut avoir du mal au début avec cet exercice, mais persévérez.

Maintenez une bonne position athlétique, les hanches en arrière et le tronc engagé. Les mains agrippées à la poignée ou à la bande, amenez les bras devant vous puis – en gardant les bras tendus – tirez la bande vers le côté opposé en passant devant votre poitrine et en faisant pivoter votre torse. Augmentez votre rythme au fur et à mesure.

Effectuez cet exercice pendant vingt secondes. Changez de côté et répétez.

9. PUSH-UP AVEC BANDE DE RÉSISTANCE

ÉQUIPEMENT : *BANDES DE RÉSISTANCE (À POIGNÉES OU EN BOUCLE)*

Avant d'essayer cet exercice, assurez-vous que vous pouvez d'abord faire une simple pompe. C'est seulement après que vous pourrez ajouter la bande de résistance.

Passez une bande derrière votre dos, puis sous vos aisselles. Tenez les extrémités de la bande sous vos paumes en prenant une position de pompe.

Faites six ou sept pompes classiques, aussi explosives que possible.

VARIATION PLYOMÉTRIQUE : À la fin de la phase ascendante (celle où vous tendez les coudes), tapez dans vos mains.

REMARQUE : Si vous utilisez les bandes à poignées, plaquez vos paumes directement sur la corde et non les poignées de sorte à ajuster la résistance.

10. FRONT RAISE AVEC BANDE

***ÉQUIPEMENT :** BANDES DE RÉSISTANCE (À POIGNÉES OU EN BOUCLE)*

Cet exercice nécessite en principe une bande plus légère, mais trouvez celle qui vous convient le mieux.

Placez une bande en boucle ou à poignées sur le sol et posez vos pieds dessus.

Maintenez une bonne position athlétique, avec les épaules en arrière et avec le tronc engagé. Levez et abaissez la bande, de haut en bas, aussi vite que possible, en gardant une bonne posture.

Le mouvement doit venir des épaules, et non des hanches, des fessiers ou du tronc.

11. BAND PULL-APARTS

***ÉQUIPEMENT :** BANDES DE RÉSISTANCE EN BOUCLE*

Cet exercice est similaire aux mouvements que nous faisons lorsque nous nageons ou même lorsque nous lançons un frisbee dans le jardin. Après coup, vous en ressentirez les effets dans le milieu du dos et les épaules.

Placez une bande en boucle sur le sol et posez vos pieds dessus.

Levez les mains jusqu'au niveau de la poitrine. Tout en gardant une posture droite, étirez la bande de chaque côté avec les bras. Effectuez cet exercice pendant vingt secondes.

VARIATION : Répétez le même mouvement à un rythme plus rapide.

12. FRONT-FACING CORE ANGEL

ÉQUIPEMENT : *BANDES DE RÉSISTANCE (À POIGNÉES OU EN BOUCLE)*

POSITION DE LA BANDE DE RÉSISTANCE : *AU-DESSUS DU NIVEAU DE LA TETE*

Un exercice dynamique pour tout le corps avec beaucoup de variables. Vous devez bouger vos bras tout en piétinant et gardant une posture stable – et vous devez aussi le faire très vite.

Une fois les bandes fixées en hauteur sur le mur, faites face au mur et utilisez vos mains pour saisir les extrémités des bandes.

Commencez à piétiner rapidement en levant les bandes au-dessus de votre tête et en les abaissant sur les côtés. Effectuez cet exercice pendant vingt secondes à un rythme soutenu.

12

EXERCICES DU TRONC

Tout part du tronc. Il englobe plusieurs groupes musculaires, notamment les abdominaux, les muscles obliques (sur les côtés), le bas du dos et les quadriceps. Grâce à une bonne stabilité du tronc, nous sommes en mesure d'utiliser les muscles conçus pour accomplir les fonctions de la vie quotidienne sans exercer de stress ou de force excessive sur nos genoux, nos chevilles, notre cou, nos épaules ou notre bas du dos. Si quelqu'un vous rentre dedans, une bonne stabilité du tronc vous évitera de tomber. En fin de compte, votre tronc doit être capable d'absorber une grande partie du stress de la vie. Pour les athlètes qui doivent absorber beaucoup de forces extérieures, un tronc solide est fondamental – mais vous devez vraiment l'engager dans *tous* les aspects de la vie, *tout* le temps.

1. PALLOF SQUAT

ÉQUIPEMENT : *BANDES DE RÉSISTANCE (À POIGNÉES OU EN BOUCLE)*

POSITION DE LA BANDE DE RÉSISTANCE : *HAUTEUR DU COUDE, OU LÉGÈREMENT AU-DESSUS*

Cet exercice vous demande d'activer le haut de votre corps tout en résistant à la rotation – et de le faire tout en contrôle.

Tenez-vous debout de profil au mur, avec la bande fixée sur celui-ci à la hauteur de votre coude ou légèrement au-dessus.

Maintenez une position stable, en tenant la bande à hauteur de la poitrine.

Réalisez un squat, tout en gardant la bande éloignée de votre poitrine, puis revenez en position initiale dans un mouvement continu et ainsi de suite, sans jamais laisser la bande vous entraîner dans une rotation.

Répétez l'exercice de l'autre côté.

2. PALLOF CORE SHUFFLE

ÉQUIPEMENT : *BANDES DE RÉSISTANCE (À POIGNÉES OU EN BOUCLE)*

POSITION DE LA BANDE DE RÉSISTANCE : *HAUTEUR DU COUDE, OU LÉGÈREMENT AU-DESSUS*

Un autre exercice anti-rotation, cette fois avec quelques variables supplémentaires.

Tenez-vous debout de profil au mur avec vos hanches en arrière. Contractez le ventre et les fessiers.

Avec les mains, saisissez la bande à hauteur de la poitrine, bras tendus. Piétinez rapidement sur place tout en maintenant la bande stable et tendue.

Pour ajouter de la résistance, levez et abaissez la bande. Répétez l'exercice de l'autre côté.

VARIATION : Augmentez le rythme de votre piétinement.

3. CORE ANGEL

ÉQUIPEMENT : *BANDES DE RÉSISTANCE (À POIGNÉES OU EN BOUCLE)*

Dans cet exercice, vous êtes attiré vers l'arrière alors que vous bougez vos bras et vos jambes rapidement – et que vous maintenez un certain niveau d'explosivité.

POSITION DE LA BANDE DE RÉSISTANCE : *AU-DESSUS DU NIVEAU DE LA TETE*

Tenez les bandes au-dessus de votre tête avec les mains. Commencez à piétiner rapidement.

Levez et abaissez les bandes en maintenant un rythme rapide et fluide. Essayez de rester sur place, sans avancer ni reculer.

4. OVERHEAD CORE SHUFFLE

***ÉQUIPEMENT :** BANDES DE RÉSISTANCE (À POIGNÉES OU EN BOUCLE)*

En vous tenant aussi grand et long que possible, cet exercice est un excellent activateur du tronc.

Tenez la bande au-dessus de votre tête, en écartant les bras jusqu'à ce que la bande soit tendue.

Contractez le ventre et les fessiers, puis balancez-vous d'un pied à l'autre, en soulevant légèrement le pied non porteur. Votre tronc doit rester solide, et vos bras doivent rester dans la même position, tendus, tout au long de l'exercice.

Accélérez le rythme, tout en maintenant la stabilité de votre tronc.

5. OVERHEAD ARM FLUTTERS

ÉQUIPEMENT : *BANDES DE RÉSISTANCE (À POIGNÉES OU EN BOUCLE)*

POSITION DE LA BANDE DE RÉSISTANCE : *AU-DESSUS DU NIVEAU DE LA TETE*

Celui-ci est plus difficile qu'il n'y paraît, et vous le ressentirez après coup.

Les bandes étant fixées en hauteur, tenez-vous droit, dos au mur, en gardant le tronc bien engagé. Tenez les bandes au-dessus de votre tête, une dans chaque main.

Piétinez rapidement sur place tout en bougeant vos bras subtilement et alternativement en les gardant tendus pendant vingt secondes.

6. PLANK WITH A ROW

ÉQUIPEMENT : *BANDES DE RÉSISTANCE (À POIGNÉES OU EN BOUCLE)*

La plupart des gens utilisent une bande légère pour cet exercice. Assurez-vous également de pouvoir tenir en position de planche avant d'y intégrer un mouvement.

POSITION DE LA BANDE DE RÉSISTANCE : *HAUTEUR DES GENOUX*

Mettez-vous en position de planche, face au mur, en appui sur vos bras ou vos coudes.

Tenez une bande de résistance avec la main droite. Continuez à vous tenir en équilibre sur la main gauche pendant que vous tirez la bande vers votre poitrine et votre estomac dans un mouvement fluide et continu, tout en maintenant la position de planche.

Faites cela pendant vingt secondes. Changez de main et répétez de l'autre côté.

7. X PLANK

ÉQUIPEMENT : *AUCUN*

Cet exercice nécessite de la coordination entre votre bras et votre jambe tout en maintenant votre stabilité. Encore une fois, assurez-vous de pouvoir tenir en position de planche simple avant d'effectuer des variations.

Mettez-vous en position de planche, avec les mains placées sous vos épaules. Gardez vos jambes tendues et prenez une position élargie.

Engagez vos fessiers et décollez votre jambe gauche du sol tout en levant votre bras droit. Recommencez, cette fois avec la jambe droite et le bras gauche.

Alternez comme ça pendant vingt secondes.

8. LATERAL RESISTED BIRD DOG

ÉQUIPEMENT : *BANDES DE RÉSISTANCE (À POIGNÉES OU EN BOUCLE)*

Un excellent exercice qui engage vos fessiers et vos épaules, tout en mettant à l'épreuve la stabilité de votre tronc.

POSITION DE LA BANDE DE RÉSISTANCE : *HAUTEUR DES GENOUX*

Passez une bande autour de votre taille et attachez-la au mur.

Mettez-vous à quatre pattes. Gardez le dos droit, le regard vers le sol et le tronc engagé.

Levez le bras gauche tout en tendant simultanément la jambe droite vers l'arrière. Gardez votre dos aussi plat que possible. Revenez à la position de départ tout en contrôle, et répétez l'exercice pendant vingt secondes.

Tournez-vous dans l'autre sens et répétez l'exercice, cette fois avec le bras droit et la jambe gauche.

9. SINGLE LEG BALANCE WITH HALO

***ÉQUIPEMENT :** BANDES DE RÉSISTANCE (À POIGNÉES OU EN BOUCLE)*

***POSITION DE LA BANDE DE RÉSISTANCE :** AU-DESSUS DU NIVEAU DE LA TETE*

Cet exercice peut mettre en difficulté même les athlètes très expérimentés, mais il est excellent pour l'équilibre et la stabilité du tronc.

Dos au mur et le tronc stable, tenez la bande au-dessus de votre tête

Levez le genou droit à 90 degrés et descendez la bande jusqu'à votre épaule droite, puis de nouveau au-dessus de votre tête, puis jusqu'à votre épaule gauche.

Répétez l'exercice en levant le genou gauche.

10. HIGHT TO LOW/LOW TO HIGH ROTATIO

ÉQUIPEMENT : *BANDES DE RÉSISTANCE (À POIGNÉES OU EN BOUCLE)*

Tous les golfeurs – ou hockeyeurs – vont reconnaître ce mouvement en diagonale.

POSITION DE LA BANDE DE RÉSISTANCE : *AU-DESSUS DU NIVEAU DE LA TETE ET HAUTEUR DES GENOUX*

Commencez avec la bande fixée en hauteur sur le mur, la porte ou le point d'ancrage. Saisissez la poignée ou l'extrémité de la bande en boucle. En gardant le bas du corps stable, faites passer la bande devant votre corps en diagonale, du haut vers le bas, et ainsi de suite, pendant vingt secondes.

Fixez maintenant la bande au mur à un niveau beaucoup plus bas. Répétez l'exercice, cette fois en allant du bas vers le haut.

Changez de côté et répétez.

11. FOUR-WAY OVERHEAD RESISTED FOOT FIRE

ÉQUIPEMENT : *BANDES DE RÉSISTANCE (À POIGNÉES OU EN BOUCLE)*

POSITION DE LA BANDE DE RÉSISTANCE : *AU-DESSUS DU NIVEAU DE LA TETE*

Contrairement aux battements de bras en hauteur du *Overhead Arm Flutters*, cet exercice vous demande de garder le haut du corps statique.

Avec la bande en hauteur, tenez-vous face au mur. Saisissez une bande au-dessus de la tête avec les mains. Gardez une posture droite.

Tout en maintenant la bande tendue, piétinez rapidement sur place pendant vingt secondes.

Changez de position de sorte à tourner le dos au point d'ancrage. Répétez l'exercice, là encore pendant vingt secondes.

12. RESISTED WALKING PLANK

ÉQUIPEMENT : *BANDES DE RÉSISTANCE (À POIGNÉES OU EN BOUCLE)*

Cet exercice est une variation qui propose beaucoup plus de défi que la planche traditionnelle.

POSITION DE LA BANDE DE RÉSISTANCE : *HAUTEUR DES GENOUX*

La bande ancrée au mur proche du sol, glissez-la autour de votre taille. Mettez-vous en position de planche.

En gardant les hanches tout le temps à la même hauteur, éloignez-vous le plus possible du mur, en utilisant vos jambes et vos bras, et en gardant le contrôle à tout moment.

Changez de côté et recommencez.

12

EXERCICES DU BAS DU CORPS

De nombreux coachs en salle conseillent aux athlètes de cibler le haut du corps le lundi et le mercredi, et le bas du corps le mardi et le jeudi. Chez TB12, nous conseillons aux athlètes de cibler le haut du corps, le tronc et le bas du corps dans la même séance d'entraînement. En faisant travailler tout votre corps en même temps, vous activez chaque groupe musculaire, vous êtes globalement plus fort et plus équilibré, et vous bougez mieux. Pourquoi mettons-nous l'accent sur les mouvements explosifs chez TB12 ? Parce qu'au quotidien, notre corps – en particulier le bas de notre corps – doit bouger rapidement et efficacement, que ce soit en marchant, en se tenant debout, en courant, en se levant d'une chaise ou en montant des escaliers. Nos jambes sont impliquées dans de nombreux mouvements, et il est important de soumettre leurs muscles à d'autres stress que le simple poids de notre corps, mais toujours de manière tolérable. Il ne s'agit toutefois pas d'escalader le mont Everest ! Variez ces exercices et ajoutez des bandes de résistance plus lourdes au fur et à mesure. Comme pour tous les exercices, concentrez-vous sur le niveau de force qui correspond à votre style de vie.

1. SQUAT

***ÉQUIPEMENT :** AUCUN*

Cet exercice imite les mouvements – se lever, s'asseoir, se relever – que nous faisons tous les jours. L'objectif est d'utiliser vos fessiers tout en enlevant de la pression sur vos genoux.

Adoptez une posture droite, avec les pieds écartés de la largeur des hanches.

Envoyez les fesses en arrière et abaissez-vous progressivement en position de squat. Gardez vos genoux au-dessus de vos orteils et ne les laissez pas s'affaisser vers l'intérieur. Lorsque vous vous relevez, n'oubliez pas de serrer les fessiers.

Montez et descendez pendant vingt secondes.

Comme pour tous les exercices, faites le choix de l'intensité qui convient à votre vie. Comme nous l'avons dit précédemment, pensez vite et bougez vite – c'est pourquoi nous nous entraînons vite.

VARIATION : L'ajout d'une courte bande autour de vos genoux est un bon moyen de rendre l'exercice plus difficile.

2. LATERAL RESISTED SQUAT

ÉQUIPEMENT : *BANDES DE RÉSISTANCE (À POIGNÉES OU EN BOUCLE)*

POSITION DE LA BANDE DE RÉSISTANCE : *HAUTEUR DE LA TAILLE*

Un squat mais avec, comme variation, une résistance latérale.

Passez la bande autour de votre taille de sorte qu'elle soit bien tendue.

En gardant une posture droite et en écartant les pieds de la largeur des hanches, abaissez-vous en position de squat. Gardez vos genoux au-dessus de vos orteils et ne les laissez pas s'affaisser vers l'intérieur.

Faites cela pendant vingt secondes. Tournez-vous, regardez de l'autre côté et répétez.

3. LEG-ASSISTED PLANK

ÉQUIPEMENT : *AUCUN*

Cet exercice active la stabilité latérale de votre corps par les mouvements de poussée dans le sol de chaque côté.

Prenez une position de planche latérale raccourcie, avec le genou plié. Portez le poids de votre corps sur votre coude droit.

Levez votre jambe supérieure de façon qu'elle soit parallèle au sol et tendez le bras gauche au-dessus de votre épaule de sorte qu'il soit perpendiculaire au sol. Maintenez cette position pendant cinq secondes, puis commencez à balayer votre jambe de haut en bas, en faisant des mouvements courts.

Faites cela pendant vingt secondes, puis répétez de l'autre côté.

4. FORWARD LUNGE WITH HIGH HOLD

***ÉQUIPEMENT :** BANDES DE RÉSISTANCE (À POIGNÉES OU EN BOUCLE)*

***POSITION DE LA BANDE DE RÉSISTANCE :** AU-DESSUS DU NIVEAU DE LA TETE*

Que l'on monte des escaliers ou que l'on descende d'une terrasse, la fente est un mouvement quotidien assez courant. Dans cet exercice, les bandes de résistance placées au-dessus de la tête ajoutent un défi.

Avec la bande fixée en hauteur sur un mur, une porte ou un autre point d'ancrage, tournez le dos à celui-ci et saisissez la poignée ou la bande avec votre bras droit.

Descendez en position de fente, tout en gardant votre bras droit verrouillé au-dessus de la tête.

Changez de bras et répétez de l'autre côté.

5. FOUR-WAY BAND RUNNING IN PLACE

ÉQUIPEMENT : *BANDES DE RÉSISTANCE EN BOUCLE*

POSITION DE LA BANDE DE RÉSISTANCE : *HAUTEUR DE LA TAILLE*

En courant sur place aussi vite que possible tout en restant stable, vous entraînez votre cerveau et votre corps à effectuer ces mêmes mouvements, mais plus lentement, dans votre vie quotidienne.

Attachez une bande autour de votre taille.

Éloignez-vous du mur jusqu'à ce que la bande se tende. Avec votre ventre et vos fessiers engagés, commencez à courir sur place à une vitesse confortable pendant vingt secondes. Montez bien les genoux à chaque fois.

Tournez-vous de manière à être de profil au mur. Continuez à courir sur place. Maintenant tournez-vous et faites face au mur. Avec la bande tendue, courez sur place pendant vingt secondes supplémentaires. Tournez-vous une dernière fois pour vous retrouver sur l'autre profil et faites de même.

6. RESISTED SHUFFLE

ÉQUIPEMENT : *BANDES DE RÉSISTANCE EN BOUCLE*

POSITION DE LA BANDE DE RÉSISTANCE : *HAUTEUR DE LA TAILLE*

Le défi dans cet exercice consiste à rester stable, toujours au même niveau, et détendu à tout moment. Ce n'est pas facile.

Avec la bande autour de la taille, accroupissez-vous, en engageant vos fessiers, les pieds écartés de la largeur des hanches.

Ensuite, marchez latéralement d'un côté à l'autre, en faisant des mouvements explosifs rapides.

Tournez-vous en faisant demi-tour et répétez.

7. HEIDEN HOP

***ÉQUIPEMENT :** AUCUN*

Un excellent exercice de stabilité des genoux que nous utilisons beaucoup chez TB12. Commencez par de petits sauts, puis augmentez-les progressivement.

Le but de cet exercice est de sauter d'une jambe à l'autre.

En gardant votre genou au-dessus de vos orteils, sautez et atterrissez sur l'autre jambe. Maintenez la position pendant deux secondes. Sautez à nouveau en changeant de côté.

Faites cela pendant vingt secondes. L'objectif est la hauteur, pas la distance.

8. SINGLE-LEG CLOCK JUMPS

ÉQUIPEMENT : *AUCUN*

Sautez, atterrissez sur un pied, et tournez. Cet exercice semble être fait sur mesure pour les receveurs [45].

45. Au football américain.

Faites comme si vous vous asseyez légèrement en arrière, avec vos genoux au-dessus de vos orteils. Engagez votre tronc et vos fessiers. Levez maintenant une jambe et sautez sur place. Faites pendant le saut une rotation de 90 degrés et répétez l'opération, puis une autre rotation de 90 degrés, jusqu'à ce que vous soyez revenu à votre point de départ. Ne laissez pas votre jambe en l'air toucher le sol.

Faites cet exercice pendant vingt secondes. Répétez l'exercice, cette fois dans le sens inverse des aiguilles d'une montre.

VARIATION : Si le Single-Leg Clock Jump à une jambe est trop difficile, faites le même exercice sur deux pieds (sans lever de jambe).

9. SQUAT JUMP

ÉQUIPEMENT : *AUCUN*

Si vous avez déjà sauté d'un mur de pierre, cet exercice vous rappellera l'importance d'atterrir sur les deux pieds.

Gardez vos genoux au-dessus de vos orteils. Levez les bras devant vous au niveau de la poitrine.

Mettez-vous en position de squat pendant une ou deux secondes. Sautez, puis revenez en position de squat. Maintenez encore cette position pendant une ou deux secondes. Répétez l'exercice.

Pour augmenter la cadence, allez plus vite. L'accent doit être mis sur la hauteur et non sur la distance. Gardez vos genoux au-dessus de vos orteils en permanence.

Faites l'exercice pendant vingt secondes.

10. SQUAT TO PRESS

ÉQUIPEMENT : *BANDES DE RÉSISTANCE EN BOUCLE*

Dans cet exercice, il faut que vous explosiez vers le haut en levant vos bras au-dessus de votre tête.

Posez vos pieds sur la bande et adoptez une position de squat, la bande étant au niveau des épaules.

En vous redressant, levez la bande au-dessus de votre tête. Revenez à votre position de squat et répétez le mouvement. Gardez vos genoux au-dessus de vos orteils, en veillant à ce qu'ils ne s'affaissent pas vers l'intérieur.

Faites cela pendant vingt secondes, en augmentant progressivement le rythme.

11. HIP THRUSTERS

ÉQUIPEMENT : *BANDES DE RÉSISTANCE EN BOUCLE*

Imaginez que vous faites un squat tout en étant tiré vers l'arrière. Cela peut prendre un peu de temps à maîtriser.

POSITION DE LA BANDE DE RÉSISTANCE : *HAUTEUR DES GENOUX*

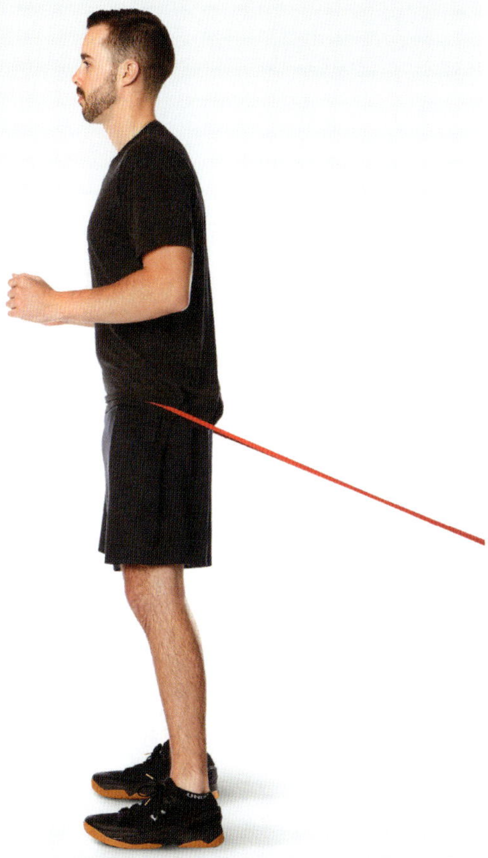

Attachez la bande en bas d'un mur, d'une porte ou d'un autre point d'ancrage et passez-la autour de votre taille. Dos au mur, faites quelques pas jusqu'à ce que la bande soit tendue.

Mettez-vous en position de squat, en gardant la bande tendue. Levez-vous dans un mouvement explosif, puis redescendez en position de squat. Répétez l'exercice pendant vingt secondes.

12. BAND DEAD LIFT

***ÉQUIPEMENT :** BANDES DE RÉSISTANCE (À POIGNÉES OU EN BOUCLE)*

Une bien meilleure façon de faire un dead lift, puisqu'une bande de résistance est plus facilement tolérée que des poids.

Placez vos pieds sur une bande à poignées ou une bande en boucle. Tenez les deux côtés de la bande (ou les poignées) avec vos mains et ajustez la longueur de la bande jusqu'à ce qu'elle soit tendue. Mettez-vous en position de squat, en gardant le dos aussi plat que possible.

Redressez-vous en tirant sur les bandes, et en poussant vos hanches vers l'avant.

En jouant sur la longueur de la bande, vous pouvez rendre cet exercice plus ou moins difficile.

M'assurer d'avoir une bonne hydratation est capital pour ma performance sur et en dehors du terrain.

CHAPITRE 7

HYDRATATION

ATTEINDRE UNE CERTAINE LONGÉVITÉ ET PROLONGER VOTRE PIC DE PERFORMANCE IMPLIQUE D'ÉLEVER PUIS DE MAINTENIR LA CAPACITÉ DE VOTRE CORPS À PRODUIRE SON MEILLEUR NIVEAU DE PERFORMANCE. POUR CE FAIRE, UN SEUL OUTIL NE SUFFIT PAS. C'EST TOUT UN ARSENAL QUI EST NÉCESSAIRE, AVEC POUR OBJECTIF L'ÉTAT DE FORME ET LA RÉGÉNÉRATION PERMANENTE DE NOS MUSCLES – EN D'AUTRES TERMES, NOTRE ENVIRONNEMENT INTÉRIEUR. AVEC L'ÂGE, NOUS DEVONS TOUS FAIRE FACE À UN RALENTISSEMENT PHYSIOLOGIQUE À DES DEGRÉS DIVERS ET VARIÉS, MAIS EN UTILISANT LES OUTILS APPROPRIÉS SUIVANT UNE MÉTHODOLOGIE HOLISTIQUE, IL EST POSSIBLE DE RALENTIR CE VIEILLISSEMENT POUR QU'IL NOUS AFFECTE MOINS QUE DANS LE CAS DE LA PLUPART DES GENS. AVEC LA MÉTHODE TB12, CELA PASSE PAR LA PLIABILITÉ ET DES FACTEURS AMPLIFICATEURS QUI ŒUVRENT À MAXIMISER NOTRE ÉNERGIE QUOTIDIENNE.

Parmi ces outils, le premier – une bonne hydratation – est, à mon avis, de loin le plus important. Le système lymphatique du corps – qui aide à évacuer les cellules endommagées et à combattre les infections – peut éliminer bon nombre des effets d'une mauvaise alimentation, mais si nous ne buvons pas assez d'eau, le système lymphatique ne peut pas éliminer grand-chose. Le système lymphatique est composé à plus de 95 % d'eau, et il est important de le garder propre et fluide en permanence de sorte que notre corps puisse se débarrasser des toxines qui s'accumulent. C'est l'une des raisons pour lesquelles une bonne hydratation est essentielle à notre santé générale. Et par-dessus tout, cela augmente nos chances d'obtenir une pliabilité optimale.

Il y a vingt ans, lorsque je jouais au Michigan, je ne buvais pas autant d'eau qu'aujourd'hui. En plus de cela, je buvais beaucoup d'autres boissons – alcool, jus, sodas – dont j'ai appris sur le tard qu'elles pouvaient déshydrater. J'ai certainement ressenti beaucoup plus de fatigue dans ma vingtaine qu'aujourd'hui, et j'avais aussi plus de maux de tête. Désormais, je suis rarement fatigué, je n'ai jamais de maux de tête et je n'ai jamais de crampes. Je le dois à la quantité d'eau et d'électrolytes que je bois.

Les électrolytes sont des produits chimiques et des nutriments qui sont déjà présents dans notre corps sous forme de potassium, de sodium, de magnésium et autres. Ils créent une charge électrique, positive ou négative, lorsqu'ils se dissolvent dans le sang, l'urine ou les fluides corporels. Les électrolytes sont essentiels pour maintenir l'équilibre du sang et le bon fonctionnement des nerfs et des muscles. Ils aident nos muscles à se dilater et à se contracter, et notre système lymphatique à faire circuler l'eau et les fluides à l'intérieur du corps. C'est pourquoi les électrolytes sont si essentiels à une bonne hydratation – qui maintient nos degrés de pliabilité.

Tous les jours, je bois facilement plus de 4 litres et demi d'eau avec des électrolytes TB12, et les jours où je suis actif, j'en bois près du double. Pour vous aider à visualiser, une canette de soda ou une bouteille d'eau normale représente 330 ml. J'en bois l'équivalent de douze à vingt-cinq par jour, et toujours avec des électrolytes TB12. En fait, vous ne me verrez jamais sans une bouteille d'eau à la main. J'ajoute des électrolytes à pratiquement tout ce que je bois – et cela depuis quinze ans. Même si je bois de la limonade, j'y ajoute des électrolytes. Sinon, j'ai l'impression de ne pas me rendre service. Pour tous ceux qui font régulièrement de l'exercice et qui sont déterminés à atteindre une certaine longévité et le pic de performance, la règle d'or de la Méthode TB12 est simple : buvez au moins 1 litre d'eau par tranche de 30 kilos de votre poids chaque jour. C'est le minimum. L'idéal est d'en boire plus, en y ajoutant des électrolytes.

C'est logique, compte tenu de la composition de notre corps. Comme on le sait, notre corps est composé de 60 à 80 % d'eau, et nos muscles à eux seuls contiennent environ 75 % d'eau. L'eau contribue aux fonctions cérébrales, au bon fonctionnement du métabolisme, de la digestion et des reins, à la circulation de l'oxygène dans le sang, à la lubrification des articulations et au bon fonctionnement des muscles. Si nous ne buvons pas assez d'eau, nous risquons de diminuer l'apport d'oxygène dans notre circulation sanguine et de priver nos muscles et nos organes des nutriments appropriés. Cela entraînerait une plus grande accumulation de toxines dans nos cellules, nos tissus et nos organes. Je me répète : cela entraînerait une plus grande accumulation de toxines dans nos cellules, ce qui crée un environnement intérieur malsain. Dans ce cas-là, notre métabolisme ralentit, nous rendant alors plus vulnérables aux infections et aux inflammations. Pour les athlètes en particulier, boire suffisamment d'eau atténue les douleurs aux articulations en assouplissant et en hydratant le cartilage et en augmentant la quantité d'eau assimilée.

C'est la raison pour laquelle une bonne hydratation est liée à la pliabilité. Les *body coachs* TB12 peuvent souvent prédire le degré de douleur des clients qui viennent à un TB12 Performance & Recovery Center, en se basant sur leur niveau de gêne après leur première séance de pliabilité. Douleur et courbatures sont des conséquences normales de la pliabilité si les muscles d'un athlète sont déshydratés du fait d'une mauvaise hydratation ou nutrition. Un *body coach* qualifié peut littéralement sentir la différence entre une personne qui mange bien et s'hydrate correctement et une autre qui ne boit pas assez d'eau et mange mal. Le rythme avec lequel nous sommes capables de développer des muscles déformables et une force optimale dépend en grande partie de notre niveau d'hydratation.

Par conséquent, le premier et le plus important facteur amplificateur de la Méthode TB12, et de la pliabilité, consiste à s'assurer que vous buvez suffisamment d'eau, idéalement avec des électrolytes.

LES FONDAMENTAUX DE L'EAU

La déshydratation est un problème chronique, et elle est plus répandue que la plupart des gens ne le pensent. Et je ne parle pas seulement des athlètes. Je parle de tout le monde. Beaucoup de personnes que j'ai rencontrées dans les TB12 Performance & Recovery Centers pensent qu'elles sont correctement hydratées, ou du moins suffisamment hydratées. Elles boivent peut-être un ou deux verres d'eau le matin, de l'eau en bouteille au déjeuner, de l'eau du robinet au dîner, et gardent un verre près de leur lit le soir. Mais si on fait le total, elles ne consomment qu'environ 0,7 à 1 litre d'eau par jour, ce qui est loin de correspondre à la définition d'une bonne hydratation d'après la Méthode TB12. La plupart des athlètes ne réalisent pas qu'ils transpirent et expirent entre 1,9 à 2,4 litres d'eau par jour, surtout par temps chaud. Cette eau doit être renouvelée – et idéalement avec des électrolytes.

Lorsque les gens demandent si d'autres boissons comptent dans leur hydratation quotidienne, je leur rappelle que le café, le thé, l'alcool et les sodas peuvent être déshydratants, et que les sucres qu'on trouve dans l'alcool et les sodas sont encore pires. En d'autres termes, l'eau contribue à une meilleure pliabilité, et les boissons diurétiques contenant de la caféine ou de l'alcool lui sont néfastes. La déshydratation est également un problème cumulatif, ce qui signifie que vous devez boire davantage d'eau pour compenser chaque boisson déshydratante que vous buvez. C'est pourquoi j'essaie de limiter la caféine ainsi que l'alcool, car ces boissons vont à l'encontre de tous mes efforts pour rester aussi hydraté que possible.

S'il y a une chose simple que chacun peut faire pour améliorer la pliabilité de ses muscles, c'est de boire suffisamment d'eau régulièrement et continuellement. De plus, il ne suffit pas de boire1 litre d'eau par tranche de 30 kilos de votre poids le lundi, en pensant que votre corps sera correctement hydraté un ou deux jours plus tard. D'après mon expérience, il faut au moins quatorze jours pour atteindre un niveau d'hydratation correct.

Lorsque j'explique l'hydratation aux gens, j'utilise l'analogie de l'entrée dans une boucherie. Imaginez la différence lorsque vous regardez derrière le comptoir un beau morceau de filet bien frais et que, juste à côté, vous voyez un morceau de bœuf séché. Le filet est sain et souple, alors que le bœuf séché est ratatiné et rabougri. Ce morceau de bœuf séché est ce à quoi ressemblent les muscles déshydratés. Bien entendu, ce n'est pas une analogie parfaite ou exacte, mais la prochaine fois que vous envisagez de boire une tasse de café ou un verre de vin sans compenser leurs effets déshydratants par de l'eau et des électrolytes, vous devez vous rappeler cette image !

Considérez que pour chaque tasse de café, verre de vin ou bière que vous buvez, cela peut créer un « facteur de déshydratation » allant jusqu'à « x 2 » par tasse ou verre. En d'autres termes, pour compenser les effets d'une seule tasse de café ou d'une pinte de bière, vous devrez peut-être boire deux verres d'eau (avec électrolytes) en plus de l'eau que vous buvez déjà.

Il est également important de noter que toutes les eaux ne sont pas égales. Voici quelques-unes des variétés existantes.

RAPPEL

Rappelez-vous que le seul moyen pour notre cerveau et notre corps de stocker des traumatismes positifs et intentionnels se fait par la stimulation du système nerveux pendant une séance de pliabilité. Lorsque nous contractons et relâchons nos muscles pendant qu'ils s'allongent et s'assouplissent, nous rééduquons notre cerveau pour qu'il entraîne ces muscles à rester longs, souples et activés. La vitesse avec laquelle nous sommes capables de développer des muscles déformables et une force optimale dépend en grande partie de notre niveau d'hydratation.

EAU DU ROBINET

L'eau du robinet est une eau qui provient d'une source municipale. Selon l'endroit où vous vivez, la plupart des sources d'eau du robinet contiennent du fluor, du chlore et, dans certains cas, du plomb. En quantités excessives, le fluor et le chlore peuvent contribuer à un certain nombre de problèmes de santé. Ne buvez de l'eau du robinet que si vous la filtrez au préalable, ce qui permet d'éliminer de nombreuses impuretés. Même lorsque vous utilisez l'eau du robinet pour cuire des légumes à la vapeur, il est préférable de la filtrer auparavant.

EAU DISTILLÉE

L'eau distillée est une eau purifiée de tout contaminant ou polluant. Malheureusement, elle a également été dépouillée de sa teneur en minéraux, ce qui signifie qu'elle n'apporte pas à notre organisme les nutriments dont il a besoin. Si je devais boire de l'eau distillée, j'ajouterais toujours des électrolytes avec des oligo-éléments.

EAU DE SOURCE

La plupart des eaux en bouteille sont d'abord des eaux de source, qui peuvent ou non avoir subi un processus de traitement ou de purification. Cela dit, il est possible que ce type d'eau contienne des bactéries et des produits chimiques indésirables. En outre, en raison de leur popularité et de la demande, plus de la moitié des eaux en bouteille dont l'étiquette prétend être de « l'eau de source » sont en réalité de l'eau du robinet traitée, provenant de diverses sources.

EAU MINÉRALE

L'eau en bouteille est réglementée par des organismes qui stipulent que l'eau minérale naturelle doit contenir au moins « un total de 250 parties par million de solides dissous » (c'est-à-dire des minéraux), et doit provenir « d'une source d'eau souterraine protégée géologiquement et physiquement ». L'eau minérale est donc toujours une excellente option, même si j'ajouterais quand même des électrolytes.

EAU GAZEUSE

L'eau gazeuse – comme l'eau de Seltz, l'eau pétillante et, dans les cas où du sodium est ajouté, le club soda – est une eau pressurisée à l'aide de gaz carbonique. L'eau gazeuse contient moins d'oxygène que l'eau ordinaire et peut également être déshydratante. Je l'évite autant que possible.

EAU PURIFIÉE

L'eau purifiée est celle qui contient le moins d'impuretés, car les produits chimiques et les agents pathogènes ont été éliminés à un degré supérieur à ce que l'Agence américaine de Protection de l'Environnement exige pour l'eau du robinet utilisée au quotidien. Comme son nom l'indique, l'eau purifiée, qui est identifiée comme telle sur l'étiquette, est l'eau la plus pure qui soit. C'est l'eau que je recommande de boire, bien que j'y ajoute d'abord des électrolytes pour reconstituer la teneur en électrolytes et en minéraux que je perds chaque jour.

SIGNES DE DÉSHYDRATATION

L'eau aide notre corps à remplir ses fonctions normales. Être déshydraté signifie en fait que notre corps a perdu de l'eau sans la remplacer. Plus nous faisons de l'exercice, plus nous perdons d'eau. Même les non-sportifs sont vulnérables à la déshydratation. Des lèvres sèches, une peau sèche, des yeux secs, des maux de tête, des saignements de nez et se réveiller en pleine nuit avec une gorge sèche sont autant de symptômes de déshydratation.

Les électrolytes remplacent les minéraux que notre corps perd en faisant de l'exercice. Je consomme une bouteille de TB12 Électrolytes tous les jours.

DE L'IMPORTANCE DE CHOISIR LES BONS ÉLECTROLYTES

Pendant et après une activité physique, les sportifs perdent beaucoup d'eau et d'électrolytes par la respiration et la transpiration, ce qui peut entraîner des évanouissements et des vertiges. C'est pourquoi, lors de nombreuses journées d'entraînement intense, j'utilise une bouteille pleine d'électrolytes. En 2013, chez TB12, nous avons développé ce que nous considérons être les électrolytes les plus purs et de la plus haute qualité disponibles. Les Électrolytes TB12, qui sont enrichis de soixante-douze oligo-éléments et ne contiennent aucun additif, sont un concentré minéral naturel qui permet aux athlètes de transformer n'importe quel liquide en une boisson sportive hydratante.

Pour faire court, les électrolytes sont des produits chimiques et des nutriments déjà présents dans notre corps sous forme de potassium, de sodium, de magnésium, pour n'en citer que quelques-uns. Alex me l'a expliqué de la façon suivante : nos cellules musculaires peuvent ressembler soit à des bulles de savon molles, soit à des bulles de verre dures. Lorsque vous êtes hydraté, vos cellules musculaires sont plus susceptibles de prendre l'apparence et la consistance de bulles de verre dures. Vous pouvez boire des litres d'eau, mais si elle ne contient pas d'électrolytes, les molécules d'eau ne pourront pas entrer et sortir des parties liquides de votre corps. Elles circulent et ne pénètrent jamais dans la cellule. De la même manière qu'un imperméable qui fait son travail en résistant à la pluie. Il est fou de vouloir empêcher les molécules d'eau de pénétrer dans nos cellules. À l'inverse, une eau enrichie en électrolytes pénètre et sort facilement et efficacement de vos cellules musculaires. Plus votre corps est riche en électrolytes, plus l'eau peut pénétrer facilement dans vos muscles et plus vos cellules sont susceptibles de suivre les caractéristiques des bulles de savon. Imaginez une éponge qui absorbe une quantité maximale d'eau. Pendant une séance d'entraînement, si vous ne buvez que de l'eau plate pour remplacer les sels naturels que votre corps perd par la transpiration, vous ne les remplacez pas par les minéraux dont votre corps a besoin. Le but des électrolytes est de rendre l'eau que vous buvez plus « humide » et plus susceptible d'être absorbée par les cellules de votre corps. C'est la meilleure façon de s'hydrater.

DÉVELOPPER UNE ROUTINE D'HYDRATATION : LES PRINCIPES DE BASE ÉTAPE PAR ÉTAPE

En matière d'hydratation, l'équilibre et le rythme sont importants. Comme d'habitude, ne faites pas tout en même temps. Travaillez à une bonne hydratation étape par étape, ligne par ligne, précepte par précepte. Boire

PEUT-ON SE SURHYDRATER ?

Alex et moi pensons qu'il existe un niveau optimal d'hydratation et que, théoriquement, vous pouvez vous surhydrater de la même manière que vous pouvez faire n'importe quoi. Vous pouvez également atteindre un point où votre corps a absorbé tellement d'eau en si peu de temps qu'il ne peut plus la métaboliser. Mais en réalité, cela arrive si rarement que cela ne devrait pas être une préoccupation majeure. Le problème plus important, c'est que la plupart des gens sont sous-hydratés par rapport aux niveaux optimaux de pliabilité que nous recommandons chez TB12.

au moins 1 litre d'eau par tranche de 30 kilos de votre poids chaque jour est un bon point de départ. Boire ces mêmes quantités d'eau enrichies en électrolytes, c'est encore mieux. Il m'a fallu plusieurs années pour adopter une bonne routine, mais je sais que je serai bien hydraté pour le reste de ma vie.

BUVEZ UN OU DEUX VERRES D'EAU AU RÉVEIL

Buvez un ou deux verres d'eau avec des électrolytes dès votre réveil. Après une nuit passée à récupérer grâce au sommeil, l'eau peut vous aider à évacuer les toxines qui se sont accumulées pendant la nuit et à stimuler votre métabolisme pour la journée à venir.

RÉPARTISSEZ VOTRE HYDRATATION AU COURS DE LA JOURNÉE

Essayez de ne pas boire toute votre eau d'un coup. Votre consommation d'eau doit être étalée tout au long de la journée. En général, il n'est pas bon de boire plus de quatre verres d'eau (l'équivalent d'environ un litre) sur une période d'une heure. Si vous pesez 70-75 kilos, vous devriez, selon notre règle empirique, boire entre 2 et 2,5 litres d'eau par jour. En supposant que vous vous leviez à 8 heures du matin et que vous vous couchiez à 22 h 30, cela représente un verre d'eau toutes les deux heures. J'emporte une bouteille d'eau avec moi partout où je vais et je m'assure d'être toujours bien hydraté.

LIMITEZ LA CONSOMMATION D'EAU PENDANT LES REPAS

Essayez de ne pas boire trop d'eau pendant un repas, car cela peut nuire à la digestion, et buvez toujours à petites gorgées. Règle générale : buvez plus d'eau avant et après les repas que pendant.

LES MESURES TB12 À PRENDRE

- Hydratez-vous, hydratez-vous, hydratez-vous. Buvez au moins 1 litre d'eau par tranche de 30 kilos de votre poids, et plus si vous le pouvez.
- Ajoutez des électrolytes à votre eau aussi souvent que possible.
- Réduisez ou éliminez votre consommation de caféine, de soda et d'alcool. Ces trois substances peuvent déshydrater. Si vous buvez du café, du soda ou de l'alcool, rééquilibrez votre hydratation en buvant deux verres d'eau pour chaque boisson que vous consommez.
- N'oubliez pas que si nous ne buvons pas assez d'eau, notre système lymphatique ne peut pas évacuer les toxines accumulées dans notre corps. C'est l'une des raisons pour lesquelles une bonne hydratation est essentielle à notre santé globale.
- L'hydratation et la souplesse sont interdépendantes. La rapidité ou la lenteur avec laquelle vous développez des muscles déformables dépend dans une large mesure de votre niveau d'hydratation.

L'EAU DANS NOTRE CORPS

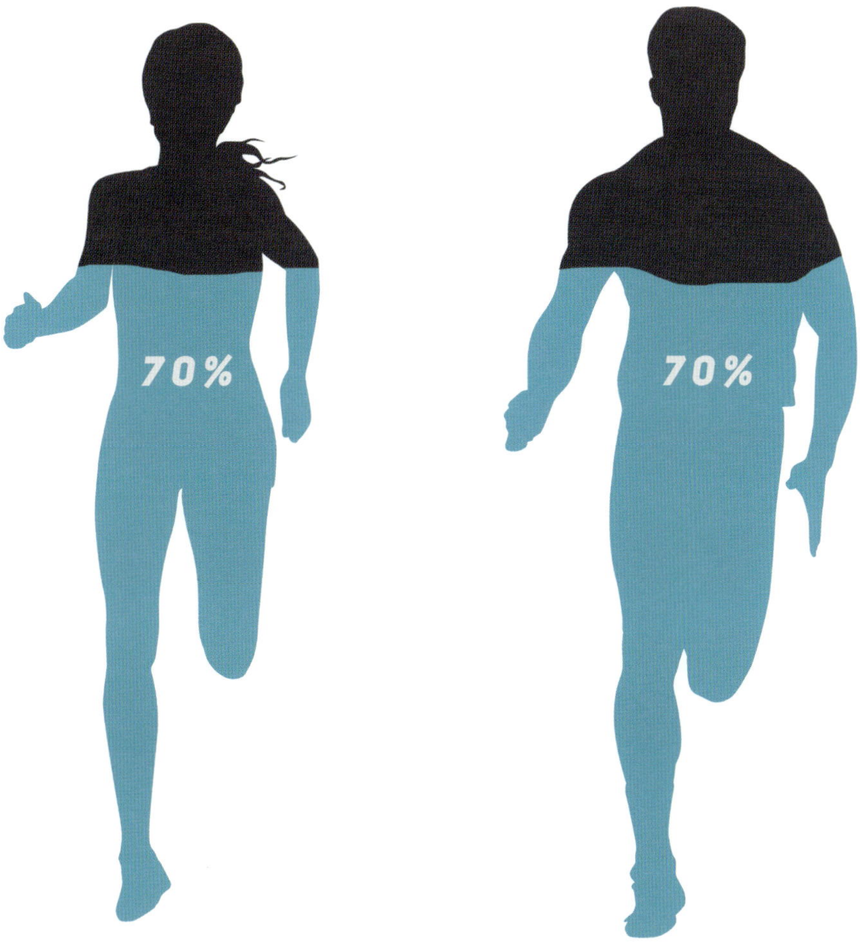

POURQUOI L'HYDRATATION EST IMPORTANTE

Notre corps est composé de 60 à 80 % d'eau, et nos muscles à eux seuls contiennent environ 75 % d'eau. L'eau contribue aux fonctions cérébrales, au bon fonctionnement du métabolisme, de la digestion et des reins, à la circulation de l'oxygène dans le sang, à la lubrification des articulations et au bon fonctionnement des muscles. Une bonne hydratation permet de rétablir le pourcentage naturel d'eau du corps tout en créant une pliabilité optimale.

CHAPITRE 8

NUTRITION

Voici ce à quoi ressemble un régime sain pour moi.

VOUS AVEZ DÉSORMAIS COMPRIS, JE L'ESPÈRE, QUE LA PLIABILITÉ NE SE LIMITE PAS À UN TRAVAIL MUSCULAIRE PROFOND ET CIBLÉ. VOUS POUVEZ FAIRE DES SÉANCES DE PLIABILITÉ ET VOUS ENTRAÎNER TOUS LES JOURS, MAIS SI VOUS NE FAITES PAS ATTENTION À CE QUE VOUS INGÉREZ, OU SI VOUS IGNOREZ LE RAPPORT ENTRE UNE BONNE ALIMENTATION ET DES MUSCLES SAINS, VOUS NE VOUS DONNEZ PAS LES MOYENS D'ATTEINDRE VOTRE PIC DE PERFORMANCE. PEU IMPORTE LE NOMBRE D'HEURES D'ACTIVITÉ PHYSIQUE EFFECTUÉES, CELA N'AURA AUCUNE IMPORTANCE SI VOUS NE MANGEZ PAS LES BONS ALIMENTS ET N'APPORTEZ PAS À VOTRE CORPS LES BONS NUTRIMENTS.

Un point important à retenir renvoie à l'un des principes de la Méthode TB12 – l'équilibre. Vous devez optimiser et maintenir votre pliabilité, même lorsque vous n'êtes pas en salle de sport ou sur le terrain. Pour ce faire, une alimentation adéquate est essentielle. Qui plus est, le type de régime alimentaire que vous choisissez favorisera ou réduira toute inflammation. C'est pourquoi, après la pratique de pliabilité et l'assurance de boire suffisamment d'eau chaque jour, les choix les plus importants que je fais en tant qu'athlète ont rapport à la nutrition.

Pendant la saison, je sais que je serai durement touché tous les dimanches – et que je serai confronté à des traumatismes négatifs involontaires qui entraînent des réactions d'inflammation dans mon corps. Je sais aussi que mon corps va générer des réponses traumatiques pour faire face à la douleur et aux courbatures que je ressens dans ma pratique. Sur le terrain et en dehors, mon objectif est d'éviter toute inflammation superflue qui viendrait s'ajouter à celles que je subis en jouant au football. Tous les lundis après un match, par exemple, toute l'équipe se rend dans la salle de musculation pour faire du développé-couché, des squats et d'autres exercices de musculation. À mon avis, ils créent des traumatismes supplémentaires qui s'ajoutent à « l'accident de voiture », du moins son équivalent, que notre corps a subi moins de vingt-quatre heures auparavant. Sachant que mon corps a besoin de récupérer après un match, je fais attention à la façon dont je m'entraîne le lundi. J'en fais suffisamment pour que ma force reste au top et que mes muscles fonctionnent à cent pour cent, mais je m'abstiens de générer une inflammation supplémentaire. Les jeunes athlètes peuvent s'en tirer avec cette routine en raison de leur pliabilité naturelle. Mais en tant qu'athlète de quarante-trois ans, je dois réfléchir différemment quant à la façon dont j'utilise mon temps, comme nous l'avons vu précédemment.

Cela s'applique également à mon régime alimentaire. Après l'entraînement du lundi, et étant de repos le mardi, beaucoup de joueurs rentrent chez eux et ne pensent pas vraiment à leurs choix nutritionnels. J'étais moi-même dans cette situation au début de la vingtaine. Si je m'entraînais et jouais dur, je me disais que je pouvais être aussi indiscipliné que je le voulais en matière d'alimentation. À l'époque, je ne me souciais guère de ce que je mangeais, tant que je pesais entre 100 et 105 kilos. Bien sûr, toutes les calories ne sont pas égales. Les calories d'une pomme sont différentes de celles d'une tarte aux pommes. Ce sont les nutriments contenus dans cette pomme qui peuvent aider à accélérer la récupération et à réduire l'inflammation, ce qui explique en grande partie pourquoi je peux récupérer du match de dimanche beaucoup plus rapidement que des joueurs qui ont peut-être quinze ou vingt ans de moins que moi.

Certains jeunes joueurs ne se soucient pas trop de la nutrition. Ils pensent qu'ils peuvent manger tout ce qu'ils veulent, et que leur corps va brûler l'excédent. Le problème, c'est qu'en mangeant des aliments inflammatoires, ils mangent des choses qui créent une inflammation supplémentaire issue de la musculation qu'ils ont faite et du match qu'ils ont joué le dimanche. C'est une réponse inflammatoire triplée. Comme je l'ai dit, si je sais que mon corps subira une inflammation tous les dimanches de la saison, la dernière chose que je veux faire est d'ajouter une inflammation supplémentaire – pas si je veux être en forme chaque fois que je vais sur le terrain.

C'est pourquoi, au cours des treize dernières années, j'ai suivi un régime alimentaire assez discipliné. Il consiste à manger des aliments frais, saisonniers et biologiques, de haute qualité et, idéalement, produits localement. Je souscris également à la philosophie et au principe consistant à manger 80 % d'aliments d'origine végétale et 20 % d'aliments d'origine animale. Concrètement, cela signifie que, même si je ne suis pas végétarien, je suis un régime alimentaire sensé, saisonnier, principalement à base de plantes. Ce que nous apprennent les tendances d'écogastronomie et de consommation directe (du producteur au consommateur), c'est que si les aliments que nous mangeons sont cultivés naturellement et localement, et si nous évitons les aliments transformés, nous rendons déjà un grand service à notre corps et à notre esprit. Pour ces raisons, j'essaie de ne manger que des « vrais aliments », c'est-à-dire des aliments qui proviennent de la nature plutôt que de sources industrielles. Une grande partie de ce que nous achetons et mangeons aujourd'hui nous est vendue comme du « naturel », alors que ces produits ne le sont pas, ou alors sont tellement édulcorés ou remplis d'additifs, de produits chimiques et de conservateurs qu'ils n'ont presque plus rien en commun avec le produit d'origine.

Le régime que je suis est un mélange de philosophies orientale et occidentale. Certains de ces principes existent depuis des milliers d'années. Mon régime alimentaire peut sembler restrictif pour certaines personnes, mais pour moi, il n'est pas naturel de manger autrement. De nombreuses personnes ont conditionné leur corps à un régime alimentaire composé de nombreux aliments blancs ou d'apparence pâle – frites, chips, pain blanc, nuggets de poulet – qui n'existent pas dans la nature. Un ami m'a raconté un jour que lorsque son petit garçon s'est vu demander à l'école d'où venait le ketchup, il a répondu « d'une bouteille ». Il n'avait aucune idée que la source du ketchup était censée provenir des tomates. Pourtant, il n'est jamais trop tard pour apprendre aux enfants à bien manger. Si les enfants n'apprennent rien d'autre que le principe de manger plus d'aliments naturels et moins d'aliments transformés ou raffinés, cela ne profitera pas seulement à leur pliabilité, mais contribuera également à réduire les taux d'obésité et les aidera à se sentir en meilleure santé et plus énergiques.

Les principes sur lesquels se base mon régime alimentaire n'ont rien à voir avec les modes ou les tendances. En les passant en revue et, plus important encore, en examinant les détails de mon alimentation, n'oubliez pas que c'est ce qui fonctionne pour moi dans ma vie et mon travail. Tout le monde est différent. Changer un régime alimentaire n'est pas facile – je le sais. Modifiez les choses à votre propre rythme. Comme toujours, essayez de supprimer ou d'ajouter quelque chose ici ou là. Des demi-mesures valent mieux que pas de mesures du tout. Essayez de trouver ce qui fonctionne le mieux pour vous, et si cela vous donne plus d'énergie ou améliore vos performances, vous êtes sur la bonne voie.

Évidemment, les légumes occupent une place très importante dans mon alimentation.

DIRECTIVES GÉNÉRALES

LES CHOSES À FAIRE

MANGEZ AUTANT D'ALIMENTS NATURELS, BIOLOGIQUES ET LOCAUX QUE POSSIBLE

Je mange des aliments aussi frais que possible, et la plupart du temps, je choisis de manger des aliments biologiques. Leur teneur en nutriments est souvent plus élevée que celle des aliments que vous trouvez au supermarché, et les aliments biologiques ne contiennent aucun des pesticides, conservateurs, stabilisateurs, hormones de croissance et autres produits chimiques que l'industrie alimentaire utilise pour cultiver et conserver les aliments. Même si vous ne consommez qu'un faible pourcentage d'aliments biologiques, vous constaterez que vous avez plus d'énergie et que vous vous sentez mieux. Pourquoi ? Parce que les produits chimiques contenus dans certains aliments industriels stimulent des substances chimiques naturelles dans notre cerveau qui bloquent la leptine, une protéine qui régit notre métabolisme et qui crée une sensation de « satiété » pendant les repas. En gros, les produits chimiques que les entreprises alimentaires mettent dans nos aliments augmentent les envies de manger. Notre cerveau ne s'éteint jamais. Il a toujours faim. Les aliments denses en nutriments et riches en fibres, en revanche, non seulement nous donnent plus d'énergie, mais, grâce à leur teneur en fibres naturelles, nous font nous sentir rassasiés plus rapidement, et avec des portions plus petites.

S'il n'est pas possible de manger des aliments 100 % biologiques, concentrez-vous plutôt sur la consommation d'aliments naturels, que vous les achetiez au supermarché, dans une ferme ou dans le cadre d'une coopérative. La plupart des aliments vendus localement sont naturels, et la plupart du temps assez proches de l'alimentation biologique – la différence étant que les agriculteurs locaux n'ont peut-être pas consacré le temps, les dépenses et la paperasserie nécessaires pour obtenir la certification biologique officielle du ministère de l'Agriculture. Les aliments naturels sont également locaux et saisonniers. Contrairement aux aliments industriels transformés (qui mettent de vieilles choses ou de vieux ingrédients dans de nouveaux produits ou emballages et qui ont tendance à être plus riches en sucres, en graisse et en sel – et qui contiennent souvent des ingrédients que nous n'arrivons pas prononcer), les aliments naturels ne changent jamais et en manger reste le plus logique – les humains mangent des légumes, des fruits, de la viande et du poisson depuis des siècles. C'est sans doute évident mais, que vous achetiez des fruits et des légumes au supermarché ou dans un magasin bio, lavez-les toujours avant de les manger.

MANGEZ SURTOUT DES LÉGUMES

Les légumes sont riches en nutriments, en fibres et en enzymes. J'essaie d'en manger autant que possible à chaque repas. J'essaie également de manger un certain pourcentage de légumes, crus ou légèrement cuits à la vapeur. Les légumes atténuent l'inflammation – et créent des muscles plus sains, ce qui entraîne une pliabilité optimale et aide à maintenir une grande vitalité et un pic de performance.

Un régime nutritionnel à base d'aliments complets et de plantes est centré sur les légumes, les fruits, les céréales complètes et les légumineuses. Il limite la viande et le poisson, les produits laitiers et tous les aliments raffinés et transformés, y compris les farines, les sucres et les huiles. Lorsque les gens me demandent si je suis végétalien ou végétarien, je leur réponds : non, absolument pas. Je me concentre peut-être sur les plantes et les légumes, mais je mange aussi de la viande, du poulet et du poisson en quantités limitées. Je suis plutôt favorable à l'équilibre. Si, à l'école primaire, nous avons tous appris à manger de manière équilibrée, nous avons aujourd'hui une meilleure idée de la manière d'atteindre cet équilibre et nous savons mieux faire la différence entre les aliments naturels et les aliments transformés ou raffinés.

Que la nourriture soit
ta première médecine.

—HIPPOCRATE

Les légumes verts à feuilles regorgent de vitamines et d'anti-oxydants. J'essaie d'en manger le plus possible.

MANGEZ DES ALIMENTS LOCAUX LORSQUE C'EST POSSIBLE

En général, plus les aliments sont locaux, mieux c'est. Les fruits et légumes que vous voyez au supermarché ont été transportés sur une distance de 2 500 à 3 000 kilomètres en moyenne. Ils ont été emballés dans du polystyrène, mis dans des camions et des avions, et lorsque vous les voyez sur les étagères, ils ont entre une semaine et dix jours – et la pomme moyenne en vente dans une épicerie américaine a été cueillie il y a dix mois. Il y a de fortes chances que cette pomme ait été congelée et décongelée au moins une fois. Les sols américains étant déjà dépourvus de nutriments, les vitamines et les minéraux contenus dans les fruits et légumes que nous achetons sont déjà dégradés. Lorsque la nourriture voyage, elle commence une mort longue et lente. Celle-ci épuise les nutriments des aliments que nous mangeons, ainsi notre corps n'est jamais vraiment nourri avec ce dont nous avons besoin pour une santé optimale.

Mes habitudes alimentaires sont fondées sur un principe simple : je veux manger de façon à maximiser la valeur nutritionnelle des aliments. Plus ceux-ci sont frais, plus mon alimentation est concentrée, et plus ils sont locaux et bio, plus c'est bénéfique pour moi. Je sais que les produits locaux et bio coûtent souvent plus cher, mais je suis sûr que je compense cette différence de prix par une diminution des frais de santé sur le long terme. Et, plus important encore, je me sens mieux et j'ai de meilleures performances depuis que je mange plus sainement. Il est impossible de manger les meilleurs aliments en achetant les moins chers possible. Manger sainement est un investissement que je fais pour moi-même. Nous avons tous un corps et une vie. Je me suis fixé comme priorité de traiter ce corps et cette vie avec autant de respect que possible.

MANGEZ DES PRODUITS DE SAISON

D'après mon expérience, mon corps a besoin de différents aliments et y réagit différemment en fonction du climat où je vis, mais aussi de la saison. Je sais, par exemple, que suivre un régime alimentaire essentiellement végétal est bon pour ma santé, mais c'est parce que je vis en Floride la majeure partie de l'année. Si je vivais dans un endroit comme l'Alaska, où le climat est plus froid et plus sombre pendant une plus longue période de l'année, mon régime alimentaire devrait être modifié pour intégrer un pourcentage plus élevé de graisses et de protéines, qui contrebalanceraient les températures froides extérieures. Tout est question d'équilibre. C'est pourquoi votre environnement, et ce que vous demandez à votre corps de faire, jouent un rôle important dans le choix du régime alimentaire qui vous convient le mieux.

Dans certaines traditions médicales, certains aliments aux « propriétés chaudes » sont plus riches en graisses et en protéines, tandis que d'autres aliments, dits aux « propriétés froides », sont plus pauvres en graisses. Lors des chaudes journées d'été, il est plus naturel de cuisiner ou de manger des aliments légers ou « frais », comme la salade ou les fruits. Les jours plus froids, nos envies se tournent naturellement vers les ragoûts ou les soupes. Les concombres, les asperges, les avocats, les brocolis et le céleri sont quelques aliments de saison chaude qui rafraîchissent le corps. Les légumes racines, le fenouil, l'avoine, le quinoa et le rutabaga figurent sur la liste des aliments de saison froide. Certains aliments se situent entre les deux. Ils ne sont ni chauds ni froids et sont considérés comme neutres : abricots, betteraves, raisins, haricots verts, lentilles, ananas, pommes de terre et framboises. Ces principes sont vieux de plusieurs milliers d'années et découlent d'une logique intuitive.

Une bonne règle de base est d'observer les saisons et de manger les aliments disponibles localement dans le climat où vous vivez. Les légumes de printemps au printemps. Les légumes d'automne en automne. Si un aliment vous semble plus « estival » et un autre plus « hivernal », c'est que c'est probablement le cas. Une fois que j'ai compris ce concept, je suis devenu plus conscient de ce que je mangeais et de quand je le mangeais, et pourquoi il était préférable de manger plus de viande en hiver qu'en été. Lorsque j'ai pu sentir la différence dans mon corps, cette habitude est restée. En résumé, j'essaie de manger de manière aussi saisonnière que possible. Ce régime alimentaire fonctionne pour moi, et je pense qu'il devrait fonctionner pour vous aussi. Mais encore une fois, prenez votre temps. Il est difficile d'apporter des changements à son alimentation, alors commencez lentement pour construire des résultats positifs.

CONSOMMEZ DES ACIDES GRAS ESSENTIELS

Beaucoup pensent que les meilleures sources de graisses alimentaires sont les acides gras essentiels, en particulier les acides gras oméga-3 et oméga-6. On les trouve dans les sardines, le gibier, les graines et l'huile de lin, les noix, les graines de citrouille et les graines de chia. Les médias et les régimes les plus connus voudraient nous faire croire que la graisse est l'ennemi, mais en vérité, notre corps a besoin d'un certain pourcentage quotidien de graisses. Les graisses créent une isolation dans notre corps, stabilisent notre température corporelle, nous donnent plus d'énergie et nous aident à absorber les vitamines liposolubles. Mieux encore, elles agissent comme des anti-inflammatoires naturels. Il a été démontré que les acides gras oméga-3, qui sont concentrés dans le cerveau, améliorent à la fois la mémoire et les performances.

MANGEZ DES ALIMENTS RICHES EN FIBRES

Outre les acides gras essentiels, je veille à ce que mon alimentation contienne beaucoup de fibres. Les meilleures sources de fibres sont les fruits, les légumes, le son, les flocons d'avoine, les légumineuses, les céréales complètes et divers autres glucides complexes. Les régimes riches en fibres sont associés à une réduction de l'incidence des maladies cardiaques, de l'hypertension artérielle, de certains types de cancer et de troubles gastro-intestinaux.

MANGEZ VARIÉ

J'essaie de manger une variété d'aliments aussi large que possible chaque jour. Chaque aliment contient ses propres nutriments et minéraux, et aucun aliment ne peut à lui seul apporter à votre corps exactement ce dont il a besoin. Même si vous mangez des épinards trois fois par jour, vous vous privez de dizaines d'autres nutriments dont votre corps a besoin pour être en parfaite santé. De même que les épinards ne sont pas les seuls légumes, un morceau de viande de bœuf n'apporte pas toutes les protéines dont vous avez besoin. En variant les aliments que vous mangez, vous évitez également l'ennui. Dans le cadre de la Méthode TB12, j'ai créé une gamme d'en-cas

Soyez créatif avec ce que vous mangez.

Les fruits sont un ingrédient essentiel de mes smoothies matinaux. Je grignote aussi des fruits tout au long de la journée.

sains et de barres protéinées qui m'aident à faire le plein d'énergie entre les repas. Ils sont crus, riches en nutriments et font partie intégrante de mon alimentation.

LES ALIMENTS À LIMITER OU ÉVITER : LES CHOSES À NE PAS FAIRE

ÉVITER LES GLUCIDES RAFFINÉS

Les effets négatifs d'une consommation excessive de glucides raffinés, que l'on trouve dans la malbouffe et les fast-foods, comprennent une production excessive d'insuline, un stockage excessif des graisses et un taux de glycémie élevé. J'essaie de maintenir mes taux d'insuline équilibrés, car plus ils sont stables, plus mes taux d'inflammation sont faibles. C'est pourquoi j'essaie d'éviter de manger tout ce qui se trouve dans une boîte ou un sachet, ainsi que les aliments contenant de la farine blanche ou des sucres ajoutés. Cela signifie que j'essaie de limiter les céréales, le pain blanc, le riz blanc, les pâtes, les gâteaux et les biscuits. Moins d'inflammations, c'est la clef pour moi.

ÉVITEZ LES MAUVAISES GRAISSES

Les acides gras trans et les graisses saturées se trouvent tous deux dans les huiles hydrogénées, qui sont utilisées dans la production industrielle de biscuits, de beurre de cacahuète, de céréales pour le petit déjeuner et de viandes transformées comme le bacon, les saucisses et les hot-dogs. L'hydrogénation est le processus qui consiste à transformer des huiles saines en solides pour les empêcher de se détériorer. En fait, les graisses trans sont la pire sorte de gras qui soit. Si des huiles hydrogénées ou partiellement hydrogénées figurent sur la liste des ingrédients d'une étiquette, essayez d'éviter ce produit. (Si un aliment contient moins de 0,5 gramme de graisse trans par portion, la loi autorise la mention « 0 gramme de graisse trans » sur l'étiquette. Il faut donc toujours lire l'étiquette.) Les graisses trans ne créent pas seulement une inflammation, mais sont également liées aux maladies cardiaques, au diabète et aux accidents vasculaires cérébraux. Les graisses saturées, que l'on trouve dans la viande rouge, le lait, le beurre, le fromage, l'huile de palme et l'huile de coco, augmentent également le risque de maladies cardiaques. Essayez de limiter votre consommation d'aliments qui en contiennent. Je ne mange que très rarement des aliments contenant ces types de graisses.

PRIVILÉGIEZ LES PRODUITS LAITIERS BIOLOGIQUES ET ISSUS D'ANIMAUX NOURRIS À L'HERBE – SINON, LIMITEZ-LES

Les protéines contenues dans les produits laitiers – lait de vache, fromage, crème glacée, yaourt – augmentent l'inflammation du tube digestif et de la glande thyroïde pour certains, ce qui signifie que votre corps est moins capable d'absorber les bons nutriments. Lorsque j'étais enfant, l'industrie laitière a lancé de nombreuses campagnes incitant les gens à boire beaucoup de lait. Vous vous souvenez des moustaches de lait ? J'ai fait cette campagne de pub en 2002 ! Mais aujourd'hui, les recherches montrent clairement que nous devrions consommer des produits laitiers en quantités plus limitées. Les milkshakes, les cheeseburgers et les glaces tous les soirs ne constituent pas un régime alimentaire sain, et certainement pas si vous attendez de votre corps qu'il atteigne les plus hauts niveaux de performance.

LIMITEZ LE SEL

Notre corps a besoin de sel, mais une trop grande quantité fait monter la tension artérielle et nuit à notre capacité à éliminer les toxines et les déchets de nos cellules. Si vous utilisez du sel, goûtez au moins vos aliments avant de les consommer, ou utilisez juste une petite pincée de sel plutôt que d'en abuser. Il y a une grande différence entre assaisonner vos aliments et les aromatiser au point où vous pouvez à peine les goûter. L'un des problèmes que je rencontre avec les aliments qui ne sont pas naturels, c'est que, la plupart du temps, notre palais réagit à l'un des trois ingrédients suivants : sel, sucre ou graisse. Chaque fois que les médias prétendent que certaines des méthodes diététiques que j'applique sont nouvelles ou encore ubuesques, je leur réponds que certains des plus gros annonceurs publicitaires à la télévision et dans les stades où j'ai joué ne cherchent qu'à nous vendre de mauvais produits. Quel message semble le plus sensé ? On voit souvent les publicités pour les sodas ou l'alcool s'infiltrer dans tous les domaines de la culture populaire. Je milite pour une plus grande exposition d'aliments sains dans la publicité pour changer un peu.

L'INDUSTRIE ALIMENTAIRE

La façon dont nous mangeons a davantage changé au cours des cinquante dernières années qu'au cours des dix mille précédentes. Il y a environ quarante mille produits en vente dans un supermarché. La plupart sont fabriqués par l'une des quelque dix multinationales qui contrôlent le système alimentaire industriel américain, lequel se chiffre en milliards de dollars.

La plupart des gens définissent la « nourriture » comme toute substance que nous mangeons et qui fournit des protéines, des graisses, des glucides, des vitamines et des minéraux. Les cellules de notre corps absorbent et métabolisent ces nutriments qui, à leur tour, nous donnent de l'énergie et assurent la croissance continue de nos os et de nos muscles. Mais la plupart des produits que nous achetons au supermarché sont des produits ou des composés semblables à des aliments, commercialisés et vendus comme des « aliments ». Ce ne sont pas des aliments. Ce sont des raffinements ou de pures inventions. Considérez également ce que l'industrie fait aux fruits et légumes. Des pommes vertes, des bananes et des tomates mûries au gaz éthylène sont disponibles toute l'année, mais sont-elles naturelles ? En outre, de nombreuses études montrent que la teneur en minéraux des sols américains n'a cessé de diminuer depuis les années 1950, tout comme la valeur nutritionnelle des fruits et légumes qui poussent dans ces sols.

À mon avis, les entreprises alimentaires ressemblent plus à des entreprises chimiques qu'à autre chose. Mais nous continuons à manger ce qu'elles nous vendent et nous nous demandons ensuite pourquoi les taux de maladies et d'obésité sont si élevés. Notre corps devient toxique lorsque nous ingérons des produits chimiques toxiques. Il suffit d'aller à l'épicerie et de regarder les ingrédients sur une boîte de soupe ou un pot de beurre de cacahuète. Acide ascorbique. Sirop de maïs à haute teneur en fructose. Chlorure de potassium. Acide citrique. Caséinate de sodium. Dioxyde de silicium. Gomme de xanthine. Carbonate de sodium de curcuma. Phosphate monopotassique. Huiles végétales entièrement hydrogénées. Et bien sûr, il y a le génie génétique. Est-ce que tout ça ressemble à quelque chose que vous voudriez manger ? Pour moi, ça ressemble à une expérience de chimie.

Quand je pense « nourriture », j'imagine un avocat, une banane, une salade, une poignée de noix ou un morceau de poisson. Je n'imagine pas une boîte de céréales, un pot de margarine, une boîte de beignets, un paquet de chips ou quoi que ce soit d'autre fabriqué avec du sel, du sucre, de la graisse, des additifs, des stabilisants et des produits chimiques. La nourriture doit avoir l'apparence, l'odeur et le goût de la nourriture. Je ne dis pas qu'il ne faut jamais manger les aliments que je viens de mentionner, car je sais qu'ils ont bon goût (et sont bien mis en avant par la publicité). Mais essayez de les limiter et de manger davantage d'aliments naturels, bio et locaux.

LIMITER LES ALIMENTS INFLAMMATOIRES

En tant que quarterback de la NFL, je dois faire tout mon possible pour maximiser ma pliabilité et minimiser les inflammations, même minimes. Pour cette raison, j'évite les ingrédients qui peuvent contribuer à l'inflammation, comme les sucres ajoutés et les glucides raffinés, et les aliments pro-inflammatoires comme les viandes transformées et les aliments frits. Encore une fois, mon régime est conçu et adapté au travail que mon corps doit effectuer. Tant que je serai joueur de football américain professionnel, je serai aussi discipliné que possible. À un moment donné de ma vie, il se peut que je me relâche, mais mon régime est devenu si naturel et si ancré que je ne peux pas vraiment imaginer de grands changements à l'avenir. En d'autres termes, j'aime comment je mange et ce que je mange, et je n'ai jamais l'impression de manquer de quelque chose – ce qui m'amène à parler des deux choses que beaucoup d'adultes consomment : la caféine et l'alcool.

LIMITEZ LA CAFÉINE

Près de la moitié des Américains sont accros au café, au thé ou aux sodas. Boire des quantités modérées de café (200 milligrammes de caféine par jour, soit environ deux tasses de café) est inoffensif, mais un excès de caféine peut entraîner toute une série de problèmes de santé, sans parler de la nervosité et du stress. Plus précisément, en grande quantité, la caféine peut déshydrater. Je m'en tiens à l'écart. Nous recommandons aux gens de se limiter à deux petites tasses par jour, et seulement le matin, afin de s'assurer que la caféine n'empêche pas un sommeil réparateur.

LIMITEZ L'ALCOOL

Si vous buvez de l'alcool, faites-le avec modération. L'excès d'alcool est lié à l'hypertension, au diabète, à l'obésité et à l'altération de la fonction hépatique, mais, encore une fois, le plus gros problème pour moi est que l'alcool est un diurétique et donc un déshydratant. L'alcool est également plein de sucre, et pour cette seule raison, il crée une inflammation. De temps en temps, je prends une bière, et quand je suis dans un cadre social, peut-être quelques verres. Mais en général, je ne bois pas d'alcool à table ni en dehors. En fait, à ce stade de ma vie, je ne bois que rarement de l'alcool. Si je le fais, je m'assure de compenser la perte d'hydratation en buvant deux fois cette quantité d'alcool en d'eau le jour suivant.

TAILLE DES PORTIONS

Le morceau de viande, de poulet ou de poisson que vous mangez ne doit pas être plus gros que la taille de votre paume. Il doit être accompagné d'au moins deux paumes de légumes. En règle générale, il est bon de quitter la table avec une sensation de satiété de 75 %. Votre corps pourra ainsi digérer et absorber plus facilement les aliments que vous avez mangés.

Un conseil : si je suis au restaurant et que je commande quelque chose de savoureux, comme du poisson ou un steak, je veille à commander beaucoup de légumes en accompagnement. Je les mange d'abord, et quand j'arrive au steak, je suis déjà bien rassasié. Si je mangeais le steak en premier, il me resterait moins de place pour les légumes. En général, j'essaie de manger d'abord ce qui est bon pour moi, comme les légumes riches en nutriments, et de garder pour la fin ce qui est moins bon pour moi.

SI VOUS NE POUVEZ PAS MANGER CORRECTEMENT

Parfois, je suis dans une situation où il n'est pas possible de manger les choses que je veux. Lorsque ça arrive, je fais du mieux que je peux et je me concentre pour profiter de ma soirée. Si les seules options sur un menu sont des pâtes, une pizza ou même des cheeseburgers, je commanderai un cheeseburger. Mais je n'en commanderai pas deux ou trois. Ou j'en mangerai la moitié. J'aime peut-être le goût, mais je sais que manger des cheeseburgers ou des pizzas ne m'aidera pas à atteindre mes objectifs sportifs. Pour moi, il s'agit d'établir des priorités. Mon régime dépend de ce que je demande à mon corps de faire. À l'arrivée, c'est une question d'équilibre en toutes choses.

QUELLE QUANTITÉ DE SUCRE AJOUTÉ DEVRIEZ-VOUS CONSOMMER CHAQUE JOUR ?

Les fruits et les légumes que nous mangeons nous apportent naturellement beaucoup de sucre. Ces aliments fournissent des vitamines et des minéraux et sont une bonne source de fibres. Pour la plupart des gens, je ne recommanderais pas plus de 25 grammes de sucre ajouté par jour. Encore une fois, j'essaie de limiter le sucre ajouté, car il augmente le taux d'insuline et crée une inflammation. Comme vous le savez maintenant, l'inflammation est l'ennemi du sportif.

DÉLAI ENTRE LES REPAS ET LE SOMMEIL

Essayez de vous donner près de trois heures (ou autant de temps que possible) entre votre dernier repas de la journée et le moment où vous vous couchez. Le taux de combustion métabolique du corps commence à ralentir la nuit, et le sommeil est le moment où notre corps devrait récupérer des activités de la journée. C'est pourquoi manger tard le soir n'est pas une bonne idée. Votre corps ne peut pas se préparer à récupérer lorsqu'il est en train de digérer les aliments que vous venez de manger.

GRIGNOTAGE

Il est normal de grignoter, surtout en fin de matinée et en milieu d'après-midi. Mais si vous avez des envies de manger tout au long de la journée, votre corps vous dit qu'il est en manque de nutriments. Si vous mangez des aliments naturels, votre corps devrait métaboliser les nutriments que vous avez absorbés. Il est préférable de modifier votre régime alimentaire et d'ajouter des repas plus riches en nutriments au cours de la journée. Essayez tout de même de grignoter tout au long de la journée. Cela coupe l'appétit, vous aide à conserver votre énergie et réduit les risques de suralimentation pendant les repas. Je grignote moi-même pas mal tout au long de la journée, et chez TB12, nous avons créé un assortiment de collations afin de disposer de produits sains, mais aussi agréables à manger.

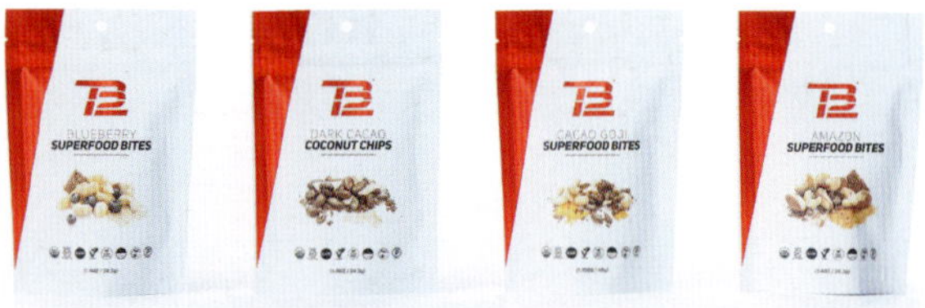

COMPLÉMENTS

Même si vous mangez des aliments frais, issus de l'agriculture biologique, à chaque repas, il peut être difficile de satisfaire vos besoins nutritionnels. Divers autres facteurs peuvent jouer contre vous : la pollution sonore et atmosphérique, les pesticides alimentaires, voire votre propre niveau de stress. Beaucoup de gens n'ont pas accès à des aliments bio ou cultivés localement, et même s'ils parviennent à manger des aliments naturels, ils sont souvent transportés par avion et congelés depuis des entrepôts disséminés tout au long du trajet.

J'aimerais que tout le monde se mette à suivre un régime alimentaire à base de plantes et d'aliments naturels. C'est sûr. Mais tout le monde ne peut pas le faire. Chez TB12, nous utilisons le mot « complément » comme il est censé l'être, c'est-à-dire comme un complément aux aliments que nous mangeons. Les bons compléments ne remplaceront pas un régime alimentaire approprié, mais ils peuvent vous assurer de disposer de ce dont votre corps pourrait manquer.

Je crois fermement à l'utilisation intelligente de certains compléments – ils font partie de ma routine quotidienne depuis 2000. Comme je l'ai dit précédemment, en plus de doses quotidiennes d'électrolytes et de gouttes d'oligo-éléments, je prends également quotidiennement : un complexe multivitaminé, de la vitamine D, un complexe de vitamines B, un antioxydant, des huiles essentielles de poisson, des protéines en poudre, et enfin un probiotique. La Méthode TB12 étant centrée sur la qualité de vie, les compléments que je prends m'aident à atteindre mon pic de performance et à favoriser la régénération musculaire. Chaque fois que je lis des articles de presse mettant en doute les compléments alimentaires ou affirmant qu'ils ne fonctionnent pas, je n'en tiens pas cas. Je fais juste le constat de ma propre expérience et de mes résultats. Aujourd'hui, je fais moins d'exercices de musculation que jamais, et mes muscles sont plus sains que jamais.

COMPLEXE MULTIVITAMINÉ

Un complexe multivitaminé est un bon complément pour les personnes ordinaires comme pour les sportifs. Il complète les vitamines et minéraux de base issus de notre alimentation.

VITAMINE D

La vitamine D aide notre corps à absorber le calcium en régulant la façon dont nous métabolisons aussi bien le calcium que le phosphore. Elle aide nos os et nos dents, et contribue à la régulation de notre système nerveux, de notre santé cardiovasculaire et de la fonction des caillots sanguins. La vitamine D est présente dans le jaune d'œuf, le foie, le lait et les poissons gras comme le saumon, le hareng, le maquereau et les sardines. Si vous avez une carence en vitamine D, vous risquez un ramollissement des os, l'ostéoporose et des spasmes musculaires, c'est pourquoi je prends la dose quotidienne recommandée. Je suggère de prendre de la vitamine D2 et D3.

COMPLEXE DE VITAMINES B

Le complexe de vitamines B, qui est composé d'un groupe de huit vitamines B distinctes, augmente notre énergie en aidant à transformer les aliments en glucose et contribue à la santé de nos systèmes nerveux et immunitaire. Les vitamines B se trouvent dans une variété d'aliments naturels comme les asperges, le brocoli, les légumineuses, les avocats et les bananes.

OLIGO-ÉLÉMENTS

Même si nous mangeons des aliments naturels tous les jours de notre vie, grâce à l'agriculture industrielle, nous ne recevons pas du sol les minéraux dont notre corps a besoin. Les oligo-éléments travaillent aux côtés des vitamines et des nutriments dans notre corps pour réguler les fonctions biologiques, allant de la formation correcte du sang à la production d'énergie en passant par la transmission nerveuse. Les oligo-éléments les plus importants sont le calcium, le cuivre, le magnésium, le bore, le phosphore, le potassium, la silice et le zinc. Ils sont tous dans mes électrolytes TB12, qui sont essentiels pour remplacer les minéraux que je perds en transpirant lorsque je m'entraîne.

ANTIOXYDANTS

J'obtiens la plupart de mes antioxydants grâce aux fruits et légumes – j'apprécie notamment la protection supplémentaire que les antioxydants fournissent. Ils protègent l'organisme des dommages causés par les radicaux libres, qui peuvent provoquer l'athérosclérose et diverses autres affections liées à l'arthrite. Encore une fois, il s'agit de réduire toute sorte d'inflammation.

J'adore manger des grenades le matin – elles constituent une autre grande source d'antioxydants et de vitamines, et m'aident à réduire l'inflammation.

ACIDES GRAS ESSENTIELS

Notre corps a besoin de certains types de graisses pour accomplir les actes de la vie quotidienne. La plupart des gens n'en consomment pas assez, car le mot « graisse » leur fait peur. Notre corps ne produit pas naturellement d'acides gras essentiels, ce qui signifie que nous devons les obtenir par le biais de notre alimentation ou de compléments. Les acides gras essentiels, en particulier le DHA et l'EPA, contribuent à l'énergie, aux fonctions musculo-squelettiques et au métabolisme du calcium, ainsi qu'aux fonctions hormonales, nerveuses et cérébrales. Ils contribuent également à réduire les risques de crise cardiaque, d'hypertension et d'accident vasculaire cérébral, ainsi que l'inflammation générale. Je les ai trouvés très bénéfiques dans ma vie. La meilleure source naturelle vient des poissons gras : essayez d'en consommer deux portions par semaine. Si vous ne pouvez pas obtenir d'acides gras à partir d'aliments naturels, envisagez de prendre un complément. Les autres sources sont les graines de chia, les noix et les huîtres.

POUDRE PROTÉINÉE

Notre corps a besoin d'une certaine quantité de protéines par jour. Chez TB12, nous nous efforçons de produire et d'utiliser uniquement les protéines les plus pures possible et d'éviter l'utilisation de sucre, de graisse, de liants ou de stabilisateurs chaque fois que nous le pouvons. Cela a grandement amélioré ma capacité à maintenir ma masse musculaire tout en faisant moins de la moitié des séances de muscu que je faisais dans ma vingtaine. J'ajoute une à deux cuillères de protéines en poudre à tout ce que je mange, des crêpes aux smoothies, en essayant d'alimenter mon corps en protéines toutes les trois à quatre heures environ.

PROBIOTIQUES

Les probiotiques sont des micro-organismes vivants qui produisent naturellement des enzymes digestives qui aident votre corps à digérer les aliments et à absorber les nutriments qu'ils contiennent. Soixante-dix à quatre-vingts pour cent de votre système immunitaire résident dans vos bactéries intestinales. Les antibiotiques détruisent l'environnement interne de votre estomac et, sur une longue période, peuvent affecter votre digestion. C'est pour cette raison que les probiotiques sont si importants pour moi.

Notre corps a besoin d'une certaine quantité de protéines par jour. Notre complément TB12 d'isolat de protéines de lactosérum est la protéine de lactosérum la plus pure sur le marché aujourd'hui. Il a grandement amélioré ma capacité à maintenir ma masse musculaire tout en faisant moins de cinquante pour cent des séances de musculation que je faisais dans ma vingtaine. J'ajoute une à deux cuillères de poudre de protéines à tout ce que je mange, des crêpes aux smoothies.

COMMENT LIRE UNE ÉTIQUETTE

Toute personne qui est déjà allée dans un magasin spécialisé sait que les compléments alimentaires sont une catégorie assez vaste qui comprend les vitamines, les minéraux, les herbes, les « boissons vertes », les acides gras essentiels et d'autres nutriments qui sont soit dérivés, soit synthétisés à partir de sources alimentaires. Selon la loi de 1994 sur la Santé et l'Éducation en matière de compléments alimentaires, les compléments ne sont pas considérés comme des médicaments, ce qui signifie qu'ils peuvent être mis sur le marché sans que la Food & Drug Administration (FDA) ne les examine au préalable.

Pour choisir les bons compléments, il est important de sélectionner une marque dont les ingrédients sont constitués de concentrés alimentaires – ce qui signifie que ses ingrédients proviennent d'aliments naturels et de plantes –, car le corps les métabolise plus facilement que les composants synthétiques. Essayez d'éviter les compléments qui contiennent des additifs, des colorants, des liants ou tout autre ingrédient inutile. Ces ingrédients sont utilisés parce qu'ils sont moins chers, ce qui permet de réaliser des bénéfices plus importants et d'augmenter les dépenses de marketing, ce qui accroît leur influence. Un véritable cercle vicieux.

L'étiquette d'un complément alimentaire se compose d'une fiche d'identité, d'un descriptif de structure/fonction, de la forme du produit (gel, liquide, gélule), d'un mode d'emploi, d'un panneau d'information, d'une liste d'autres ingrédients, ainsi que du nom et de l'adresse du fabricant. Regardons cela de plus près, et en détail.

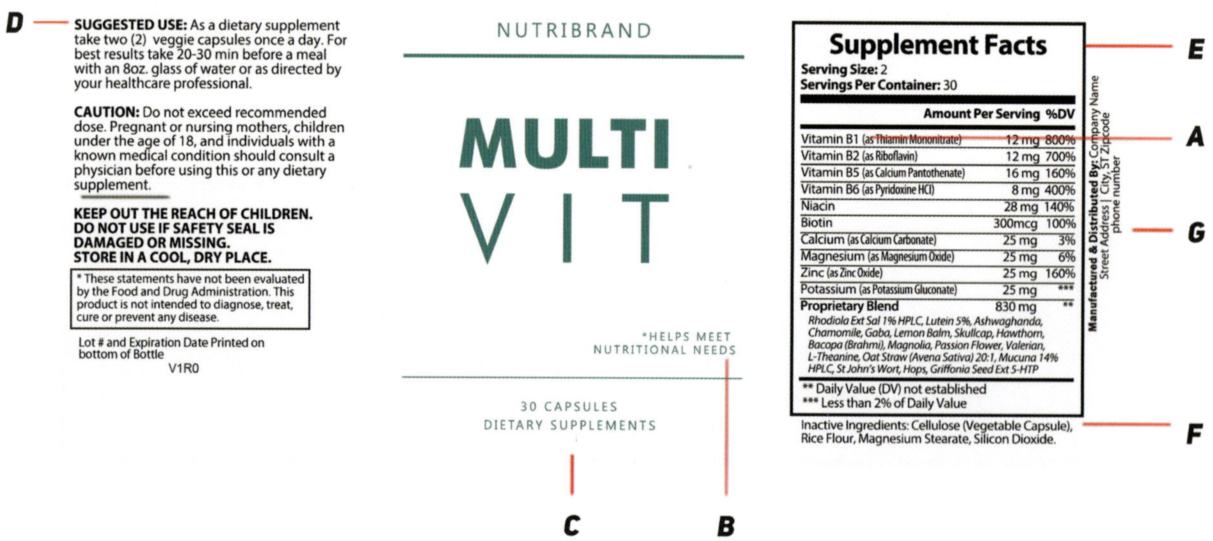

A. FICHE D'IDENTITÉ

La fiche d'identité vous indique le nom du complément, ou ce qu'il est – par exemple, la vitamine D, le complexe de vitamines B ou la mélatonine – et l'identifie comme une vitamine, un minéral, un complément alimentaire, etc.

B. DESCRIPTIF DE STRUCTURE/FONCTION

Ces quelques lignes indiquent ce que fait le complément ou quels sont ses avantages pour la santé. Selon la loi, le descriptif de structure/fonction ne peut pas dire qu'un complément traite ou guérit une maladie, mais elle peut définir le rôle ou la fonction que le complément jouera dans votre corps.

C. FORME DU PRODUIT ET CONTENU NET

Il s'agit d'indiquer si le complément est une gélule, un gel, un liquide ou une poudre, et la quantité contenue dans le flacon.

D. MODE D'EMPLOI

Il s'agit de la façon dont vous êtes censé prendre le produit une fois par jour, deux fois par jour, une fois par semaine, etc.

E. PANNEAU D'INFORMATION

Vous y trouverez la taille de la portion – une gélule, deux comprimés – ainsi que la liste des ingrédients actifs et le pourcentage total de l'apport journalier recommandé que le complément fournit pour chaque ingrédient. S'il y a un astérisque dans la colonne de la valeur quotidienne pour un ingrédient, cela signifie que le fabricant n'a pas déterminé de valeur quotidienne.

F. AUTRES INGRÉDIENTS

Cette liste vous indique quels ingrédients inactifs ont été utilisés pour créer et fabriquer le complément. Vous y trouverez des ingrédients tels que des liants, des agents de remplissage, des enduits, de l'eau et de la gélatine. Encore une fois, essayez d'éviter les compléments contenant trop d'ingrédients inactifs.

G. FABRICANT DU PRODUIT

Comme indiqué, le nom et l'adresse du fabricant.

COMMENT PRENDRE DES COMPLÉMENTS ALIMENTAIRES ?

VÉRIFIEZ AUPRÈS DE VOTRE MÉDECIN AVANT DE PRENDRE DES COMPLÉMENTS

Comme pour toutes les questions relatives à l'alimentation, à la nutrition et à la santé, assurez-vous que votre médecin et votre diététicien soient au courant des quantités de compléments alimentaires que vous prenez. De plus, rappelez à votre médecin tous les médicaments prescrits que vous prenez, car certains compléments peuvent interférer avec les dosages ou provoquer des effets secondaires.

PRENEZ LES COMPLÉMENTS PENDANT LES REPAS

Essayez de ne pas prendre de compléments alimentaires l'estomac vide. Prenez-les pendant les repas, car cela permet à votre corps de les absorber plus facilement. Si vous prenez des vitamines A et E, du bêta-carotène ou des acides gras essentiels, essayez de les prendre avec les aliments les plus riches en graisses. Veillez à ce que les doses que vous prenez soient réparties de façon homogène sur toute la journée. Si vous les prenez d'un seul coup, votre corps risque de ne pas savoir comment réagir.

ÉVITEZ DE PRENDRE DES MINÉRAUX PENDANT DES REPAS RICHES EN FIBRES

Les fibres peuvent interférer avec la capacité de votre corps à absorber les minéraux.

ÉVITEZ DE PRENDRE DES COMPLÉMENTS CONTENANT TROP D'INGRÉDIENTS INACTIFS

Cela signifie qu'il faut lire attentivement l'étiquette et éviter les compléments qui contiennent des édulcorants, des liants, des enrobages, des additifs, des conservateurs ou des sucres ajoutés.

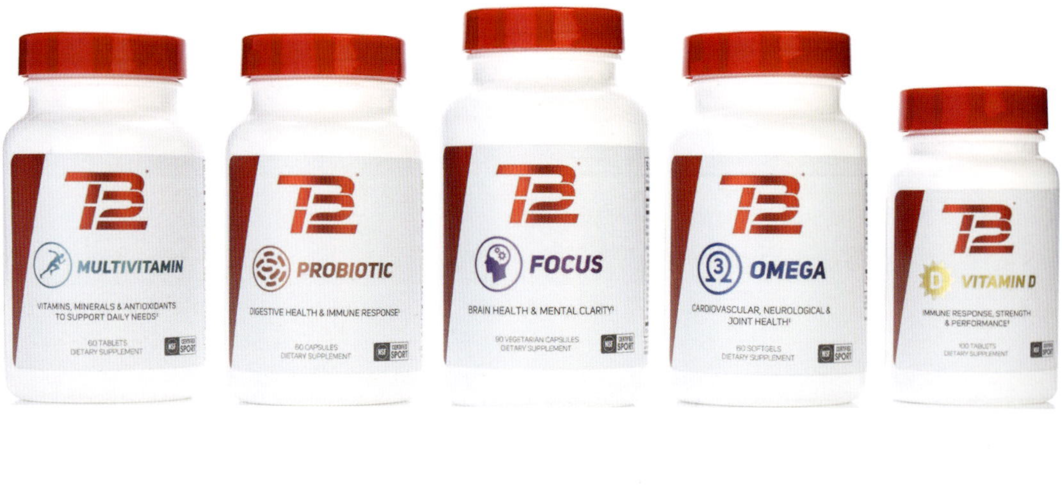

MANGER ET S'ENTRAÎNER : UNE JOURNÉE TYPE

PETIT-DÉJEUNER	6 h 7 h	Je me réveille et je bois immédiatement 600 ml d'eau avec des électrolytes. Je prends une douche, puis je descends me préparer un smoothie particulier. En général, il contient des myrtilles, des bananes, des graines et des noix. Il est dense en nutriments, riche en graisses, en protéines et en calories. Vous pouvez essayer mon smoothie préféré au TB12 Performance & Recovery Center à Boston.
EN-CAS POUR L'ENTRAÎNEMENT	8 h 9 h 10 h	Je m'entraîne. Entre deux séances, je continue à boire beaucoup d'eau avec des électrolytes. Dès que j'ai fini, je bois un shake protéiné – une mesure de poudre de protéines TB12 dans un verre de lait d'amande, avec mes électrolytes TB12.
BOOSTERS D'ÉNERGIE POUR TOUTE LA JOURNÉE	11 h	Si j'en ai envie, avant le déjeuner, je prends des TB12 Snacks, qui sont crus, végétaliens, bio, sans gluten et sans produits laitiers.
DÉJEUNER	12 h 13 h	Pour le déjeuner, je prends souvent un morceau de poisson, mais toujours accompagné de beaucoup de légumes.
BOOSTERS D'ÉNERGIE DANS L'APRÈS-MIDI	14 h 15 h 16 h 17 h	Je peux prendre une autre boisson protéinée, une barre protéinée ou un fruit. Je ne reste jamais longtemps sans grignoter – que ce soit du guacamole, du houmous, des crudités, des noix, des TB12 Snacks ou des fruits – raisins, banane, pomme. Tout au long de la journée, je continue à boire autant d'eau que je peux, toujours avec des électrolytes. Si j'ai fait beaucoup d'efforts, je peux prendre un shake protéiné supplémentaire. Je ne manque jamais de protéines et, certains jours, je prends jusqu'à trois ou quatre cuillères de poudre protéinée.
DÎNER	18 h 19 h	Le dîner est un autre repas riche en nutriments qui doit se composer de beaucoup de légumes. Je n'ai pas pour habitude de boire de thé, mais il m'arrive de boire une tasse de bouillon. Parfois, je prends une autre boisson protéinée le soir si je sais que je dois m'entraîner dur le lendemain matin.

LISTE DE COURSES **TB12**

Tout est lié. Peu importe ce que vous cherchez à accomplir avec votre corps, vous avez besoin d'aliments riches en nutriments pour y parvenir, et si vous ne consommez pas les bonnes choses, vous ne serez pas en mesure de donner le meilleur de vous-même. Les meilleures performances sont le fruit de toutes les décisions que vous prenez. Depuis l'eau que vous buvez jusqu'à la nourriture que vous mangez, en passant par les entraînements que vous faites et le temps que vous passez à dormir, chaque choix compte. Nous avons construit la Liste de Courses TB12 pour vous aider à donner la priorité à la consommation d'aliments complets riches en nutriments, comme les fruits et légumes bio ainsi que les viandes maigres, afin d'apporter à votre corps tout ce dont il a besoin.

POISSONS, VIANDES ET VOLAILLES

Choisissez des viandes et des volailles bio, nourries à l'herbe, élevées en plein air, sans hormones et sans antibiotiques. Le poisson doit être pêché en milieu naturel, sans hormones et sans antibiotiques.

- ☐ PALOURDES, MOULES ET HOMARDS
- ☐ FLÉTAN
- ☐ HARENG
- ☐ MAQUEREAU
- ☐ MAHI MAHI
- ☐ CREVETTES
- ☐ THON FRAIS
- ☐ SAUMON SAUVAGE, FRAIS
- ☐ BŒUF
- ☐ BISON
- ☐ AGNEAU
- ☐ OEUFS – BIO, PROVENANT D'ÉLEVAGES EN PLEIN AIR
- ☐ POULET, SANS LA PEAU
- ☐ DINDE, SANS LA PEAU
- ☐ SARDINES

ÉVITEZ

- x Le bœuf et la volaille d'élevage commercial
- x Le poisson d'élevage
- x Les viandes salées et le jambon
- x Les plats préparés à base de viandes
- x Les viandes transformées comme le bacon, les saucisses, le pepperoni et les hot-dogs

LÉGUMES

Choisissez des légumes frais et bio tels que :

- ☐ LES GERMES DE HARICOTS
- ☐ LES CHOUX DE BRUXELLES
- ☐ BULBES : FENOUIL, AIL, POIREAUX, OIGNONS, ÉCHALOTES…
- ☐ CONCOMBRES
- ☐ FLEURS : ARTICHAUTS, BROCOLIS, CHOUX-FLEURS…
- ☐ HARICOTS VERTS, POIS
- ☐ SALADES ET CHOUX : ROQUETTE, PAK CHOÏ, LAITUE BEURRE, CHOU, BLETTE, CHOU VERT, ENDIVES, CHOU FRISÉ, FEUILLES DE MOUTARDE, SALADE ROMAINE, ÉPINARDS, CRESSON
- ☐ LÉGUMES SURGELÉS : ÉPINARDS, BROCOLI, CHOU-FLEUR, CHOUX DE BRUXELLES
- ☐ CHAMPIGNONS : PORTOBELLO, SHIITAKE, CHAMPIGNON DE PARIS, CRINIÈRE DE LION, ENOKI
- ☐ GOMBO
- ☐ POIVRONS, JALAPEÑOS
- ☐ RACINES : BETTERAVES, CAROTTES, PANAIS, RADIS, NAVETS…
- ☐ COURGES : VERTE, JAUNE, COURGE D'ÉTÉ, BUTTERNUT
- ☐ TIGES : ASPERGES, CÉLERI
- ☐ PATATES DOUCES, IGNAMES, YUCCA
- ☐ RACINE DE TARO, GINGEMBRE
- ☐ TOMATES : ROMA, CERISE
- ☐ COURGETTES

FRUITS

Choisissez des fruits frais et bio tels que :

- ☐ POMMES
- ☐ AVOCATS
- ☐ BANANES
- ☐ BAIES : MÛRES, MYRTILLES, CRANBERRIES, FRAMBOISES, FRAISES...
- ☐ MELONS
- ☐ NOIX DE COCO
- ☐ PAMPLEMOUSSES
- ☐ RAISINS
- ☐ KIWIS
- ☐ LITCHIS
- ☐ CITRONS
- ☐ CITRONS VERTS
- ☐ MANGUES
- ☐ ORANGES
- ☐ PAPAYES
- ☐ FRUITS DE LA PASSION
- ☐ FRUITS À NOYAU : CERISES, PRUNES, ABRICOTS, PÊCHES ET NECTARINES
- ☐ POIRES
- ☐ ANANAS
- ☐ BANANES PLANTAIN
- ☐ GRAINES DE GRENADE
- ☐ FRUITS SECS : ABRICOTS, PRUNEAUX, RAISINS SECS, ETC.
- ☐ PASTÈQUES
- ☐ FRUITS SURGELÉS :
  certains fruits surgelés peuvent remplacer les fruits frais, surtout en hiver lorsque les produits sont difficiles à trouver localement. Nous recommandons les cerises, les myrtilles et les fraises congelées.

HERBES FRAÎCHES

- ☐ BASILIC
- ☐ CIBOULETTE
- ☐ CORIANDRE
- ☐ ANETH
- ☐ MARJOLAINE
- ☐ MENTHE
- ☐ ORIGAN
- ☐ PAPRIKA
- ☐ PERSIL
- ☐ ROMARIN
- ☐ SAUGE
- ☐ THYM

ALIMENTS EN CONSERVE

- ☐ CŒURS D'ARTICHAUTS
- ☐ BOUILLONS : OS, POULET, LÉGUMES
- ☐ BEURRE DE CACAO
- ☐ CÂPRES
- ☐ BEURRE DE NOIX DE COCO
- ☐ BEURRE DE NOIX OU DE GRAINES : AMANDES, NOIX DE CAJOU, GRAINES DE TOURNESOL, ETC.
- ☐ CITROUILLE BIO OU BEURRE DE CITROUILLE
- ☐ TOMATES : CONCASSÉES, À L'ÉTOUFFÉE OU ENTIÈRES

NOIX ET GRAINES

- ☐ AMANDES MARCONA
- ☐ NOIX CRUES : AMANDES, NOIX DE CAJOU, NOIX DE MACADAMIA, PIGNONS DE PIN, NOIX, ETC.
- ☐ GRAINES : CHIA, LIN, CHANVRE, CITROUILLE, TOURNESOL, ETC.

PAIN

- ☐ WRAPS À LA NOIX DE COCO
- ☐ PAIN DE RIZ BRUN MULTIGRAINS SANS GLUTEN
- ☐ PAIN COMPLET SANS GLUTEN
- ☐ PAIN DE BLÉ ENTIER BIO
- ☐ PAIN GERMÉ

NOUILLES/ CÉRÉALES/ ALIMENTS EMBALLÉS

- ☐ HARICOTS : NOIRS, GARBANZO, KIDNEY, PINTO, BLANCS,
- ☐ PÂTES À BASE DE LÉGUMINEUSES : POIS CHICHES, HARICOTS NOIRS
- ☐ LENTILLES
- ☐ QUINOA
- ☐ PÂTES À BASE DE QUINOA
- ☐ NOUILLES SHIRATAKI
- ☐ POIS CASSÉS
- ☐ AVOINE ÉPOINTÉE

FARINE/ PÂTISSERIE

- ☐ FARINE DE BLÉ COMPLET
- ☐ FARINE D'AMANDE
- ☐ BICARBONATE DE SOUDE
- ☐ LEVURE
- ☐ FARINE DE CHIA
- ☐ FARINE DE NOIX DE COCO
- ☐ FARINE DE LIN
- ☐ FARINE D'AVOINE
- ☐ FARINE DE RIZ

ALIMENTS RICHES EN ANTIOXYDANTS

- ☐ POUDRE D'AÇAÏ
- ☐ CACAO : POUDRE ET ÉCLATS
- ☐ POUDRE DE CAMU-CAMU
- ☐ POUDRE DE LÉGUMES VERTS LYOPHILISÉS
- ☐ BAIES DE GOJI
- ☐ POUDRE DE GOJI
- ☐ POUDRE DE LUCUMA
- ☐ RACINE DE MACA
- ☐ POUDRE DE MAQUI
- ☐ POUDRE DE GRENADE

HUILES

- ☐ HUILE D'AMANDE
- ☐ HUILE D'AVOCAT
- ☐ HUILE DE NOIX DE COCO
- ☐ HUILE DE PÉPINS DE RAISIN
- ☐ HUILE DE NOIX DE MACADAMIA
- ☐ HUILE D'OLIVE EXTRA-VIERGE
- ☐ HUILE DE SÉSAME
- ☐ HUILE DE NOIX

CONDIMENTS

- ☐ VINAIGRE BALSAMIQUE
- ☐ MOUTARDE DE DIJON
- ☐ SAUCE SOJA SANS GLUTEN
- ☐ GUACAMOLE
- ☐ SAUCE AU RAIFORT
- ☐ HOUMOUS
- ☐ SALSA
- ☐ SEL DE MER
- ☐ SRIRACHA
- ☐ SAUCE TAMARI

LAIT ET CRÈME

- ☐ AMANDE
- ☐ CRÈME D'AMANDE ET DE NOIX DE CAJOU
- ☐ NOIX DE COCO
- ☐ LAIT BIOLOGIQUE (PRODUCTION LOCALE AUTANT QUE FAIRE SE PEUT)
- ☐ NOISETTE
- ☐ CHANVRE
- ☐ RIZ

ÉDULCORANTS

- ☐ SUCRE DE COCO
- ☐ CONFITURES ET GELÉES BIO (SANS SUCRE AJOUTÉ)
- ☐ SIROP D'ÉRABLE PUR
- ☐ MIEL BRUT ET NON FILTRÉ

EAUX ET BOISSONS

- ☐ EAU DE COCO
- ☐ THÉ VERT
- ☐ TISANE
- ☐ CAFÉ BIO
- ☐ EAU GAZEUSE

EN-CAS

- ☐ CHOCOLAT NOIR (SANS SUCRE AJOUTÉ)
- ☐ FRUITS AVEC DU BEURRE DE NOIX
- ☐ BARRES GRANOLA SANS GRAINS
- ☐ VIANDE SÉCHÉE DE BŒUF (NOURRI EN PÂTURAGE)
- ☐ ŒUFS DURS
- ☐ CHIPS DE CHOU FRISÉ
- ☐ NOIX MÉLANGÉES
- ☐ BARRES PROTÉINÉES TB12 : GOÛT CHOCOLAT ET GOÛT CITRON
- ☐ SNACKS TB12 : PAQUETS SALÉS ET SUCRÉS
- ☐ LÉGUMES ET HOUMOUS

PROTÉINES

- ☐ PROTÉINES VÉGÉTALES TB12 (CHOCOLAT ET VANILLE)
- ☐ ISOLAT DE PROTÉINE DE WHEY TB12

ÉPICES

Gardez ces épices à portée de main :

- ☐ BASILIC
- ☐ POIVRE NOIR
- ☐ POIVRE DE CAYENNE
- ☐ POUDRE DE CHILI
- ☐ CORIANDRE
- ☐ CANNELLE
- ☐ CLOUS DE GIROFLE
- ☐ CORIANDRE
- ☐ CURRY
- ☐ ANETH
- ☐ AIL
- ☐ GINGEMBRE
- ☐ EXTRAIT D'ÉRABLE
- ☐ MARJOLAINE
- ☐ MENTHE
- ☐ ORIGAN
- ☐ NOIX DE MUSCADE
- ☐ PERSIL
- ☐ ROMARIN
- ☐ SAFRAN
- ☐ SAUGE
- ☐ THYM
- ☐ CURCUMA
- ☐ EXTRAIT DE VANILLE

ALIMENTS À ÉVITER

- ☐ ALCOOL
- ☐ CÉRÉALES POUR PETIT DÉJEUNER : ATTENTION AUX SUCRES AJOUTÉS
- ☐ LES CONDIMENTS COMME LE KETCHUP OU LA SAUCE BARBECUE QUI CONTIENNENT DU SUCRE, DES INGRÉDIENTS ARTIFICIELS OU DU SEL EN QUANTITÉS EXCESSIVES
- ☐ LES ALIMENTS QUI CONTIENNENT DES INGRÉDIENTS GÉNÉTIQUEMENT MODIFIÉS
- ☐ LES ALIMENTS QUI CONTIENNENT DU SIROP DE MAÏS À HAUTE TENEUR EN FRUCTOSE OU DES GRAISSES TRANS (HYDROGÉNÉES)
- ☐ LES ALIMENTS QUI CONTIENNENT DU SUCRE, DES ÉDULCORANTS ARTIFICIELS OU DU SOJA
- ☐ JUS DE FRUITS (MÊME 100 % FRAIS !)
- ☐ LA PLUPART DES HUILES DE CUISSON (MAÏS, CARTHAME, CANOLA, SOJA)
- ☐ LES PLATS SURGELÉS TRANSFORMÉS
- ☐ LES COLLATIONS SALÉES ET TRANSFORMÉES (CHIPS : MAÏS, POMMES DE TERRE, TORTILLAS, ETC. ; BRETZELS ; CRACKERS)
- ☐ LES ALIMENTS À BASE DE SOJA TELS QUE LES SNACKS, LES BARRES PROTÉINÉES, LES POUDRES ET LES HUILES
- ☐ EN-CAS SUCRÉS TRANSFORMÉS (GÂTEAUX, BISCUITS, CUPCAKES, BONBONS)
- ☐ BOISSONS SUCRÉES TELLES QUE LA LIMONADE ET LE SODA

ALIMENTS PRO-INFLAMMATOIRES (À ÉVITER AUTANT QUE POSSIBLE)

- ☐ LE SUCRE AJOUTÉ
- ☐ LES ALIMENTS FRITS
- ☐ LES VIANDES TRANSFORMÉES
- ☐ AMIDONS RAFFINÉS

12 MYTHES SUR LE FITNESS ET LA NUTRITION

1. LE MODÈLE MUSCU-CARDIO MARCHE

Le modèle traditionnel muscu-cardio – qui consiste à élever son rythme cardiaque et à soulever des poids – est nécessaire, mais il peut blesser des millions d'athlètes chaque année. La *pliabilité* est le chaînon manquant crucial qui complètera vos entraînements. C'est l'essence même de la Méthode TB12.

2. SI VOUS FAITES DE L'EXERCICE RÉGULIÈREMENT, VOUS POUVEZ MANGER TOUT CE QUE VOUS VOULEZ

Une alimentation riche en sucre, en sel, en graisses, en aliments transformés, raffinés et en fast-food annule bon nombre des avantages de l'exercice physique. Vous ne pouvez pas « compenser » une mauvaise alimentation avec des exercices.

3. SI ON LE TROUVE EN SUPERMARCHÉ, ON PEUT LE MANGER

L'industrie alimentaire industrielle a pour but de commercialiser et de vendre des produits chimiques. Essayez de manger autant que possible des aliments naturels et bio – des aliments frais et locaux qui réduisent les inflammations – et limitez votre consommation de produits chimiques toxiques.

4. LES ALIMENTS BIO SONT TROP CHERS

Vous n'avez qu'un seul corps et qu'une seule vie. Prenez-en soin en mangeant des aliments naturels. Vous aurez tous les avantages d'une meilleure santé et d'une plus grande vitalité, ainsi qu'une réduction des frais médicaux.

5. LES PRODUITS LAITIERS SONT LA SEULE SOURCE DE CALCIUM

Le calcium est un minéral naturellement présent dans le sol. Un régime alimentaire complet, principalement à base de plantes, peut couvrir vos besoins quotidiens en calcium.

6. LA CAFÉINE FAVORISE LES PERFORMANCES SPORTIVES

Pour certains, une dose de caféine avant un match peut améliorer les performances, mais cette approche doit être utilisée à bon escient, c'est-à-dire pas tout le temps. Des niveaux élevés de caféine peuvent être déshydratants, et ses effets cumulatifs peuvent jouer sur l'état des muscles. Sur le long terme, limiter la caféine sera bénéfique pour vos performances.

Le modèle traditionnel muscu-cardio est nécessaire – mais incomplet, car il peut blesser des millions d'athlètes chaque année. La pliabilité est le chaînon manquant – mais n'oubliez pas qu'une alimentation riche en sucre, en sel, en graisses, en aliments transformés, raffinés et en fast-food annule bon nombre des avantages de l'exercice physique. Vous n'avez qu'un seul corps et qu'une seule vie. En vous hydratant correctement et en mangeant des aliments naturels, vous aurez tous les avantages d'une meilleure santé et d'une plus grande vitalité, ainsi que d'une réduction des frais médicaux.

7. LES BANDES DE RÉSISTANCE N'APPORTENT PAS LES MÊMES RÉSULTATS QUE LES POIDS

Les bandes de résistance offrent un meilleur travail fonctionnel du corps comparées aux poids en termes d'élasticité, de résistance, de polyvalence et d'efficacité. Elles permettent également une plus grande amplitude de mouvements ainsi que plus de fluidité. Mieux encore, elles réduisent les risques de blessures car elles limitent les risques de surcharge. De plus, elles sont portables !

8. TOUT LE MONDE DEVRAIT FAIRE TRENTE MINUTES DE CARDIO, SUIVIES DE TRENTE MINUTES DE MUSCULATION

En utilisant des bandes de résistance, il suffit de vingt à trente minutes par jour pour élever votre rythme cardiaque tout en augmentant votre masse musculaire. Travailler plus intelligemment et réaffecter votre temps vous sera bénéfique.

9. BOIRE 3 À 4 VERRES D'EAU PAR JOUR EST SUFFISANT

La plupart des gens sont déshydratés sans le savoir. Vous devriez boire au moins 1 litre d'eau par tranche de 30 kilos de votre poids par jour, avec des électrolytes. Dans l'idéal, vous devriez boire même beaucoup plus.

10. UNE INFLAMMATION EST LE RÉSULTAT D'UNE BLESSURE

Outre les blessures, une inflammation peut trouver son origine dans les aliments que nous mangeons, une hydratation insuffisante, un niveau de stress élevé et des attitudes négatives, pour ne citer que quelques facteurs.

11. VOUS DEVEZ BOIRE DES BOISSONS ÉNERGISANTES CONTENANT DES ÉLECTROLYTES

La teneur élevée en sucre de nombreuses boissons énergisantes vendues dans le commerce peut les rendre contre-productives dans certains cas, surtout pour tout non-sportif qui essaie de mener une vie saine et équilibrée.

12. VOUS OBTENEZ TOUT CE DONT VOUS AVEZ BESOIN GRÂCE À VOTRE ALIMENTATION

C'est possible, mais peu probable, compte tenu de nos vies bien remplies. Les bons compléments alimentaires ne remplaceront pas un bon régime alimentaire, mais ils peuvent aider votre corps en complétant votre alimentation avec ce qui peut lui manquer.

Le temps est un atout pour chacun d'entre nous – et la plupart d'entre nous mènent des vies déjà bien remplies. C'est pourquoi, en plus de manger autant d'aliments naturels que possible, je recommande une utilisation intelligente de compléments alimentaires. Ils ne remplaceront pas un bon régime alimentaire, mais ils peuvent combler des lacunes éventuelles.

RECETTES

Pour cette deuxième édition de la *Méthode TB12,* nous avons mis à jour cette partie du livre en mettant l'accent sur les recettes faciles à réaliser, pleines de nutriments, de saveurs et d'ingrédients frais. Dans les pages qui suivent, vous trouverez douze (plus une en bonus) délicieuses recettes d'en-cas, de salades et de repas à base de plantes, qui vous offrent un éventail de possibilités – selon que vous préfériez manger du poisson, de la viande ou uniquement des légumes. Dans la mesure du possible, nous vous encourageons toujours à intégrer des aliments bio, locaux et de saison.

GUACAMOLE AVEC MORCEAUX À LA TB12

Le guacamole est un élément fondamental du régime TB12. Consommer de l'avocat au quotidien constitue un bon apport en graisses insaturées et peut améliorer votre taux de bon cholestérol. Les avocats contiennent également des fibres, du potassium et de l'acide folique, ainsi que des vitamines B, C et E.

Le guacamole doit être préparé pour être consommé dans la foulée. Passé un certain temps, les enzymes qui provoquent l'oxydation des avocats rendent le guacamole non seulement peu attrayant, mais également amer. Cette recette est prévue pour deux portions, mais vous pouvez facilement doubler ou tripler la recette selon vos envies.

POUR 2 PORTIONS (ENVIRON 230 GRAMMES)
TEMPS DE PRÉPARATION : 10 MINUTES

INGRÉDIENTS

1/4 d'oignon blanc en dés, rincé et égoutté

1 gousse d'ail, finement râpée ou émincée

1/2 cuillère à café de sel de l'Himalaya (voire plus selon vos goûts)

1/4 cuillère à café de coriandre moulue

Zeste d'un citron ou d'un citron vert + 1 cuillère à soupe de jus fraîchement pressé

1 avocat Hass mûr

12 feuilles de basilic frais, roulées et coupées en rubans fins

1/2 jalapeño vert, épépiné et coupé en petits dés, facultatif

PRÉPARATION

Mettez l'oignon, l'ail, le sel, la coriandre et le jus de citron (vert) dans un bol. Ajoutez le zeste de citron au mélange et remuez pour combiner le tout.

Passez votre couteau autour de l'avocat dans le sens de la longueur, en coupant soigneusement jusqu'au noyau. Séparez l'avocat en deux et retirez le noyau. Avec la face coupée vers le haut, découpez l'avocat en cubes. Utilisez une cuillère pour déverser les cubes d'une des moitiés de l'avocat dans le bol, écrasez-les avec une fourchette jusqu'à ce que le mélange soit homogène, puis rajoutez les cubes de la seconde moitié d'avocat ainsi que le basilic puis continuez le mélange, en écrasant légèrement tout en laissant les plus gros morceaux intacts. Incorporez le jalapeño, si vous vous en servez, puis assaisonnez de sel à votre convenance. Servez immédiatement.

Évitez les chips et servez plutôt avec des bâtonnets de légumes ou un de mes toasts de patate douce (page 251) à la place !

TOASTS DE PATATE DOUCE À LA TB12

D'accord, ce n'est pas vraiment un toast, mais c'est un substitut facile à préparer, délicieux et riche en fibres. Une grosse patate douce permet de faire environ deux portions de deux « toasts », mais n'hésitez pas à en préparer plusieurs qui pourront servir d'en-cas pour plus tard !

POUR 2 PORTIONS
TEMPS DE PRÉPARATION : ENVIRON 30 MINUTES

INGRÉDIENTS

1 grosse patate douce, très bien lavée

1 cuillère à soupe d'huile d'avocat bio

1 pincée de sel de l'Himalaya

PRÉPARATION

Préchauffez le four à 200°C. Coupez les pointes de la patate douce, puis découpez-la dans le sens de la longueur en tranches de 0,5-1 cm. Badigeonnez légèrement ces tranches d'huile, assaisonnez-les avec le sel puis placez-les à plat sur une plaque à pâtisserie recouverte de papier cuisson non blanchi. Faites cuire pendant environ 15 minutes, puis retournez les tranches de patate douce et repassez-les au four pendant 10 à 15 minutes supplémentaires. Le temps de cuisson peut varier en fonction de l'épaisseur de vos « toasts », mais ils seront prêts dès qu'ils seront tendres et dorés. Servez-les immédiatement ou, une fois revenus à température, conservez-les dans un récipient hermétique au réfrigérateur. Quand vous voulez les servir, il suffit de les réchauffer dans un grille-pain jusqu'à ce qu'ils soient croustillants, et d'ajouter vos garnitures préférées.

TOAST À L'AVOCAT

Garnissez le « toast » de votre guacamole TB12 (page 249), d'oignon rouge, de tranches de radis, de ciboulette, de flocons de piment et de sel de mer !

TOAST AU HOUMOUS

Garnissez le « toast » de houmous, de tranches de concombre, d'oignon vert haché, d'aneth et de quelques pois chiches croquants.

HOUMOUS FAÇON TB12

Ce houmous lisse et crémeux est rempli de sucres lents, de fibres et d'une grande quantité de protéines pour vous aider à rester rassasié plus longtemps. Ses graisses mono-insaturées et polyinsaturées peuvent contribuer à maintenir votre cerveau en bonne santé, à nourrir vos cellules et à aider votre coeur à fonctionner correctement. En bref, c'est l'en-cas idéal.

POUR 4 À 6 PORTIONS (55-75 GRAMMES PAR PORTION)
TEMPS DE PRÉPARATION : 15 MINUTES

INGRÉDIENTS

250 grammes de pois chiches cuits ou le contenu d'une boîte, égoutté et rincé

1 ou 2 gousses d'ail de taille moyenne

2 oignons verts (parties blanches et vert clair uniquement) hachés

80 grammes de tahini bio de bonne qualité (le tahini peut se séparer ; il est préférable d'utiliser la pâte de tahini, mettez l'huile de côté)

1 citron, jus + zeste

1 cuillère à café de sel de l'Himalaya

1/4 de cuillère à café de cumin moulu

2 cuillères à soupe d'huile d'olive extra-vierge bio

60 ml d'eau de cuisson des pois chiches ou d'eau purifiée, voire plus si nécessaire

Une pincée de paprika fumé

PRÉPARATION

Versez tout, sauf l'huile et l'eau, dans un robot. Mixez pendant environ une minute, puis raclez les bords avec une spatule en silicone et mixez encore pendant environ une minute. Pendant que vous utilisez le robot, incorporez l'huile d'olive, puis l'eau, jusqu'à ce que le mélange soit bien homogène, en continuant à racler les parois si nécessaire. Il vaut mieux un houmous un peu plus crémeux que la normale, car il s'épaissira en refroidissant. Conservez dans un récipient en verre avec un couvercle hermétique et rajoutez un soupçon d'huile d'olive et de paprika.

Ce houmous peut se garder au réfrigérateur jusqu'à quatre jours (mais le nôtre dépasse rarement le deuxième jour) !

VISEZ L'OR

Pour un effet anti-inflammatoire et antioxydant supplémentaire, ajoutez une cuillère à café de poudre de curcuma bio, quelques tranches de gingembre frais pelé et quelques tours de moulin à poivre noir aux pois chiches et aux autres ingrédients avant de les mélanger.

PASSEZ AU VERT !

Pour une saveur et un apport nutritionnel supplémentaires, ajoutez jusqu'à 30 grammes d'herbes fraîches (persil, ciboulette, coriandre ou menthe) ou de légumes verts (épinards, chou frisé ou roquette) et quelques gouttes de jus de citron au mélange avant de le mixer.

ROULEAUX D'ÉTÉ AUX POMMES VERTES TB12

Ces rouleaux de papier de riz peuvent être personnalisés pour correspondre aux goûts de chacun. Nous avons imaginé plusieurs variantes, mais la combinaison utilisée pour cette recette est l'une de nos préférées. C'est une façon amusante de revisiter la combinaison classique entre le beurre de cacahuète et les pommes. N'hésitez pas à utiliser cette base et à expérimenter avec la ou les garnitures de votre choix. Pour un apport supplémentaire en protéines, vous pouvez ajouter quelques morceaux de poulet dans les rouleaux.

POUR 2 À 3 PORTIONS
TEMPS DE PRÉPARATION : 30 MINUTES

INGRÉDIENTS

ROULEAUX D'ÉTÉ

50 grammes de mélange à salade jeunes pousses

50 grammes de salade de chou

60 grammes de mélange d'herbes (coriandre, ciboulette, aneth, basilic, menthe), hachées

4 oignons verts, finement émincés

1 avocat mûr

Jus d'un citron

1 pomme verte

8-10 galettes de papier de riz de 20-23 cm de diamètre

2 cuillères à soupe de graines de chanvre

SAUCE

1 recette complète de vinaigrette thaïlandaise (voir page 260)

60 grammes de beurre d'amande crémeux bio

Quelques tranches de gingembre frais épluché

60 ml de vinaigre de riz brun bio

PRÉPARATION

PRÉPARER LES INGRÉDIENTS... Dans un saladier, mélanger les jeunes pousses, la salade de chou, les herbes et les oignons verts. Dénoyautez et pelez l'avocat, coupez chaque moitié en 4-5 quartiers et enrobez-les de jus de citron. Lavez la pomme, puis découpez-la dans le sens de la longueur (vous pouvez utiliser une mandoline) pour obtenir des tranches d'environ 0,3 cm d'épaisseur, puis coupez chaque tranche en allumettes. Enlevez les pépins et le pédoncule du reste de la pomme, puis mélangez tous les morceaux restants avec deux cuillères à café de jus de citron, gardez de côté et direction les rouleaux !

PUIS LES ROULEAUX... Prenez une poêle plus grande que vos galettes de papier de riz et versez-y environ 5 cm d'eau puis faites chauffer jusqu'à ce que l'eau soit très chaude mais pas bouillante (plus l'eau est chaude, plus vite le papier de riz deviendra souple, ce qui est la clef de cette recette) ! Recouvrez une planche à découper avec du papier absorbant propre et humide, puis placez une galette de papier de riz dans l'eau chaude jusqu'à ce qu'elle soit souple mais encore ferme. Retirez-la et posez-la à plat sur la planche à découper, puis ajoutez une bonne pincée du mélange d'herbes en son centre, puis un quartier d'avocat et environ 6-8 bâtonnets de pomme. Saupoudrez la garniture avec des graines de chanvre, puis saisissez le bord du papier de riz le plus proche de vous et recouvrez la garniture, en repliant chaque côté et en tirant doucement la garniture vers vous pour la resserrer. Continuez à rouler jusqu'à fermer le rouleau (comme pour un petit burrito). Répétez l'opération jusqu'à ce que tous les rouleaux soient terminés. Laissez les rouleaux prendre forme et se raffermir pendant que vous préparez la sauce.

ET ENFIN LA SAUCE… Préparez la vinaigrette thaïlandaise de la recette en page 260, puis ajoutez-y le beurre d'amande, le gingembre et le vinaigre de riz brun et continuez à mélanger jusqu'à ce que le mélange soit lisse. Pour une sauce plus crémeuse, remplacez le vinaigre de riz brun par de la crème de noix de coco non sucrée. Pour une version végétalienne, vous pouvez remplacer la sauce de poisson dans la vinaigrette par des *aminos* de noix de coco, mais cela donnera un goût beaucoup plus sucré à votre sauce.

SALADE CÉSAR AU CHOU FRISÉ À LA TB12

La salade César est sans aucun doute l'une des salades les plus populaires et les plus fréquemment commandées aux États-Unis, mais malheureusement, elle a perdu de son lustre d'antan. Avec cette version, nous éliminons les produits laitiers riches en calories et rajoutons du chou frisé, qui regorge de vitamine C, de calcium, de potassium et de fibres. Nous remplaçons également les croûtons par des pois chiches grillés croustillants. Au cas où, les pois chiches rôtis que vous pouvez trouver dans le commerce feront l'affaire, mais la version maison est tellement plus savoureuse. C'est un plat parfait pour un repas léger à base de plantes, mais pour un plat plus consistant, n'hésitez pas à ajouter de l'avocat, du poulet ou du poisson.

POUR 2 PORTIONS GÉNÉREUSES
TEMPS DE PRÉPARATION : 20 MINUTES SANS POIS CHICHES, 40 MINUTES AVEC POIS CHICHES.

INGRÉDIENTS

SALADE CÉSAR AU CHOU FRISÉ

125 grammes de jeune chou frisé

85 grammes de salade romaine

85 grammes de choux de Bruxelles râpés

60 grammes de pois chiches croustillants (recette ci-dessous) ou de pois chiches cuits industriels.

2 radis rouges, coupés en fines tranches

1 cuillère à soupe de ciboulette hachée

1 cuillère à soupe de pignons de pin ou de graines de chanvre grillées

Sel et poivre noir fraîchement moulu

POIS CHICHES CROQUANTS

250 grammes de pois chiches cuits ou le contenu d'une boîte, égoutté et rincé

1 cuillère à soupe d'huile d'avocat bio

1/4 cuillère à café de sel de l'Himalaya

1/4 cuillère à café d'ail moulu

1/2 cuillère à café de paprika fumé

VINAIGRETTE

55 grammes de noix de cajou crues

80 ml d'eau, plus si nécessaire

2 cuillères à soupe d'huile d'olive extra-vierge bio

1 citron, jus + zeste (environ 2 cuillères à soupe de jus)

1,5 cuillère à café de moutarde de Dijon en grains

1-2 gousses d'ail

1,5 cuillère à café de câpres, rincées

1/2 cuillère à café de sel de l'Himalaya

1/2 cuillère à café de sirop d'érable

PRÉPARATION

RÔTIR LES POIS CHICHES... Préchauffez le four à 200°C. Séchez au maximum les pois chiches avec un essuie-tout propre ou du papier absorbant, car toute humidité les empêcherait de devenir croustillants. Versez les pois chiches séchés dans un bol, arrosez-les d'huile et assaisonnez-les de sel, d'ail en poudre et de paprika. Répartissez-les uniformément sur une plaque à pâtisserie recouverte de papier cuisson non blanchi. Mettez au four et faites cuire pendant 20-25 minutes, en retournant et en secouant la plaque à mi-cuisson. Les pois chiches seront rôtis lorsqu'ils seront légèrement dorés et fermes à l'extérieur mais encore crémeux à l'intérieur. Pendant que les pois chiches rôtissent, préparez la vinaigrette et la salade.

PRÉPARER LA VINAIGRETTE... Versez tous les ingrédients de la vinaigrette dans un robot mixeur et mélangez jusqu'à obtenir une consistance très lisse, en raclant les bords au besoin. Cette recette donnera environ 125 ml de vinaigrette. Notez que la vinaigrette peut être préparée un jour ou deux à l'avance et se conservera jusqu'à 5 jours au réfrigérateur.

PRÉPARER LA SALADE... Dans un saladier, mélangez le chou frisé, la romaine, les choux de Bruxelles, la plupart des pois chiches (une fois prêts), les radis, la ciboulette et les noix ou graines. Ajoutez environ deux tiers de la vinaigrette que vous avez préparée, une pincée de sel, et quelques tours de moulin à poivre noir, et mélangez jusqu'à ce que tout soit bien combiné. Répartissez la salade dans 2 bols et garnissez avec le reste des pois chiches. Ajoutez des assaisonnements et de la vinaigrette selon vos goûts.

Les pois chiches croquants peuvent être préparés un jour ou deux à l'avance et même en plus grande quantité, car les restes constituent un excellente en-cas et peuvent être conservés à température ambiante dans un bocal en verre ou un récipient hermétique. Si les pois chiches perdent leur croquant, il suffit de les faire griller à nouveau pendant environ 5 minutes (mais pour obtenir la meilleure saveur et la meilleure texture, nous recommandons de les manger tout de suite) !

SALADE DE TABOULÉ AU QUINOA TB12

Cette salade riche en vitamine C et en protéines est également pleine d'antioxydants qui peuvent aider à combattre l'inflammation et à faciliter la digestion. Dégustez cette salade comme telle ou avec du houmous et des légumes grillés, des brochettes d'agneau et du tahini à la menthe, ou encore garnie de poisson rôti à la poêle ou de cuisses de poulet au four.

POUR ENVIRON 2-4 PORTIONS (ENVIRON 500 GRAMMES)
TEMPS DE PRÉPARATION : 35 MINUTES

INGRÉDIENTS

SALADE

150 grammes de quinoa cuit (selon la recette ci-dessous, idéalement préparée à l'avance)

60 ml d'huile d'olive extra-vierge bio

2 cuillères à soupe de jus de citron fraîchement pressé

1-2 gousses d'ail, râpées ou émincées

1/2 cuillère à café de sel de l'Himalaya

5 oignons verts coupés en dés

1/2 concombre sans pépins, pelé et coupé en dés

125 grammes de tomates côtelées ou cerises (facultatif), épépinées et coupées en dés

15 grammes de feuilles de menthe fraîche

1/2 botte de persil plat

QUINOA

150 grammes de quinoa blanc

300 ml de bouillon de légumes bio ou d'eau

1 petite gousse d'ail, écrasée, sans peau

1/2 cuillère à café de sel de l'Himalaya

PRÉPARATION

CUISSON DU QUINOA... Rincez le quinoa et passez-le dans un tamis à mailles fines. Dans une casserole de taille moyenne (avec son couvercle), versez le bouillon (ou l'eau), l'ail et le sel et portez à ébullition. Une fois que le liquide bout, incorporez le quinoa, faites revenir à ébullition, puis réduisez la température pour faire mijoter à feu doux et recouvrez la casserole avec son couvercle. Laissez sur le feu pendant environ 15 minutes, puis vérifiez si le quinoa a absorbé tout le liquide, signe qu'il est cuit. Une fois que le quinoa est cuit, éteignez le feu, enlevez le couvercle et laissez reposer 5 minutes de plus pour que le quinoa finisse d'absorber l'humidité résiduelle. Enlevez l'ail et aérez le quinoa avec une fourchette.

Si vous souhaitez servir le quinoa chaud, vous pouvez le garder à température en mettant un couvercle ou vous pouvez le réchauffer plus tard avec un peu de bouillon ou d'eau. Si vous souhaitez servir le quinoa froid, vous pouvez étaler le quinoa chaud sur une plaque de cuisson pour qu'il refroidisse plus rapidement. Notez que le quinoa cuit se conserve environ 5 jours au réfrigérateur.

PRÉPARER LA SALADE... Dans un saladier, mélangez au fouet l'huile d'olive, le jus de citron, l'ail et le sel, puis ajoutez les oignons verts en dés, le concombre, le quinoa cuit et les tomates (si vous en utilisez). Vous pouvez hacher les herbes à la main si vous le souhaitez, ou utiliser un robot ménager pour aller plus vite. Mixez les feuilles de menthe et de persil et raclez les bords au besoin jusqu'à ce qu'elles soient grossièrement hachées (environ 20 coups de bouton), puis incorporez-les au mélange à salade jusqu'à ce qu'elles soient uniformément mélangées. Servez sans attendre.

SALADE DE BŒUF À LA THAÏLANDAISE FAÇON TB12

Cette salade rafraîchissante regorge de saveurs fortes et prenantes. C'est un excellent repas léger comme telle, ou elle peut être associée à nos rouleaux d'été aux pommes vertes (page 254) pour un festin tout droit venu de Thaïlande. Qui plus est, c'est un plat incroyablement rapide et facile à préparer. Je ne mets pas de tomates dans ma version de la recette, mais vous pouvez les ajouter si vous aimez.

POUR 2 PORTIONS COMME PLAT PRINCIPAL
TEMPS DE PRÉPARATION : 30 MINUTES

INGRÉDIENTS

VINAIGRETTE THAÏLANDAISE

2,5 cm de gingembre frais, pelé et coupé en tranches

2 gousses d'ail

1/4 cuillère à café de poudre d'épices chinoises

1 cuillère à soupe de sirop d'érable bio

2 cuillères à soupe de sauce de poisson

80 ml de jus de citron vert fraîchement pressé

1 petit piment thaï ou serrano, finement tranché, ou une pincée de poivre de Cayenne (facultatif)

VIANDE DE BŒUF

2 filets de bœuf (115 grammes pièce) élevé en pâturage

1/2 cuillère à soupe d'huile d'avocat bio + un peu plus pour badigeonner le boeuf

1 cuillère à café de poudre d'épices chinoises

Sel de l'Himalaya et poivre noir fraîchement moulu.

SALADE

100 grammes de salade de brocoli ou de mélange à salade ordinaire

2-3 échalotes hachées

1/2 concombre sans pépins, coupé en deux dans le sens de la longueur puis en tranches

1 botte de coriandre (feuilles et tiges), grossièrement hachée

7-8 grammes de feuilles de menthe, grossièrement hachées

7-8 grammes de feuilles de basilic thaï ou ordinaire, roulées et finement tranchées

75 grammes de tomates cerises ou rondes, coupées en deux

2 cuillères à soupe de noix de cajou grillées, grossièrement hachées.

PRÉPARATION

PRÉPARER LA VINAIGRETTE... Mettez tous les ingrédients de la vinaigrette dans un mixeur et mixez jusqu'à obtenir une texture lisse. Vous pouvez décliner cette recette selon votre préférence salé/sucré à l'aide du jus de citron vert et de la sauce de poisson.

CUISSON DU BŒUF... Préchauffez une poêle à feu moyen, puis badigeonnez légèrement le boeuf d'huile et saupoudrez-le de poudre d'épices, de sel et de poivre, le tout de façon uniforme. Versez l'huile dans la poêle et remuez-la pour que l'huile se répande de façon égale sur toute la surface, puis saisissez le boeuf pendant 3 à 4 minutes de chaque côté. Laissez ensuite reposer le boeuf hors de la poêle pendant au moins 5 minutes avant de le trancher.

PRÉPARER LA SALADE... Mettez tous les ingrédients, sauf les noix de cajou, dans un saladier et mélangez l'ensemble avec la vinaigrette. Coupez le boeuf en fines tranches (contre le grain) et rajoutez-le à la salade. Mélangez et répartissez la salade dans deux bols, et vous pouvez enfin garnir avec les noix de cajou hachées.

TACO DE POISSON TB12

J'ai grandi en Californie, et par conséquent, les tacos de poisson ont toujours tenu une place spéciale dans mon cœur (et mon estomac !). En voici une variante savoureuse, sans maïs ni produits laitiers, si vous avez une fringale de tacos.

POUR 2 PORTIONS
TEMPS DE PRÉPARATION : 5 MINUTES DE PRÉPARATION + 35 MINUTES DE TEMPS EFFECTIF

INGRÉDIENTS

HARICOTS NOIRS BRAISÉS

1 cuillère à café d'huile de pépins de raisin bio
1/2 oignon blanc moyen, coupé en dés
1/2 cuillère à café de cumin
1/2 cuillère à café de poudre de chili
Quelques tours de moulin à poivre noir
1 gousse d'ail, émincée
1 boîte de haricots noirs bio, égouttés et rincés, ou 250 grammes de haricots noirs cuits
240 ml de bouillon de légumes bio ou d'eau
1/2 cuillère à café de vinaigre de cidre
3/4 cuillère à café de sel de l'Himalaya

CRÈME DE CITRON VERT ET CORIANDRE

60 grammes de tahini
1 gousse d'ail
1 cuillère à café de miel
1 bouquet de coriandre fraîche
3 cuillères à soupe de jus de citron vert fraîchement pressé + le zeste d'un citron vert
1/2 cuillère à café de sel de l'Himalaya
1/4 cuillère à café de cumin
80 ml d'eau chaude
1/2 jalapeño frais, épépiné (facultatif)

SALADE

150 grammes de salade de chou
1/2 petit oignon rouge, coupé en julienne
15 grammes de coriandre hachée
1 cuillère à soupe d'aneth frais, haché
1 cuillère à soupe de jus de citron vert
2 cuillères à soupe d'huile d'olive extra-vierge bio
1/4 de cuillère à café de sel de l'Himalaya
2 cuillères à soupe de graines de citrouille, grillées

POISSON

2 filets de poisson blanc frais, 120 grammes pièce (cabillaud, haddock, mahi mahi)
1 cuillère à soupe + 1 cuillère à café d'huile d'avocat bio
1/2 cuillère à café de fenouil moulu
1/2 cuillère à café de coriandre moulue
1/4 cuillère à café de poudre de chili
1/4 de cuillère à café de sel de mer
1/4 cuillère à café de poivre noir

GARNITURES AU CHOIX

Tranches d'avocat ou guacamole avec morceaux (page 249)
Tranches de radis
Tomates cerises
Coriandre

PRÉPARATION

CUIRE LES HARICOTS... Préchauffez une petite casserole (avec son couvercle) à feu doux. Ajoutez l'huile, puis les oignons et faites revenir pendant quelques minutes, en remuant constamment. Ajoutez le cumin, la poudre de chili, le poivre noir et l'ail en continuant à remuer pendant environ 1 minute, puis ajoutez les haricots, le bouillon, le vinaigre et le sel, et portez le tout à ébullition. Remuez et couvrez, laissez cuire à petit feu pendant 10 minutes. Enlevez ensuite le couvercle et laissez sur le feu 5 minutes de plus jusqu'à ce que le liquide soit réduit de moitié. Assaisonnez à votre convenance. Pendant que les haricots finissent de cuire, préparez la crème, la salade et le poisson. Les haricots peuvent être préparés à l'avance et réchauffés.

PRÉPARER LA CRÈME DE CITRON VERT ET CORIANDRE... Versez tous les ingrédients dans le mixeur et mélangez jusqu'à ce que le tout soit homogène. Assaisonnez à votre convenance.

PRÉPARER LA SALADE... Dans un saladier, mélangez tous les ingrédients sauf les graines de citrouille. Juste avant la mise en plat, rajoutez les graines de citrouille pour qu'elles soient toujours croustillantes. Mettez de côté.

PRÉPARER LE POISSON... Épongez les filets de poisson et mettez-les dans un bol. Arrosez-les d'un filet d'huile, puis enrobez-les de fenouil, de coriandre, de poudre de chili, de sel et de poivre, en utilisant vos mains pour répartir le mélange de façon uniforme. Mettez de côté.

CUIRE LE POISSON... Faites chauffer une poêle antiadhésive à feu moyen. Une fois que la poêle est chaude, ajoutez l'huile en remuant pour qu'elle se répande de façon égale sur toute la surface, puis ajoutez le poisson et faites-le cuire pendant environ 4 minutes, jusqu'à ce qu'une croûte se forme. Retournez le poisson et continuez la cuisson pendant 3 à 4 minutes de plus, jusqu'à ce qu'il soit bien cuit. Laissez reposer – le poisson continuera à cuire pendant encore une minute ou deux hors de la poêle. Remarque : le temps de cuisson peut varier en fonction de l'épaisseur du poisson. Pour vérifier la cuisson, appuyez avec le doigt sur la partie la plus épaisse – si elle ne s'émiette pas, le morceau a probablement encore besoin d'une minute ou deux.

COMMENT SERVIR VOTRE TACO ? Dans deux grands bols, déposez (à l'aide d'une cuillère rainurée) environ la moitié des haricots d'un côté et une portion généreuse de salade de l'autre. Déposez un des morceaux de poisson et arrosez le tout de crème de citron vert et coriandre. Rajoutez la garniture de votre choix et servez immédiatement. Pour rendre le plat plus copieux, vous pouvez ajouter 75 grammes de quinoa ou de riz brun cuit dans chaque bol.

BROCOLIS CARAMÉLISÉS AVEC SAUCE ROMESCO FUMÉE À LA TB12

Les brocolis sont non seulement l'un des légumes verts les plus riches en nutriments, ils sont aussi l'un de nos préférés à la maison. Le fait de les caraméliser laisse ressortir toute la douceur naturelle des brocolis, une saveur qui se retrouve accentuée par la forte acidité et l'onctuosité de la sauce romesco.

POUR 2 À 4 PORTIONS
TEMPS DE PRÉPARATION : 30 MINUTES

INGRÉDIENTS

BROCOLIS

1 grosse tête de brocoli (ou 2 petites)

1 cuillère à soupe d'huile d'avocat bio

Sel de l'Himalaya et poivre noir fraîchement moulu

1 cuillère à soupe de ciboulette ou de feuilles d'estragon hachées

ROMESCO FUMÉ

55 grammes d'amandes grillées

2 gousses d'ail

1/2 cuillère à café de sel de l'Himalaya

1 bocal de poivrons rouges grillés, égouttés (mettez l'eau de côté)

60 ml d'huile d'olive extra-vierge bio

1,5 cuillère à soupe de vinaigre de Xérès

1 cuillère à café de paprika fumé

1/2 cuillère à café de chipotle à la sauce adobo, ou plus selon les goûts (facultatif)

PRÉPARATION

PRÉPARER LES BROCOLIS... Portez une grande casserole d'eau à ébullition et découpez la tête de brocoli en quartiers (ou coupez les fleurettes en deux), en enlevant les extrémités les plus grosses. Préparez un saladier d'eau glacée, puis ajoutez les morceaux de brocoli dans l'eau bouillante et faites-les cuire pendant environ 2 minutes. Immédiatement après, plongez-les dans l'eau glacée pendant 1 minute (ou jusqu'à ce qu'ils refroidissent), puis égouttez-les dans une passoire. Cette partie de la recette peut être faite jusqu'à un jour à l'avance. Pendant que les brocolis s'égouttent, préparez la sauce.

PRÉPARER LA SAUCE ROMESCO... Mettez les amandes, l'ail et le sel dans un robot et mixez jusqu'à ce que le mélange soit réduit en fines miettes. Mettez de côté 1 à 2 cuillères à soupe de ces miettes et laissez le reste dans le robot. Ajoutez le reste des ingrédients plus 2 cuillères à soupe de l'eau des poivrons que vous avez conservée et mixez jusqu'à ce que le mélange soit maintenant homogène, en rajoutant un peu plus de liquide si nécessaire. Assaisonnez à votre convenance. Cette sauce peut également être préparée jusqu'à un jour à l'avance.

LA FINITION... Une fois la sauce préparée et les brocolis égouttés, mettez une grande poêle à chauffer à feu moyen. Épongez le brocoli avec un linge de cuisine propre, puis badigeonnez les côtés découpés avec de l'huile d'avocat et assaisonnez légèrement avec du sel et du poivre. Ajoutez le reste de l'huile dans la poêle chaude et remuez-la pour que l'huile se répande de façon égale sur toute la surface, puis ajoutez les brocolis côté plat (découpé) vers le bas en appuyant légèrement avec des pinces de cuisine pour aider à caraméliser uniformément. Continuez la cuisson pendant 4 à 5 minutes, puis retournez le brocoli pour reprendre la cuisson pour environ 1 minute de plus pour une cuisson complète. Transférez dans un saladier et saupoudrez de miettes d'amandes sèches et de fines herbes. Déposez 2 à 3 cuillères à soupe de sauce dans deux assiettes et recouvrez avec les brocolis, puis saupoudrez le reste des miettes d'amandes et des herbes, et servez immédiatement.

Ce plat est parfait pour un repas végétarien léger pour 2 personnes, avec une salade verte en accompagnement. Vous pouvez également le répartir en 4 assiettes et ajouter du poisson, du poulet ou des crevettes grillées et plus de sauce. Notez bien : si vous avez la chance d'avoir fait un trop-plein de sauce, vous pouvez la garder au réfrigérateur jusqu'à une semaine ou bien la congeler pour la garder jusqu'à un mois. Si la sauce se sépare (ce qui peut arriver), remuez simplement avant de servir.

CABILLAUD AVEC SALSA VERDE À LA TB12

La sauce aux câpres et au persil décrite dans cette recette est facile à préparer et se marie avec à peu près tout. Elle est très fraîche et plaît toujours à tout le monde. Dans le cas présent, nous l'avons associée à du cabillaud, mais ce plat peut également être préparé avec du boeuf, du poulet ou des patates douces rôties.

POUR 2 PORTIONS
TEMPS DE PRÉPARATION : 30 MINUTES

INGRÉDIENTS

SALSA VERDE

- 2 cuillères à soupe de câpres, rincées et épongées
- 4 filets d'anchois, rincés et épongés (facultatif)
- 2 gousses d'ail, épluchées
- 1 cuillère à café de moutarde de Dijon en grains
- 2 cuillères à soupe de vinaigre de Xérès
- 1 cuillère à soupe de jus de citron fraîchement pressé + le zeste d'un citron
- 60 ml + 2 cuillères à soupe d'huile d'olive extra-vierge bio
- 1 botte de persil
- 15 grammes de feuilles de menthe

POISSON

- 2 filets de cabillaud frais ou de poisson blanc similaire (environ 120 grammes pièce)
- 1 cuillère à soupe d'huile d'avocat bio
- Sel de l'Himalaya et poivre noir fraîchement moulu

ASPERGES

- 500 grammes d'asperges, épluchées
- 60 ml de bouillon de légumes ou d'eau
- Sel de l'Himalaya et poivre noir fraîchement moulu

SALADE DE FENOUIL

- 1 cuillère à café d'huile d'olive extra-vierge bio
- 1/2 cuillère à café de zeste d'orange
- 1 cuillère à café de jus d'orange
- 1 bulbe de fenouil, avec les frondes
- 1 cuillère à café d'estragon haché
- 1/2 échalote en julienne (facultatif)
- Pincée de sel de l'Himalaya et de poivre noir fraîchement moulu

PRÉPARATION

PRÉPARER LA SALSA VERDE... Mettez tous les ingrédients, à l'exception du persil et de la menthe, dans un robot et mixez jusqu'à ce que le tout soit finement haché, en raclant les bords si besoin est. Ajoutez le persil et les feuilles de menthe et continuez à mixer jusqu'à un obtenir un bon mélange. Goûtez et modifiez l'assaisonnement au besoin. Placez dans un récipient en verre hermétique jusqu'à utilisation.

CUIRE LE POISSON ET LES ASPERGES... Chauffez une poêle antiadhésive (avec son couvercle) à feu moyen. Épongez le poisson, enrobez-le d'une cuillère à café d'huile et assaisonnez avec sel et poivre. Ajoutez le reste de l'huile dans la poêle et remuez-la pour que l'huile se répande de façon égale sur toute la surface. Une fois que l'huile frissonne, ajoutez les filets de poisson et faites-les cuire pendant environ 4 minutes, jusqu'à ce qu'une belle croûte dorée se forme. Retournez ensuite les filets, en laissant un espace entre chaque pièce, et continuez la cuisson pendant 2 minutes de plus. Rajoutez les asperges dans la poêle, puis le bouillon de légumes, et portez à ébullition. Couvrez, baissez le feu sur doux et laissez cuire pendant encore 2 minutes, ou jusqu'à ce que les asperges soient à peine cuites (elles doivent être tendres mais fermes – il les faut juste un peu moins cuites à ce stade, car elles continueront à cuire pendant quelques minutes). Placez les asperges et le poisson dans une assiette et laissez reposer plusieurs minutes pendant que vous préparez la salade de fenouil.

PRÉPARER LA SALADE DE FENOUIL... Dans un petit saladier, mélangez l'huile d'olive, le zeste d'orange et le jus d'orange pour faire une vinaigrette toute simple. Enlevez les parties rugueuses ou fanées du fenouil et coupez-le en deux dans le sens de la longueur. Retirez la partie épaisse, puis découpez le reste du bulbe de fenouil en fines tranches, en vous arrêtant à la base de la tige. Hachez finement les frondes. Incorporez le fenouil, les frondes, l'estragon et l'échalote (si vous vous en servez) dans la vinaigrette et finissez de bien mélanger.

PRÉSENTATION... Disposez les asperges de façon uniforme au milieu de deux assiettes, et recouvrez-les d'une généreuse cuillerée de salsa verde pour ensuite placer le poisson sur la sauce. Garnissez avec la salade de fenouil et servez immédiatement.

CUISSES DE POULET AU FOUR AVEC LENTILLES FAÇON TB12

Il n'y a pas plus simple à préparer que ces cuisses de poulet délicieusement moelleuses. Pour cette recette, nous les servons avec des lentilles vertes remplies de fer, des patates douces et des légumes verts. Pour l'occasion nous utilisons des blettes, mais n'hésitez pas à les remplacer par du chou frisé ou des épinards préalablement lavés. En accompagnement nous servons une petite salade de carottes et de betteraves râpées, avec de la coriandre hachée et un filet de citron.

POUR 4 PORTIONS
TEMPS DE PRÉPARATION : 40 MINUTES

INGRÉDIENTS

POULET

1 cuillère à soupe de miel
1 cuillère à soupe de moutarde de Dijon
1 cuillère à café de vinaigre de cidre
1 cuillère à café de feuilles de thym
1 cuillère à café de garam masala
1/2 cuillère à café de sel de l'Himalaya
4 cuisses de poulet bio élevé en plein air, désossées et sans leur peau (environ 335-450 grammes au total)
60 ml d'huile d'olive extra-vierge bio
1 cuillère à soupe de ciboulette hachée

LENTILLES

1 cuillère à soupe d'huile d'avocat bio
1 petit oignon blanc, coupé en dés
3 gousses d'ail, coupées en petits dés
200 grammes de lentilles vertes, rincées
1 patate douce, épluchée et coupée en cubes de 1,25 cm de côté
1 litre de bouillon de légumes bio ou d'eau
1 cuillère à café de vinaigre de cidre
1/2 cuillère à café de sel de l'Himalaya
1 grosse botte de blettes (environ 260 grammes), lavées, les tiges finement coupées, les feuilles coupées en rubans
1,5 cuillère à café de garam masala
Sel de l'Himalaya et poivre frais moulu à volonté selon les goûts.

PRÉPARATION

CUIRE LE POULET… Placez la grille du four dans le tiers supérieur et préchauffez à 220°C. Dans un bol mélangeur, incorporez le miel, la moutarde de Dijon, le vinaigre, le thym, le garam masala et le sel. Ajoutez le poulet au mélange et faites en sorte de bien l'enrober. Huilez légèrement une plaque à pâtisserie recouverte de papier cuisson non blanchi, puis placez les cuisses de poulet à plat sur la plaque et faites-les cuire pendant 22 minutes sans les retourner. Réglez votre four sur « gril » pour les 3 dernières minutes de cuisson. Pendant que le poulet cuit, préparez les lentilles. Remarque : pour vous assurer que le poulet est bien cuit, laissez-le refroidir quelques minutes, puis piquez-le avec une fourchette. Si les jus sont clairs, le poulet est prêt. Si les jus sont roses ou rouges, remettez le poulet au four pour environ 5 minutes.

PRÉPARER LES LENTILLES… Faites chauffer l'huile d'avocat dans une grande casserole (avec son couvercle) à feu doux, puis ajoutez l'oignon et faites-le revenir pendant environ 3 minutes jusqu'à ce qu'il soit tendre et transparent. Ajoutez l'ail et les lentilles et laissez cuire pendant une minute de plus, puis ajoutez la patate douce, le bouillon, le vinaigre et le sel, en remuant pour combiner le tout. Montez à feu moyen et portez à ébullition, puis baissez le feu pour faire mijoter, recouvrez et laissez cuire pendant environ 18 minutes. Ajoutez les légumes verts et le garam masala, et continuez la cuisson pendant 5 à 7 minutes, jusqu'à ce que les légumes verts soient complètement fanés et que les lentilles soient cuites à point. Assaisonnez à votre convenance. NOTE : si vous utilisez des lentilles du Puy, augmentez le temps de cuisson d'environ 5 minutes.

PRÉSENTATION... Déposez environ un quart des lentilles au centre d'un grand bol, et posez une cuisse de poulet par-dessus. Garnissez avec de la ciboulette. Les restes peuvent se garder au réfrigérateur pendant 3 à 4 jours.

KEBAB D'AGNEAU, VERSION TB12

Les kebabs sont traditionnellement préparés sur des brochettes, mais sont tout aussi délicieux lorsqu'ils sont préparés d'une façon plus simple. Ces galettes d'agneau façon kofta sont une excellente source de protéines complètes, ainsi que de zinc, de fer ainsi que d'acides gras oméga-3.

POUR 2 PORTIONS + GALETTES D'AGNEAU EN RAB.
TEMPS DE PRÉPARATION : ENVIRON 45 MINUTES

INGRÉDIENTS

KEBAB D'AGNEAU

1 petit oignon, pelé et grossièrement haché

1-2 gousses d'ail, émincées

2 cuillères à soupe de coriandre hachée

2 cuillères à soupe de feuilles de persil plat

1 cuillère à soupe de menthe hachée

1 œuf de poule, élevée en liberté

75 grammes de quinoa cuit (de la recette du quinoa, page 259)

2 cuillères à café de garam masala

1 cuillère à café de sel de l'Himalaya

500 grammes de viande d'agneau hachée maigre, nourri en pâturage

1 cuillère à soupe d'huile d'avocat bio

Sel et poivre fraîchement moulu, selon vos goûts

SAUCE TAHINI À LA MENTHE

15 grammes de tahini bio

1 gousse d'ail

1 cuillère à café de miel

15 grammes de feuilles de menthe

3 cuillères à soupe de jus de citron fraîchement pressé

1/2 cuillère à café de sel de l'Himalaya

1/4 cuillère à café de cumin

80 ml d'eau chaude

COURGETTES

2 courgettes, coupées dans le sens de la longueur en tranches d'environ 0,6 cm d'épaisseur.

1 cuillère à soupe d'huile d'avocat bio, pour badigeonner

Pincée de sel de l'Himalaya

Poivre noir fraîchement moulu

1 cuillère à café de feuilles de thym frais, finement hachées (environ 2-3 brins)

PRÉPARATION

PRÉPARER L'AGNEAU... Mettez l'oignon, l'ail et les herbes dans un robot et mixez jusqu'à ce que le mélange soit finement haché. Ajoutez ensuite l'œuf, le quinoa, le garam masala et le sel, et mixez à nouveau. Placez l'agneau dans un saladier et épongez-le avec du papier absorbant pour enlever l'excédent d'eau, puis mettez-le dans le robot et mixez jusqu'à ce qu'il soit bien combiné avec le reste du mélange déjà présent, en raclant les bords au besoin. Une fois le tout bien incorporé, transférez dans le saladier et roulez 12 boules en forme d'œuf. Pressez les boules à plat (environ 2,5 cm d'épaisseur) et faites une marque avec votre pouce au centre de chaque galette.

Laissez les galettes reposer au réfrigérateur jusqu'à ce que vous soyez prêt à les cuire.

MIXER LA SAUCE TAHINI... Mélangez tous les ingrédients dans un mixeur à haute vitesse jusqu'à obtenir un mélange homogène, en rajoutant de l'eau si nécessaire pour obtenir une texture crémeuse semblable à celle d'un yaourt. Cette étape peut être réalisée un ou deux jours à l'avance.

GRILLER LES COURGETTES... Préchauffez une plaque de grill en fonte, ou un gril d'extérieur, à feu moyen. Pendant que le grill chauffe, préparez vos morceaux de courgette en les épongeant et en les badigeonnant d'une fine couche d'huile, puis en les assaisonnant légèrement avec du sel et du poivre. Lorsque le grill est chaud, posez-y les courgettes et faites-les griller pendant environ 3 minutes sur le premier côté (ou jusqu'à ce que vous commenciez à voir le dessus des courgettes devenir translucide), puis retournez-les et faites-les griller pendant une minute de plus en veillant à ne pas trop pousser la cuisson, car il vaut mieux qu'elles ne soient pas assez cuites que trop cuites (au risque de se transformer en bouillie). Une fois que tous les morceaux de courgette sont grillés, placez-les à plat sur une grande plaque à pâtisserie et saupoudrez de thym haché. Ces courgettes sont délicieuses chaudes ou à température ambiante – et peuvent être préparées à l'avance et amenées à température ambiante avant d'être servies.

GRILLER L'AGNEAU... Assurez-vous que le grill soit nettoyé (pour éviter que l'agneau ne colle) et graissez-le soigneusement (à l'aide de pinces de cuisine et de papier absorbant plié et imbibé d'huile). Badigeonnez les galettes d'agneau avec de l'huile et assaisonnez légèrement de sel et de poivre, puis placez chaque galette sur le grill pour environ 3-4 minutes de chaque côté ou jusqu'à ce qu'elles aient atteint le degré de cuisson souhaité. Une fois cuites, mettez les galettes d'agneau dans une assiette recouverte de papier absorbant pour enlever l'excédent d'huile et laissez-les reposer quelques minutes avant de servir. Notez que l'agneau peut également être cuit dans une poêle ordinaire en respectant à peu près le même temps de cuisson et la même température.

PRÉSENTATION... Répartissez les morceaux de courgette grillée sur 2 assiettes, puis recouvrez de 3 galettes d'agneau, arrosez de sauce tahini à la menthe et servez immédiatement.

Pour rendre le plat plus copieux, cette recette se marie très bien avec notre salade de taboulé au quinoa (page 259).

Une portion d'agneau représente 125 grammes (l'équivalent de 3 galettes). Vous pouvez garder celles que ne vous n'avez pas servies au réfrigérateur jusqu'à 2 jours, ou les garder congelées jusqu'à un mois. Veillez simplement à décongeler complètement les galettes avant de les faire griller, sinon elles brûleront en surface avant de cuire à l'intérieur. Les courgettes grillées peuvent se conserver pendant 3 à 4 jours et peuvent être rajoutées à toute salade.

SAUMON SAUVAGE ET CHOU-FLEUR ÉPICÉ RÔTIS AU FOUR AVEC PESTO DE PISTACHES ET DE ROQUETTE À LA TB12

Ce pesto maison est facile à réaliser et se marie à de nombreux plats. Cette recette vous offre une variante sans produits laitiers de ce classique, que nous avons associé à du saumon sauvage et un délicieux chou-fleur épicé au curcuma, rôtis au four.

POUR 2 PORTIONS + CHOU-FLEUR ET PESTO EN RAB.
TEMPS DE PRÉPARATION : 40 MINUTES

INGRÉDIENTS

CHOU-FLEUR

350-400 grammes de fleurettes de chou-fleur
2 cuillères à soupe d'huile d'avocat bio
1/2 cuillère à café de coriandre moulue
1/4 cuillère à café de curcuma moulu
1/2 cuillère à café de sel de l'Himalaya
Quelques tours de moulin à poivre noir
Une pincée de flocons de piment rouge (facultatif)

PESTO

35-40 grammes de pistaches pelées, grillées
3-4 gousses d'ail
1/2 cuillère à café de sel de l'Himalaya
Poivre noir fraîchement moulu
45 grammes de jeunes pousses de roquette
25 grammes de feuilles de basilic
Zeste d'un citron vert + 1 cuillère à café de jus de citron vert
1/2 cuillère à café de coriandre moulue
60 ml + 2 cuillères à soupe d'huile d'olive extra-vierge biologique

POISSON

2 filets de saumon sauvage, avec la peau (115-150 grammes pièce)
1 cuillère à soupe d'huile d'avocat biologique
1/4 cuillère à café de fenouil moulu
1/4 de cuillère à café de coriandre moulue
1/4 cuillère à café de sel de l'Himalaya
45 grammes de jeunes pousses de roquette
1 cuillère à soupe de pistaches hachées
Quartiers de citron vert

PRÉPARATION

DÉBUT DE LA CUISSON DU CHOU-FLEUR.. Préchauffez votre four à 220°C. Tapissez une plaque à pâtisserie de papier cuisson non blanchi. Coupez en deux les fleurettes de chou-fleur, et coupez les plus gros morceaux en tranches d'environ 1-1,5 cm, puis mélangez-les avec l'huile et les épices, et répartissez-les ensuite de façon uniforme sur la plaque. Faites cuire au four pendant 20 minutes. Pendant ce temps-là, préparez le pesto.

PRÉPARER LE PESTO... Faites griller les pistaches dans une poêle à feu doux jusqu'à ce qu'elles soient légèrement grillées, autour de 5 minutes, en secouant la poêle toutes les minutes environ. Une fois grillées, mettez les pistaches dans un robot et mixez-les avec l'ail et le sel jusqu'à ce qu'elles forment une texture granuleuse, puis ajoutez la roquette, le basilic, le zeste de citron vert, le jus de citron vert, la coriandre et l'huile d'olive, et continuez de mixer le tout jusqu'à ce que ce soit bien mélangé. Attention à ne pas utiliser le robot trop longtemps car cela créerait une chaleur qui pourrait cuire les herbes et affecter le goût et l'apparence. REMARQUE : ce pesto peut être préparé un jour à l'avance et conservé dans un récipient en verre avec un couvercle hermétique et recouvert d'une fine couche d'huile d'olive pour éviter l'oxydation.

FINIR LA CUISSON DU CHOU-FLEUR PUIS CUISSON DU POISSON... Après que le chou-fleur est resté au four pendant 20 minutes, sortez la plaque du four et retournez le chou-fleur tout en laissant assez de place au milieu pour votre saumon. Épongez les filets pour les sécher, puis recouvrez-les d'huile et frottez-les avec les épices de sorte à répartir celles-ci de façon homogène, puis assaisonnez avec le sel. Placez délicatement les filets au centre de la plaque, le côté peau vers le bas, et laissez rôtir pendant 10 à 12 minutes, selon l'épaisseur et la cuisson désirée. Retirez du four lorsque le poisson est cuit et que le chou-fleur est caramélisé et croustillant sur les bords. Séparez les filets de la peau en les soulevant à l'aide d'une spatule (de préférence une spatule à poisson) et transférez-les dans une assiette pour les laisser reposer.

PRÉSENTATION... Dans deux grandes assiettes, placez environ un quart du chou-fleur rôti d'un côté et un petit monticule de roquette de l'autre. Placez le poisson directement sur la roquette et garnissez de pesto, de pistaches hachées et d'un filet de jus de citron vert. Assaisonnez à votre convenance et servez immédiatement.

CHAPITRE 9

ENTRAÎNEMENT CÉRÉBRAL, REPOS ET RÉCUPÉRATION

Une bonne nuit de repos est essentielle à mes performances sur et en dehors du terrain.

IL EST MAINTENANT ÉVIDENT QUE MA MÉTHODE POUR ATTEINDRE ET PROLONGER LE PIC DE PERFORMANCE EST CENTRÉE SUR LA PLIABILITÉ, L'HYDRATATION, LA NUTRITION ET LES COMPLÉMENTS ALIMENTAIRES. L'OBJECTIF EST DE RENFORCER MES MUSCLES GRÂCE AUX ENTRAÎNEMENTS ET DE LES ALLONGER ET LES ASSOUPLIR GRÂCE À DES SÉANCES DE PLIABILITÉ, QUI AFFÛTENT MES MUSCLES MAIS EMPÊCHENT EN MÊME TEMPS TOUTE INFLAMMATION SUPPLÉMENTAIRE. MAIS NOS PENSÉES, NOS ÉMOTIONS ET NOS ATTITUDES SONT TOUT AUSSI IMPORTANTES POUR CRÉER UN ENVIRONNEMENT INTÉRIEUR SAIN. SONT-ELLES POSITIVES OU NÉGATIVES ? À QUOI BON MANGER CORRECTEMENT ET BOIRE SUFFISAMMENT SI VOUS ÊTES EN COLÈRE OU SI VOUS PASSEZ VOTRE TEMPS À VOUS PLAINDRE ? QUID D'UNE ATTITUDE POSITIVE MAIS EN MANGEANT MAL ? FINALEMENT, SI VOUS NE CRÉEZ PAS UN ENVIRONNEMENT INTÉRIEUR ET UN ENVIRONNEMENT EXTÉRIEUR SAINS, VOUS NE PARVIENDREZ PAS À ATTEINDRE UN ÉTAT OPTIMAL À LA FOIS DE SANTÉ ET DE BIEN-ÊTRE.

C'est pourquoi un autre facteur amplificateur de la pliabilité est l'état de forme cérébral, qui part du maintien d'un état d'esprit et d'une attitude tous deux positifs, que ce soit pendant un match ou dans la vie, et par la pratique d'exercices concrets pour entraîner et développer votre concentration mentale.

LE BON ÉTAT D'ESPRIT AVANT TOUT

Pendant la saison, l'une de mes plus grandes priorités est de m'assurer que j'ai le bon mental et la bonne attitude. Comme je l'ai dit plus tôt, une grande partie du succès que j'ai eu la chance d'avoir dans ma carrière est due à un état d'esprit qui a toujours été celui de « la volonté plus forte que le talent ». Vous avez peut-être remarqué que mon esprit de compétition sur le terrain s'étend à tout ce que je fais. Lorsqu'on me demande d'où vient ma motivation, j'en reviens toujours à la question du « ai-je fait de mon mieux ? ». Si je ne joue pas de mon mieux, pourquoi suis-je déçu ? Parce que j'aurais pu, j'aurais dû mieux jouer, mieux faire, travailler plus dur, me préparer davantage. Il peut s'agir de mon effort, de mon exécution ou de mon état d'esprit – cela n'a pas d'importance. Finalement, en ce qui me concerne, j'attache plus d'importance au fait de savoir si j'ai fourni le meilleur effort par rapport au potentiel de notre équipe, qu'au résultat final. Certains matchs peuvent être gagnés avec une grande marge, et dans d'autres nous pouvons être complètement dépassés, mais ceux dont je me souviens le plus sont les matchs très serrés dans lesquels, peu importe ce que dit le tableau d'affichage, notre équipe a fourni le meilleur effort.

Quel que soit le résultat, je me demande toujours si nous avons fait de notre mieux, et ce que nous pourrions faire différemment et mieux la prochaine fois. Pour moi, c'est comme ça que se crée un bon état d'esprit. La force mentale est une attitude centrée sur le fait de faire de son mieux dans le présent, tout en croyant que l'on peut faire encore mieux à l'avenir. Par exemple, pendant un match, mon processus était peut-être bon, mais le résultat ne l'était pas. Quels changements dois-je donc apporter à mon processus pour obtenir un meilleur résultat ? Ma motivation n'a jamais été liée à des éléments extérieurs tels que des récompenses individuelles ou des records à battre. Ces choses n'ont honnêtement jamais compté pour moi. Si je quitte l'entraînement en sachant que ma mécanique de lancer n'était pas bonne, je vais recentrer mon énergie pour travailler sur les corrections que je dois apporter pour affiner cette mécanique. Je veux toujours faire mieux. Comme je l'ai déjà dit, j'adore ce que disait John Wooden : « La tranquillité d'esprit naît directement de l'autosatisfaction de savoir que tu as fait les efforts pour devenir la meilleure version possible de toi-même. » Pour moi, il s'agit toujours de ce que je peux faire mieux à l'avenir. Ce voyage est sans fin. À bien des égards, je ne pense pas être un jour satisfait.

En même temps, je considère que la force mentale est un comportement acquis. Quand je regarde ma carrière, j'ai toujours donné le meilleur de moi-même et je n'ai jamais accepté de stagner – ni à la Serra High School, ni à Michigan, et certainement pas chez les pros. Parfois, j'aurais pu choisir de ne pas continuer à essayer d'atteindre mes objectifs, mais je n'ai jamais reculé, et beaucoup de gens m'ont soutenu et encouragé lorsque j'étais confronté à mes propres doutes. Ensemble, ces expériences et ces personnes ont aiguisé ma force mentale comme jamais je n'aurais pu le faire si je n'avais pas relevé ces défis en premier lieu. À maintes reprises, les pires expériences que j'ai vécues dans ma vie ont été mes meilleures, car c'est là que j'ai le plus appris – et l'apprentissage transforme tout en positif.

J'ai dit plus tôt que je ne me suis jamais considéré comme un athlète naturellement doué (et personne d'autre ne le considérait non plus !). Cependant, si vous êtes naturellement le meilleur dans un domaine, vous n'êtes jamais mis à l'épreuve et vous perdez l'occasion de développer une vraie force mentale. En général, c'est ainsi que les choses se sont passées dans ma vie. Cela peut sembler facile pour certaines personnes, mais ça n'a de fait jamais été facile. Et c'est parce que j'ai découvert que les défis font ressortir le meilleur de moi-même que je les considère aujourd'hui comme des cadeaux. Je me suis battu pour arriver là où j'en suis aujourd'hui, ce qui signifie que je sais ce que ça veut dire que de se battre. Lorsque vous êtes en plein Super Bowl et que votre équipe a trois *touchdowns* de retard et que l'horloge tourne, la force mentale est ce qui fait la différence à la fin. En retour, un bon état d'esprit et une bonne attitude nous donnent l'opportunité de faire tout notre possible pour réaliser le potentiel qui est en chacun de nous.

RESTER POSITIF

Chaque jour, lorsque je me réveille, je peux choisir quelle perspective je vais adopter. Je suis de nature très positive et, en ce qui concerne ma santé et tout le reste, je suis conscient d'être un acteur majeur dans ma décision de vouloir être en aussi bonne santé que possible à tout moment. Je n'aime vraiment pas laisser quoi que ce soit au hasard, surtout en ce qui concerne ma carrière de footballeur. Si, comme moi, vous voulez vraiment être au top de vos performances, vous devez travailler dur sur les choses que vous pouvez contrôler : vos habitudes quotidiennes et vos routines de travail, la façon dont vous traitez votre corps et votre attitude. Et particulièrement votre attitude. Il m'arrive parfois des choses que je n'apprécie pas ou auxquelles je ne m'attends pas, mais je fais le choix de rester positif. C'est quelque chose que je contrôle. Je n'aime pas me concentrer sur les aspects négatifs ou trouver des excuses. Je ne me considère jamais comme une victime. Je ne gagne rien à me mettre en colère ou à être frustré. Vous pouvez vous rendre la vie beaucoup plus difficile en vous concentrant sur les éléments négatifs qui se trouvent sur votre chemin ou en cherchant des excuses pour expliquer pourquoi les choses ne se sont pas déroulées comme vous le souhaitiez. Ou alors, vous pouvez refuser d'en faire une affaire personnelle, vous en libérer, en tirer des leçons et devenir une meilleure version de vous-même. C'est un choix. C'est en fait votre choix. Si je lance une interception, si je passe une mauvaise journée ou si je prends une mauvaise décision d'affaires, si je me focalise là-dessus, je ne ferai qu'empirer les choses. La sagesse, dit-on, c'est de savoir faire la différence entre les choses que vous pouvez contrôler et celles que l'on ne peut pas.

Aujourd'hui, si les choses vont dans mon sens, tant mieux ; et si elles ne se passent pas comme je l'entends, ce n'est pas grave non plus, puisque j'ai toujours la possibilité de surmonter les épreuves qui pourraient se présenter à l'avenir. Chaque fois que mon équipe perd un match, c'est une occasion d'apprendre quelque chose. Un match est toujours une expérience. Vous entrez sur le terrain armé de diverses stratégies, idées et hypothèses sur la façon dont le match va se dérouler, en fonction de votre expérience. Mais finalement, vous ne savez pas ce qui va se passer. Si nous perdons mais que j'ai appris quelque chose, le match se transforme en une expérience positive. Parfois, sur le moment, ce n'est pas ce que l'on ressent, car les émotions sont très fortes, mais on engrange de l'expérience et on passe à autre chose. Je ne suis pas un robot. En fait, je suis quelqu'un de très émotif. Mais j'ai appris à utiliser les défaites comme un moyen d'être meilleur la prochaine fois que je serai sur le terrain.

Pendant les années où j'ai joué au football avec Bill Belichick, l'entraîneur des Patriots, lui et moi avions presque toujours en tête que nous pouvions faire mieux. Parfois un peu mieux, parfois beaucoup mieux. Dans certains cas, nous savions que notre équipe n'avait pas donné le meilleur d'elle-même. En général, ce que j'apprenais après coup, en revoyant les enregistrements des matchs ou en repensant à ce que je ressentais et à ce que je faisais sur le terrain, c'est qu'il y avait plus de positif à en tirer que d'avantages qui auraient pu découler d'une victoire.

Bien sûr, je ne suis pas naïf, et je suis conscient que des choses terribles peuvent arriver dans la vie de chacun. En tant que personnalité publique, j'ai eu le privilège au fil des ans de pouvoir aider et rendre service à un grand nombre de personnes. J'ai parfois la chance de rencontrer des hommes, des femmes et des enfants qui traversent des situations difficiles dans leur vie, certains victimes d'un accident ou d'autres confrontés à la maladie. Presque toujours, je suis celui qui se retrouve inspiré par ces rencontres, surtout lorsque je vois des personnes qui ont été durement touchées et qui font face à leurs défis avec résilience et une attitude positive.

Ce n'est pas toujours possible, mais là encore, si vous pouvez tirer des enseignements des expériences qui ne marchent pas, elles se transforment en événements positifs. Lorsque votre équipe perd au troisième quart-temps, il n'y a pas grand-chose de positif à en tirer. C'est à ce moment-là que je me dis : « Si on arrive à s'en sortir, imagine à quel point ce sera une histoire incroyable pour nos supporters, pour notre équipe, pour nos familles, pour nos enfants et pour nos petits-enfants. » Parfois – pas toujours, mais parfois –, une histoire comme celle-là se termine bien. Ne cherchez pas plus loin que le dernier quart-temps du Super Bowl LI. Ce qui m'habitait le plus l'esprit pendant toute la seconde mi-temps était à quel point la victoire serait plus savoureuse encore si nous arrivions à revenir au score et à l'emporter.

SE RECENTRER ET ENTRER DANS LA ZONE

Cultiver un bon état d'esprit et une bonne attitude signifie également prendre le temps de se recentrer, ce qui devrait vous permettre d'entrer dans la « zone » pendant la compétition. Chez TB12, nos *body coachs* recommandent à chaque client de prendre un peu de temps chaque jour – cinq minutes, dix minutes, une demi-heure – pour se recentrer. Pour certaines personnes, cela se fait sous forme de méditation. Ma femme médite depuis des années et a développé la faculté de réussir à prendre le temps nécessaire pour se libérer de toute distraction. D'autres personnes trouvent d'autres moyens de se recentrer sur elles-mêmes afin d'entrer dans la zone. Un bon moyen de se recentrer est de laisser son cerveau se perdre dans une tâche ou un passe-temps. Il peut s'agir de jardiner, de peindre, de dessiner, de faire des mots croisés ou de se promener. Passer soixante secondes à faire quelque chose que vous aimez sera toujours mieux que de ne pas y passer de temps du tout. Je connais un homme d'affaires qui est presque tout le temps au téléphone et qui insiste pour laver la vaisselle à la main la plupart des soirs après le dîner. C'est l'un des rares moments où il s'autorise à s'isoler. Pour moi, lire des magazines, écouter de la musique, conduire ma voiture, m'allonger dans mon lit ou travailler dans mon jardin sont les choses qui m'aident à me recentrer.

N'oubliez jamais que votre attitude et votre état d'esprit sont sous votre contrôle. Lorsque je cours pour la première fois avant un match pour m'échauffer, je suis souvent gonflé à bloc. Pour me mettre dans l'état d'esprit du match, il peut m'arriver de pousser un cri. D'autres fois, si je ne crie pas, c'est peut-être parce que je suis trop gonflé à bloc et que je veux donc contrebalancer cette énergie. Peu importe ce que je fais, j'essaie toujours de rééquilibrer l'énergie ou l'émotion que je ressens. Si je suis trop excité, je veux retourner à l'équilibre et me calmer. Si j'ai besoin de plus d'énergie, je vais crier, hurler, ou me mettre dans une colère noire de sorte à atteindre mes meilleures performances.

LE PROGRAMME D'ENTRAÎNEMENT CÉRÉBRAL ET DE FITNESS COGNITIF TB12 EN TROIS PARTIES

Nous avons parlé de l'état d'esprit, parlons maintenant des méthodes disponibles pour entraîner notre cerveau. Nous consacrons beaucoup de temps à notre forme physique, mais la plupart d'entre nous ne prêtent pas autant d'attention à l'état de forme de leur esprit. En général, nous ne consultons un neurologue que lorsque nous avons une blessure à la tête ou un mal de tête qui ne veut pas passer, et même lors d'un examen médical annuel, les médecins ne vérifient presque jamais si notre cerveau fonctionne correctement. Mais construire et renforcer notre capacité cérébrale, et s'assurer que nous donnons à notre cerveau un entraînement quotidien adéquat, est une autre composante essentielle de la longévité et du pic de performance.

La Méthode TB12 propose trois façons d'entraîner le cerveau. La première est l'activation neuronale qui a lieu pendant la pliabilité. Rappelez-vous qu'en créant un stimulus physique – ce que nous avons défini comme un traumatisme positif et intentionnel – avant et après une séance d'entraînement ou un match, mon cerveau et mon corps apprennent comment je veux que mes muscles fonctionnent pendant l'entraînement ou en match. Les muscles se tendent naturellement lorsqu'ils se contractent ou lorsqu'ils reçoivent un coup, mais si j'entraîne mon cerveau, et par extension mes muscles, à rester longs, souples et activés, ils fonctionneront de manière plus optimale, avec moins de risques de blessures, en absorbant ces forces.

La deuxième façon d'entraîner le cerveau est d'avoir les bons réflexes pour un état d'esprit sain et une attitude saine – se rappeler de maintenir une bonne force

> Votre corps doit rester déformable – mais il est important de garder votre esprit déformable également. L'équivalent de muscles non déformables est un cerveau qui est rigide dans ses opinions, ou qui croit ce qu'il veut croire, ou qui ne veut pas changer, s'étendre ou grandir. Moi, j'adore apprendre de nouvelles choses.

mentale, et aussi que c'est un choix que nous faisons chaque jour d'être et de rester positif.

La troisième façon d'entraîner le cerveau est de faire des exercices cérébraux quotidiens pour améliorer la vitesse, la concentration et l'agilité mentale. Entraînez-vous à apprendre quelque chose de nouveau chaque jour.

EXERCICES CÉRÉBRAUX POUR LA CONCENTRATION, L'AGILITÉ MENTALE ET LA RECONNAISSANCE DE SCHÉMAS

Le football américain est un jeu stratégique et tactique, qui ressemble davantage aux échecs qu'aux dames. Aux échecs, un joueur dispose d'un choix de mouvements stratégiques qu'il peut adopter, son objectif étant de garder un ou deux coups d'avance sur son adversaire. Au foot US, les deux équipes entrent sur le terrain avec le même nombre de joueurs, mais l'accent est mis sur les confrontations individuelles, qui peuvent changer d'un match à l'autre. Par exemple, votre adversaire peut faire une prise à deux sur votre *tight end* et laisser votre receveur ouvert, ce qui aura une incidence sur les décisions que vous prendrez en tant que quarterback. Il y a d'autres variables à prendre en compte. Un pressing défensif. La visibilité. Le vent. La pluie. Lorsque je me présente sur la ligne, des informations me parviennent de l'attaque et de la défense, à chaque instant. Au moment du *snap*, un défenseur pousse le joueur de centre. Dois-je m'avancer ou sortir de la poche de protection ? Notre cerveau ne peut traiter qu'un certain nombre de variables en même temps, mais sur le terrain, je dois être capable de gérer un tas d'éléments et d'inconnues simultanément.

C'est pourquoi je passe du temps tous les jours à faire des exercices cérébraux. Je peux les faire sur mon ordinateur, ma tablette, ou même mon téléphone. Étant donné qu'une grande partie de mon travail de quarterback dépend d'une compréhension optimale des schémas de jeu, plus je peux dédier de concentration, d'attention, de rapidité, de clarté, de navigation et de rétention à ces schémas et au plan de jeu, meilleures seront mes performances sur le terrain et en dehors. Quand les gens me demandent, je leur dis simplement que je « fais travailler mon cerveau ».

En 2013, chez TB12, nous avons fait appel aux plus grands experts mondiaux en matière de plasticité cérébrale – la capacité du cerveau, tout au long de la vie, à changer en réponse à des entrées sensorielles notamment. Vous pouvez considérer la plasticité comme la pliabilité de votre cerveau. Nos recherches nous ont amenés à prendre contact avec les chercheurs de BrainHQ, qui ont travaillé avec nous pour mettre au point mon programme d'entraînement cérébral, que vous pouvez découvrir sur le site http://TB12.brainhq.com. Il existe d'autres programmes d'entraînement cérébral, mais les études ont montré à plusieurs reprises que seuls ces exercices se traduisent par des résultats positifs. Ces exercices augmentent la vitesse et la précision avec lesquelles je capte les informations sensorielles et améliorent ma capacité à traiter, stocker et récupérer ces informations. On dit qu'il faut « faire travailler son cerveau comme ses muscles », et il ne faut pas attendre l'apparition d'un traumatisme ou d'une maladie pour commencer l'entraînement. Il s'agit de prendre les devants et de rester en tête. L'une des raisons pour lesquelles je garde mes muscles – et mon cerveau – déformables, surtout pendant l'intersaison, est de pouvoir prendre de l'avance et de rester en tête lorsque la saison commence.

Les exercices cérébraux que je fais en premier ont rapport aux éléments les plus fondamentaux de la cognition – la vitesse et l'attention – pour passer ensuite aux fonctions cérébrales supérieures – par exemple, la mémoire et la prise de décision. Même s'ils semblent parfois instinctifs, la plupart des mouvements dans le sport sont basés sur des décisions prises en une fraction de seconde. Pour obtenir les meilleurs résultats, vous devez traiter rapidement les informations les plus complètes et les plus précises disponibles. Une plus grande vitesse cérébrale me permet de traiter et d'évaluer davantage d'informations – et les informations les plus précises sont aussi plus faciles à stocker, à manipuler et à retrouver, et permettent également de prendre de meilleures décisions. Grâce aux exercices de BrainHQ, j'ai une vision plus précise de ce qui se passe et je peux donc prendre de meilleures décisions plus rapidement. Quel que soit votre âge ou votre état de forme, votre cerveau restera en meilleure santé et fonctionnera mieux si vous effectuez régulièrement des exercices cérébraux.

Pour donner une idée de ce qu'implique l'entraînement de BrainHQ, un des exercices peut me faire rechercher une série d'objets qui clignotent à l'écran pendant une fraction de seconde. Au fur et à mesure que j'identifie correctement ces objets, ceux-ci clignotent plus rapidement et la difficulté s'accroît, ce qui augmente mes facultés et améliore mon temps de reconnaissance et de réaction. Bien qu'une grande partie de mon entraînement cérébral se focalise sur le traitement visuel, il existe également des exercices auditifs qui ciblent le traitement de la parole et du langage, ce qui inclut la mémorisation des plans de jeux et des schémas et l'analyse de ce que j'entends sur le terrain (y compris par le haut-parleur de mon casque). Il est difficile d'imaginer un mouvement qui ne soit pas facilité par une analyse plus précise et plus rapide de l'information, qu'il s'agisse de scruter le terrain à la recherche d'un receveur ou d'une ouverture, de lire la défense lorsque je sors de la poche de protection, de voir les défenseurs se ruer sur moi ou de faire le bon pas au bon moment. Même si vous n'êtes pas un joueur de football américain, ces exercices peuvent vous aider à améliorer vos réflexes ou l'agilité et la puissance de votre cerveau. Je les recommande vivement.

Ces exercices m'ont été extrêmement utiles au cours des huit dernières années. TB12 s'est associé à des experts et des organisations de grande renommée qui confirment leur efficacité, et de nombreuses études revues par des pairs dans des publications scientifiques les ont également validés. Les études montrent qu'après avoir fait ces exercices régulièrement, un utilisateur lambda améliore sa vitesse d'analyse, son temps de réaction, son acuité visuelle, sa recherche visuelle, son suivi d'objets multiples, son champ de vision utile, sa vision périphérique, son attention, sa mémoire, ses fonctions exécutives, son équilibre et sa démarche. Ce genre de facultés améliore mes performances dans le sport et dans la vie.

Voici quelques-uns des exercices que nous avons incorporés dans TB12 BrainHQ :

SUIVI DE CIBLE

Ce jeu se concentre sur la division de l'attention visuelle alors que j'essaie de suivre plusieurs objets qui se déplacent sur l'écran. Dans le jeu, divers objets cibles apparaissent à l'écran, suivis d'autres objets mobiles destinés à

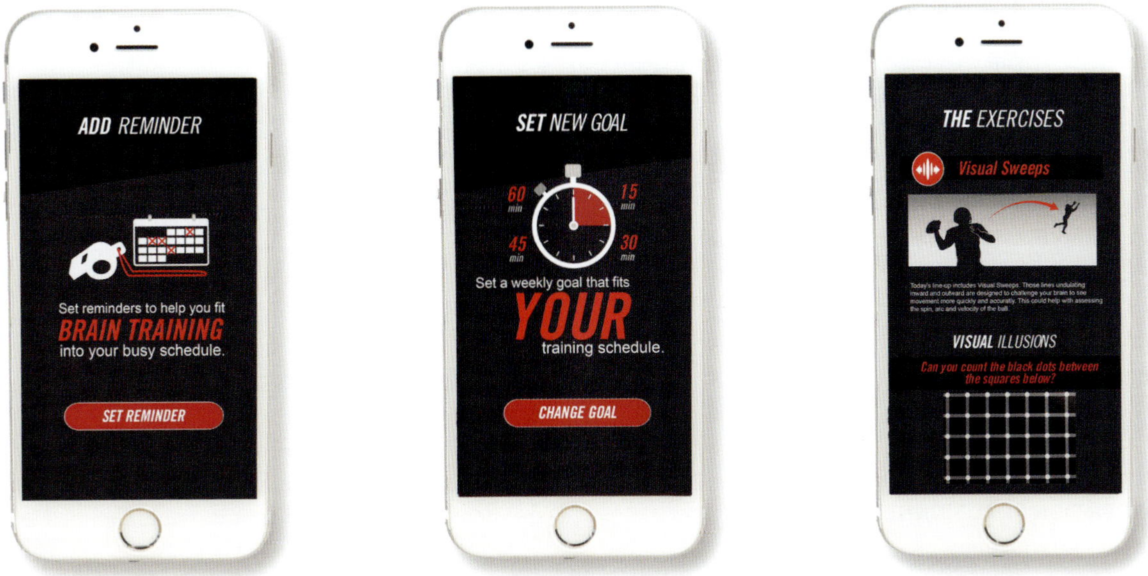

me distraire ou à interrompre ma concentration. Au fur et à mesure que le jeu avance, les objets cibles se déplacent plus rapidement et sur une plus grande surface, et le contraste entre les objets et le fond devient plus faible, ce qui rend les objets plus difficiles à suivre.

SIGNAUX MÉLANGÉS

Si notre cerveau absorbait toutes les informations que nous voyons, entendons, ressentons ou pensons, il serait impossible de savoir où porter notre attention. Ce jeu me demande de me concentrer sur un chiffre, une lettre, une couleur ou un symbole, tout en ignorant les autres chiffres, lettres, symboles ou mots. Le but est de m'aider à faire la distinction entre mon attention visuelle et auditive, et à me concentrer rapidement lorsque d'autres distractions veulent attirer mon attention.

ARRÊT SUR IMAGE

La vigilance aide les athlètes dans des domaines tels que le raisonnement complexe, la résolution de problèmes, l'apprentissage et la mémoire. Dans le meilleur des cas, il s'agit d'un état de préparation, de relaxation, de productivité et d'engagement total. Cet exercice cible la réponse à l'inhibition (se retenir de faire le mauvais mouvement), une composante clef du contrôle mental sur et en dehors du terrain.

DOUBLE DÉCISION

Ce que les athlètes voient en un coup d'œil, du centre du regard à la périphérie, s'appelle leur champ de vision utile. Plus ma vitesse de traitement est lente, plus mon cerveau met du temps à voir ce qui se trouve à la périphérie. L'amélioration de la vitesse de traitement signifie que je vois plus, et que je vois ce que je vois plus rapidement. En me demandant d'identifier le bon objet (parmi deux) au centre de mon regard pendant que je cherche l'emplacement d'une autre cible (parmi des distractions) à la périphérie, cet exercice aiguise et accélère mon traitement visuel tout en élargissant le champ de précision dans mon champ de vision utile.

L'ATTENTION FRACTIONNÉE

Avec des informations qui arrivent de partout, je dois me concentrer sur ce qui compte vraiment. Dans cet exercice, deux formes apparaissent à l'écran et on me demande de noter les similitudes entre les formes sans m'embrouiller lorsque les deux formes se ressemblent à certains égards mais pas à d'autres. Peu à peu, les images se déplacent plus rapidement et les règles changent, ce qui oblige mon cerveau à s'adapter rapidement aux conditions variables.

Ces exercices cérébraux, et d'autres, ainsi que la récupération et le repos, sont essentiels pour s'assurer que mon cerveau reste dans le même état de pliabilité optimale que mon corps.

REPOS ET RÉCUPÉRATION : LE SOMMEIL

Vu la régularité avec laquelle mon corps fait face à des traumatismes négatifs et involontaires et à des contractions musculaires (en particulier des contractions musculaires déséquilibrées) de la vie quotidienne, j'ai travaillé dur pour trouver des moyens de remettre mon corps dans son état optimal grâce à un repos et une récupération appropriés. Ma discipline et mes rituels consistent à dormir de 21 heures à 6 heures. Le plus grand avantage du sommeil est d'offrir une thérapie ininterrompue et une régénération naturelle. Le sommeil est l'occasion de détendre chaque partie de votre corps, et il est essentiel pour nous tous de récupérer pour être prêt pour les activités du lendemain. Si nous n'en profitons pas en quantité suffisante, notre acuité mentale et physique est diminuée. Nous avons également besoin d'un sommeil adéquat pour développer une neuroplasticité saine. En outre, au fil du temps, le stress qui s'accumule en raison d'un manque de sommeil a des répercussions sur notre organisme. Nous récupérons moins bien, et cela affecte notre énergie et nos performances générales.

Le sommeil comporte plusieurs phases, mais celles que nous traversons chaque nuit sont le sommeil léger et le sommeil profond. Pendant la phase de sommeil profond, votre corps peut récupérer et se réparer. Au cours

LONGEVITY
DETERMINATION
PEAK PERFORMANCE

de la phase REM (« *Rapid Eye Movement* ») du sommeil léger, le rêve aide notre cerveau à éliminer le stress et les tensions accumulés. Si vous avez des problèmes de sommeil, voici quelques recommandations.

CHANGEZ VOTRE RÉGIME ALIMENTAIRE

Ne mangez pas juste avant de vous coucher. L'excès d'alcool et de caféine peut également causer des problèmes de sommeil, alors faites attention à leur importance dans votre vie. La dernière chose que je mange le soir est ce qu'il y a au dîner – et si je mange un dessert, j'essaie de le faire après le déjeuner, afin d'éviter que l'excès de sucre ne m'empêche pas de dormir.

FAITES VOS EXERCICES AU BON MOMENT

L'insomnie est souvent due à un manque d'exercice. Si vous faites de l'exercice le soir, assurez-vous que c'est deux à trois heures avant de vous coucher, car vous ne voulez pas sur-stimuler votre corps et votre cerveau. S'il fait nuit et que vous vous sentez éveillé, essayez de boire une tisane entre quarante-cinq minutes et une heure avant d'aller vous coucher. En général, je n'ai pas trop de problèmes pour m'endormir le soir, car je suis suffisamment fatigué par les activités de la journée.

FAITES ATTENTION À VOTRE ENVIRONNEMENT DE SOMMEIL

Créez une bonne routine de pré-sommeil pour vous détendre. Entraînez votre corps à adopter un rythme en vous couchant à une heure régulière et éteignez tous vos appareils électroniques une demi-heure avant de vous coucher. S'il y a une télévision dans votre chambre, pensez à la mettre ailleurs. C'est une chambre, pas une caverne technologique. Ma femme n'autorise même pas les téléphones portables à proximité du lit lorsque nous d ormons.

LA TEMPÉRATURE EST IMPORTANTE...

Restez au frais – la température idéale dans votre chambre devrait être d'environ 18,5 degrés. J'aime que ma chambre soit fraîche, sombre et aussi silencieuse que possible pour m'assurer une bonne nuit de sommeil.

... LA PROPRETÉ AUSSI

Gardez votre chambre propre et veillez à ce qu'elle soit suffisamment aérée. Les contaminants comme les squames d'animaux et la poussière peuvent nuire à une bonne respiration et au sommeil. Pensez à mettre une plante dans votre chambre, car les plantes créent de l'humidité, filtrent le monoxyde de carbone et d'autres produits chimiques, et apportent plus d'oxygène à l'environnement. Vous pouvez également investir dans un générateur d'ions négatifs. Les générateurs d'ions négatifs, qui produisent des molécules d'air surchargées d'électrons, améliorent la fonction respiratoire, filtrent les polluants de l'air d'intérieur et protègent contre les moisissures et les bactéries. Si l'air de votre chambre est trop sec, un humidificateur à vapeur chaude est une bonne idée, car il n'a pas besoin de filtre et utilise l'eau du robinet.

RÉDUISEZ LE BRUIT

Créez un environnement aussi silencieux que possible ou utilisez une machine à bruits. L'élimination du bruit permet de ne pas interrompre votre sommeil – plus c'est calme, mieux c'est.

NE LÉSINEZ PAS SUR VOTRE MATELAS OU VOTRE LITERIE

Investissez dans un bon matelas. Si vous le pouvez, évitez les matières synthétiques dans vos draps, taies d'oreiller, couvertures ou couettes. Quand j'étais plus jeune, je ne me souciais pas de ce sur quoi je dormais. Mais en me rendant compte que je passais un tiers de ma vie à dormir, j'ai décidé d'investir davantage dans mon matelas, et j'ai pu constater les avantages d'une meilleure nuit de sommeil. Désormais, j'ai besoin d'un bon matelas partout où je vais, et je fais toujours en sorte de trouver quelque chose de confortable et qui me permette de dormir aussi bien que possible.

TENUES ET VÊTEMENTS DE NUIT FONCTIONELS

Bien dormir aide le cerveau à se reposer et à se régénérer, mais je veux aussi m'assurer que mon corps reste en mode « récupération », même la nuit. J'y parviens en portant des tenues et des vêtements de nuit fonctionnels. Je porte des vêtements fonctionnels depuis trois ans. C'est un élément de ma routine très simple à gérer. Il n'y a aucun sacrifice à faire, puisque je sais que je bénéficie d'une excellente récupération. C'est une évidence.

Il n'y a pas de méthode standard de récupération pour les joueurs de la NFL. Tout le monde est différent. Avant de découvrir les tenues et vêtements de nuit fonctionnels, Alex allongeait et assouplissait mes muscles avant et après les entraînements et les matchs, puis je rentrais chez moi, je me reposais et je veillais à ne pas me surmener. À l'exception des séances de pliabilité, la plupart des joueurs de la NFL font à peu près tous la même chose. Après le match du dimanche – en supposant que notre équipe ait gagné ! –, les joueurs font la fête, passent du temps avec leurs amis et leur famille, ou vont en ville. Le lundi, toute l'équipe vient s'entraîner. Tout le monde est encore très endolori par la journée de la veille. Nous faisons une séance d'entraînement musculaire, suivie d'une course d'endurance pour faire travailler nos muscles et faire circuler le sang afin d'évacuer les toxines. Le mardi est un jour de repos, et l'entraînement reprend le mercredi. Arrivé au jeudi, le corps de chacun d'entre nous a eu le temps de récupérer pratiquement à cent pour cent. L'entraînement du vendredi est rythmé et fluide, et le samedi est un jour de récupération et de préparation pour le match du lendemain. Ajoutez à cela un ou deux massages pendant la semaine pour certains joueurs, et arrivé le dimanche après-midi, tout le monde est prêt à entrer sur le terrain. Puis tout recommence.

Il y a quelques années, TB12 a commencé à étudier le rôle des tenues et des vêtements de nuit bioénergétiques, dans le but de réduire le temps nécessaire à mon corps pour récupérer pendant la saison. J'ai commencé par tester des vêtements imprégnés de biocéramique, qui émettent des rayons infrarouges lointains, ou IRL, qui stimulent et réchauffent les muscles, les os et les tendons. Il ne m'a pas fallu longtemps pour me rendre compte que les vêtements en biocéramique étaient non seulement efficaces, mais surtout efficaces rapidement. Alex a pu sentir la différence lorsqu'il a fait une séance de pliabilité sur moi le lendemain. Comme lui et moi travaillons ensemble depuis de nombreuses années et que nous sommes en phase avec ce que nous essayons d'accomplir, nous avons réalisé très vite que cette technologie fonctionnait et que cela pouvait être efficace. C'est tellement évident en fait – avoir la possibilité de se régénérer tout au long de la nuit.

Alex et moi avons passé quelques années à rechercher les meilleurs matériaux et résultats concernant les vêtements de haute technologie, et début 2017, nous nous sommes associés à Under Armour pour lancer une ligne de vêtements de nuit pour la récupération en biocéramique.

Cela fonctionne comme suit : jusqu'à vingt carbonates différents – calcium, magnésium et autres – sont combinés à des oxydes minéraux et chauffés à environ mille six cent cinquante degrés. La poudre qui en résulte est appelée « biocéramique » et est imprégnée directement à l'intérieur de nos vêtements de récupération

TB12. Le résultat est une forme de vêtement fonctionnel à la pointe de la technologie.

Comme je l'ai dit, les biocéramiques émettent une forme d'énergie connue sous le nom de rayons infrarouges lointains. Ces rayons infrarouges lointains sont capables de pénétrer la peau jusqu'à 3,8 cm, stimulant ainsi les muscles, les os et les tendons. Des études montrent que les rayons infrarouges lointains aident à soulager les douleurs chroniques, à augmenter le taux de régénération des muscles et l'oxygénation des cellules, et, surtout, à réduire l'inflammation des muscles, ainsi qu'à augmenter notre énergie de façon globale.

L'un des principaux avantages de l'utilisation de vêtements de récupération imprégnés de biocéramique vient d'une meilleure oxygénation. Lorsque je porte mes vêtements de récupération pendant la journée ou la nuit, l'augmentation du flux d'oxygène obtenue aide à éliminer les déchets et les toxines provenant de l'exercice, notamment l'acide lactique. Cela permet au sang riche en nutriments de circuler plus efficacement dans tout mon corps. Les IRL stimulent également la production d'adénosine triphosphate, ou ATP, la source d'énergie de nos cellules musculaires. Sans ATP, les muscles ne peuvent tout simplement pas fonctionner, et trouver des moyens d'accélérer et de stocker la production d'ATP de mon corps permet d'améliorer ma capacité à performer au plus haut niveau possible. L'ATP est également la clef pour avoir un sang plus riche en oxygène et une meilleure circulation. J'avoue que j'aime assez l'idée que mon corps puisse travailler pour moi – en créant et en stockant de l'énergie – pendant la nuit ! Je considère les tenues et les vêtements de nuit fonctionnels comme une chambre hyperbare mobile, disponible 24 heures sur 24 et 7 jours sur 7. Si mes adversaires ne portent pas ce que je porte, je gagne un avantage sur eux même quand je dors.

Les améliorations que j'ai constatées depuis que j'ai commencé à porter des tenues et des vêtements de nuit fonctionnels sont d'une importance capitale pour ma régénération. Le moindre avantage peut faire la différence entre le succès et l'échec, surtout si l'on considère que la marge d'erreur est déjà mince dans le sport professionnel. Depuis que je porte ces vêtements de nuit, la douleur générale que je ressens après les matchs a diminué, et mes taux d'inflammation sont faibles. Mon rêve est de disposer un jour d'une literie qui vous couvre de biocéramique toute la nuit, de la tête aux pieds. Après huit heures de sommeil dans ma tenue de récupération, je me réveille alerte et plein d'énergie. Pendant la journée, je porte un pantalon de récupération sous mon uniforme à l'entraînement et lors de mes exercices en salle. Si votre objectif est d'avoir un sang riche en oxygène, pourquoi ne pas vous oxygéner dès que vous en avez l'occasion ? Mes coéquipiers qui étaient sceptiques au début mais qui ont essayé les vêtements de récupération les adorent depuis. Ils peuvent sentir la différence. Et moi aussi. En fait, au cours des trois dernières années, je peux compter sur les doigts d'une seule main le nombre de fois où je n'ai pas porté de vêtements de nuit de récupération. De plus, cela ne demande aucun effort ni aucune discipline ; il suffit de l'enfiler le soir.

J'aime assez l'idée que mon corps puisse travailler pour moi pendant la nuit. Si mes adversaires ne portent pas ce que je porte, je gagne un avantage sur eux même quand je dors.

Mieux encore, comme les tenues et vêtements de nuit fonctionnels aident à stabiliser mes niveaux d'oxygénation sanguine, mes muscles sont toujours en état de régénération. C'est l'une des raisons pour lesquelles, à quarante-trois ans, je cours plus vite et suis toujours aussi fort qu'à vingt-cinq ans. Avec la pliabilité, l'hydratation, la nutrition et d'autres facteurs amplificateurs, les vêtements de récupération contribuent à expliquer pourquoi je suis capable de me régénérer plus rapidement que beaucoup d'autres athlètes. À l'avenir, il est facile d'imaginer qu'encore plus de technologie intégrée aux vêtements et aux équipements voie le jour, que ce soient des capteurs biométriques qui mesurent l'activité physique ou des tissus et matériaux destinés à prévenir les blessures et à améliorer les performances – et je suis fier de dire que TB12 est à l'avant-garde de ce mouvement. Si je pouvais, je porterais des vêtements de récupération chaque heure de la journée – ce qui est, en fait, presque déjà le cas.

En résumé, il est important de prêter à notre cerveau la même attention que nous accordons à notre corps. La première partie du programme TB12 « *Train-your-brain* » commence lorsque nous rééduquons notre cerveau lors de séances de pliabilité pour établir des connexions entre notre cerveau et nos muscles. La deuxième partie consiste à développer et à maintenir un bon état d'esprit et une bonne attitude sur le terrain et en dehors. La troisième partie consiste en des exercices cérébraux quotidiens. Comme je l'ai dit précédemment, la Méthode TB12 est un régime holistique et cumulatif – ce qui signifie qu'aucune véritable guérison ne peut avoir lieu dans notre corps si nous ne nous concentrons pas également sur notre cerveau.

LES MESURES TB12

- La force mentale est un comportement qui s'apprend. Concentrez-vous sur les leçons à tirer des expériences qui ne marchent pas. Elles deviennent souvent des événements positifs.
- Choisissez de rester positif. Ça dépend de vous.
- Prenez le temps de vous recentrer chaque jour, que ce soit par la méditation ou simplement en faisant quelque chose que vous aimez - un repos réparateur, consciemment ou pas.
- Pratiquez des exercices cérébraux pour maintenir une bonne forme cognitive.
- Reposez votre cerveau de façon appropriée en vous couchant à une heure régulière et en dormant au moins huit heures par nuit. Pour que votre corps travaille pour vous jour et nuit, utilisez des vêtements fonctionnels TB12, ces derniers augmentant l'oxygénation de votre corps pendant votre sommeil. À mon avis, là encore, pas besoin de réfléchir.

De la même manière que nous rééduquons notre cerveau pendant la phase de pliabilité pour créer une connexion corps-esprit, nous devons également développer et maintenir un bon état d'esprit et une bonne attitude sur le terrain et en dehors, et pratiquer les bons exercices cérébraux quotidiens. Une durée de sommeil appropriée, ainsi que des tenues et des vêtements de nuit fonctionnels, réduisent également le temps nécessaire à votre corps pour récupérer. En résumé, une vraie guérison ne peut avoir lieu dans le corps si nous ne nous concentrons pas également sur le cerveau.

CHAPITRE 10

CONCLUSION

Je pense à toutes ces années où j'ai eu le privilège de jouer – et à quel point je suis heureux de pouvoir partager la Méthode TB12 avec vous.

CHAQUE ANNÉE, LES GENS AIMENT ME RAPPELER QUE DOUZE MOIS DE PLUS SE SONT ÉCOULÉS ET QUE LE TEMPS RESTE INVAINCU. CE DICTON EXISTE DEPUIS LONGTEMPS. IL Y A PROBABLEMENT DU VRAI LÀ-DEDANS, ET LE FAIT DE M'EN RENDRE COMPTE M'A AMENÉ À REPENSER CONTINUELLEMENT L'APPROCHE QUE JE PEUX AVOIR SUR MA CARRIÈRE ET MON RÉGIME D'ENTRAÎNEMENT HOLISTIQUE ET CUMULATIF. À BIEN DES ÉGARDS, MA ROUTINE EST MEILLEURE QU'ELLE NE L'A JAMAIS ÉTÉ, ET JE ME SENS MIEUX QUE LORSQUE J'AVAIS LA VINGTAINE. BIEN SÛR, COMME J'AI PU LE DIRE, JE NE SUIS PAS NAÏF. TOUT LE MONDE VIEILLIT NATURELLEMENT. MAIS LA VRAIE QUESTION C'EST : QU'EST-CE QUE CELA SIGNIFIE QUE DE VIEILLIR NATURELLEMENT ? VIEILLIR EST TELLEMENT ANCRÉ COMME UNE FATALITÉ QUE NOUS AVONS TOUS DÉJÀ DES A PRIORI SUR CE QUI ATTEND NOTRE PHYSIQUE À MESURE QUE LE TEMPS PASSE. QUAND QUELQU'UN ME DIT « JE N'AI PLUS VINGT ANS » OU « JE NE PEUX PLUS RÉCUPÉRER COMME AVANT », J'AI DU MAL À L'ACCEPTER. À MON AVIS, LES TRENTENAIRES, QUADRAGÉNAIRES, QUINQUAGÉNAIRES ET LES PERSONNES PLUS ÂGÉES PEUVENT SE SENTIR AUSSI DYNAMIQUES QUE LORSQU'ILS AVAIENT VINGT ANS, AVEC LE MEME POTENTIEL DE PERFORMANCE MAXIMALE ET DE SANTÉ OPTIMALE.

Pour moi, vieillir est une expérience positive sur le plan sportif. Je traduis ça par une année d'expérience et de pliabilité supplémentaire à mon compte. J'ai découvert la pliabilité à l'âge de vingt-sept ans, mais j'aurais aimé m'y mettre encore plus tôt. Quand j'étais adolescent, je me souviens très bien avoir eu quelques accrocs. J'avais toujours mal aux genoux. J'avais toujours mal au coude et à l'épaule. Mes choix alimentaires étaient horribles – et j'étais mal hydraté. Avec le recul, je pense que la solution aurait été d'allonger et d'assouplir mes muscles grâce à des séances de pliabilité afin de réduire la tension sur mes os et mon corps pendant ma croissance, et j'aurais aussi dû améliorer mon hydratation et mon alimentation. Comme je l'ai dit dans l'introduction, si j'avais démarré ce que nous appelons maintenant la Méthode TB12 lorsque j'ai commencé à faire de la musculation à seize ans, je suis convaincu que j'aurais pu éviter de nombreuses années de douleurs inutiles, comme celles dont souffrent de nombreux athlètes.

Pour moi, la Méthode TB12 est plus qu'une nouvelle façon d'envisager le pic de performance. Mon point de vue est peut-être celui d'un quarterback professionnel, mais Alex et moi avons travaillé dur au fil des années pour nous assurer que les principes TB12 sont applicables à quiconque s'engage à adopter un mode de vie sain et holistique. (À la fin de ce livre, vous pourrez lire quelques témoignages de personnes dont la vie a été changée en venant dans un TB12 Performance & Recovery Center, ou en incorporant des produits TB12 dans leur vie quotidienne.) Je suis fier de jouer au football américain et de notre équipe, et je suis également enthousiaste à l'idée d'éduquer les gens et d'inspirer un mouvement qui peut changer la vie de personnes de tous horizons et tous milieux. Je crois que nous pouvons et devons repenser non seulement notre façon de nous entraîner, mais aussi notre façon de vivre. Comme je l'ai dit précédemment, l'être humain a naturellement tendance à se concentrer sur la gratification instantanée. Les athlètes amateurs et professionnels subissent une pression énorme à toujours retourner sur le terrain. Les jeunes joueurs peuvent négliger un régime alimentaire sain au départ, en pensant qu'ils se mettront à mieux manger la semaine d'après, le mois suivant ou l'année suivante. Quand j'étais un jeune athlète, moi aussi je me voilais la face. Mais un élément essentiel de la Méthode TB12 consiste à développer un état d'esprit et une discipline qui visent le long terme. En gros, votre santé et vos choix de mode de vie finiront par vous rattraper, que ce soit de manière négative ou positive. Les habitudes et les comportements que vous choisissez d'adopter à partir de maintenant détermineront si vous serez confronté à un vent contraire ou si vous aurez le vent en poupe dans les années et les décennies à venir.

Posez-vous la question : Que signifie la longévité pour moi ? Qu'est-ce que cela signifie de prolonger votre pic de performance ? Cette question est posée à chaque personne qui entre dans un TB12 Performance & Recovery Center. Il n'y a rien de surprenant à ce que la plupart des réponses soient en rapport avec le sport. Un joueur de baseball de seize ans veut jouer de son mieux pendant la saison à venir. Un coureur de fond de vingt ans veut faire partie de l'équipe universitaire. Un athlète professionnel de trente ans veut jouer pendant les trois années suivantes sans se blesser. Une mère de famille de quarante-cinq ans qui travaille veut se sentir aussi bien pendant son footing matinal que lorsqu'elle avait vingt ans, et veut pouvoir continuer à jouer au tennis le week-end avec son fils et sa fille qui sont au lycée. Un homme d'affaires de soixante ans veut continuer à jouer au basketball tous les dimanches et être de retour derrière son bureau le lundi matin, sans douleur et plein d'énergie. Un médecin de soixante-cinq ans veut pouvoir faire du ski avec ses petits-enfants sans craindre d'avoir mal aux genoux.

Les idées de longévité et de pic de performance prolongé soulèvent une deuxième question : qu'est-ce que cela signifie d'être le meilleur dans ce que l'on fait ? Être le meilleur dans n'importe quel domaine exige de la discipline, de la concentration et un travail acharné. Que vous soyez un sportif de haut niveau, un entraîneur, un agriculteur, un cadre, un enseignant, un médecin, un étudiant, un parent, un graphiste ou autre, donner le meilleur de soi demande de s'engager à faire du mieux possible chaque jour de votre vie. Votre vie ne s'arrête pas lorsque vous quittez l'entraînement, rentrez chez vous le soir ou éteignez votre ordinateur portable – alors pourquoi cela devrait être le cas de votre engagement vers un pic de performance ? Nous voulons tous, ou devrions tous vouloir jouer et vivre au maximum de notre potentiel.

En ce qui me concerne, j'imagine chaque lycée, chaque université et chaque équipe professionnelle un jour créer des programmes de pliabilité de la même manière qu'ils se sont engagés dans la muscu et le cardio. J'imagine les parents faire de la pliabilité avec leurs enfants, les entraîneurs faire de la pliabilité avec leurs joueurs, et les athlètes du monde entier faire de l'autopliabilité avant et après les entraînements. J'imagine des TB12 Performance & Recovery Centers partout dans le monde, où tous ceux qui s'investissent dans leur propre pic de performance et leur santé optimale peuvent venir – et j'imagine aussi les compagnies d'assurance faire un pas en avant pour réaliser que la pliabilité est la clef pour prévenir les blessures avant qu'elles ne se produisent. Plus précisément, les entraîneurs, les formateurs et les parents se doivent de commencer à incorporer ces méthodes autant que possible.

J'aime à le répéter : la pliabilité n'est pas réservée aux athlètes de haut niveau. Elle s'adresse à tous ceux qui veulent vivre une vie bien remplie et la plus longue possible. Elle n'est pas seulement bénéfique pour notre corps. La vie peut être difficile, et les défis surgissent parfois de nulle part. Comment pourrions-nous relever ces défis d'une manière déformable – c'est-à-dire sans tension ni rigidité, mais en étant prêt, ouvert d'esprit et réceptif ? Sur le terrain et en dehors, la pliabilité est une métaphore sur la façon dont j'essaie de vivre ma vie.

À bien des égards, j'estime qu'il est de ma responsabilité – et c'est même ma vocation – d'attirer l'attention sur ce que j'ai appris avec pour but d'aider les autres. Je suis conscient que certaines personnes peuvent réagir avec cynisme ou scepticisme. Mais à tous ceux qui me disent « Pourquoi devrais-je faire ce qu'il me dit ? », je réponds : ne me croyez pas sur parole. Essayez. Voyez par vous-même. Testez la différence que la Méthode TB12 pourra apporter à votre qualité de vie. Même si vous commencez par vous y tenir pour trente jours seulement, vous commencerez à sentir la différence. Ensuite, essayez soixante jours. Puis cent vingt jours. Avant que vous ne vous en rendiez compte, la Méthode TB12 deviendra une seconde nature.

Nous avons tous le choix, et nos vies sont ce que nous en faisons. Je pense sincèrement que nous devons être les acteurs de notre propre santé et bien-être. Nous devons en prendre la responsabilité. Nous ne sommes pas des victimes. Tenez-vous pour responsable, et non pas votre médecin ou votre coach. Une bonne santé et une bonne vie ne sont pas le fruit du hasard. Si vous incorporez la pliabilité à votre programme de muscu et de cardio, ainsi que l'hydratation, la nutrition, les compléments alimentaires, le repos et la récupération, je vous promets que vous serez sur la bonne voie pour vivre la vie la plus saine, la plus productive et la plus durable possible. Je ne crois pas que nous soyons entièrement victimes du sort ou du destin quand on parle de pic de performance. Nous avons le choix de la façon dont nos vies se déroulent.

1. Incorporez la pliabilité comme le chaînon manquant de votre programme de muscu et de cardio. Apportez de l'équilibre à votre environnement intérieur pour absorber et disperser les forces dans votre vie.

2. Hydratez-vous, hydratez-vous, hydratez-vous. Buvez au moins un litre d'eau par tranche de 30 kilos de votre poids chaque jour, avec des électrolytes, et plus si vous le pouvez. Une pliabilité optimale ne peut être obtenue sans une bonne hydratation.

3. Réduisez ou éliminez votre consommation de caféine, de soda et d'alcool. Ces trois substances peuvent déshydrater. Si vous buvez du café, du soda ou de l'alcool, rééquilibrez votre hydratation en buvant deux verres d'eau avec électrolytes pour chacune de ces boissons que vous consommez.

4. Faites l'effort de consommer des aliments naturels, de préférence bio et principalement à base de plantes.

5. Mangez un certain pourcentage quotidien de vos légumes crus, c'est-à-dire non cuits.

6. Achetez et mangez autant de produits locaux que possible. La plupart des aliments vendus au supermarché ont parcouru de longues distances et ont été congelés et décongelés avant d'être mis en rayons.

7. Essayez de limiter, voire d'éliminer, les aliments qui provoquent une inflammation chronique, notamment les fast-foods, les aliments transformés et les cinq « blancs » : pain de mie, pâtes, pommes de terre, lait et excès de sel.

8. Complétez votre régime alimentaire en prenant au minimum un complexe multivitaminé et un complexe de vitamines B.

9. Complétez votre alimentation avec des protéines en poudre ou une barre protéinée pour aider votre corps à se reconstruire et à se régénérer, surtout après les séances d'entraînement – et grignotez quand vous avez faim tout au long de la journée.

10. Prenez le temps de vous recentrer chaque jour, que ce soit par la méditation ou en faisant simplement quelque chose que vous aimez. C'est une partie importante du rééquilibrage de votre environnement intérieur.

11. Notre cerveau est notre tour de contrôle. Ne perdez jamais de vue l'importance de la forme cérébrale. Pratiquez des exercices cérébraux basés sur la plasticité pour maintenir votre cerveau dans un état de forme optimal.

12. Reposez votre cerveau de façon appropriée en respectant un horaire de coucher régulier et en dormant au moins huit heures par nuit. Pour que votre corps puisse travailler pour vous jour et nuit, utilisez les tenues et vêtements de nuit fonctionnels TB12, ces derniers augmentant l'oxygénation de votre corps pendant votre sommeil.

Je pratique et je vis la Méthode TB12 à la fois dans mon travail et dans ma vie, et je vous souhaite d'obtenir les mêmes résultats que moi dans votre travail et dans votre vie. Et si, dans un mois, vous vous sentiez mieux dans toutes vos activités préférées ? Et encore mieux six mois plus tard ? Qu'est-ce que cela vous ferait de *vous améliorer avec le temps*, de vous sentir mieux que quiconque, et de faire durer vos performances maximales plus longtemps que vous ne l'auriez jamais cru possible ?

Vous avez toutes les cartes en main. Notre objectif n'est pas seulement un meilleur entraînement, c'est une meilleure vie. Changeons nos habitudes – et celles du monde – pour le meilleur. Je vous souhaite bonne chance dans votre parcours pour que vous puissiez devenir la meilleure version de vous-même.

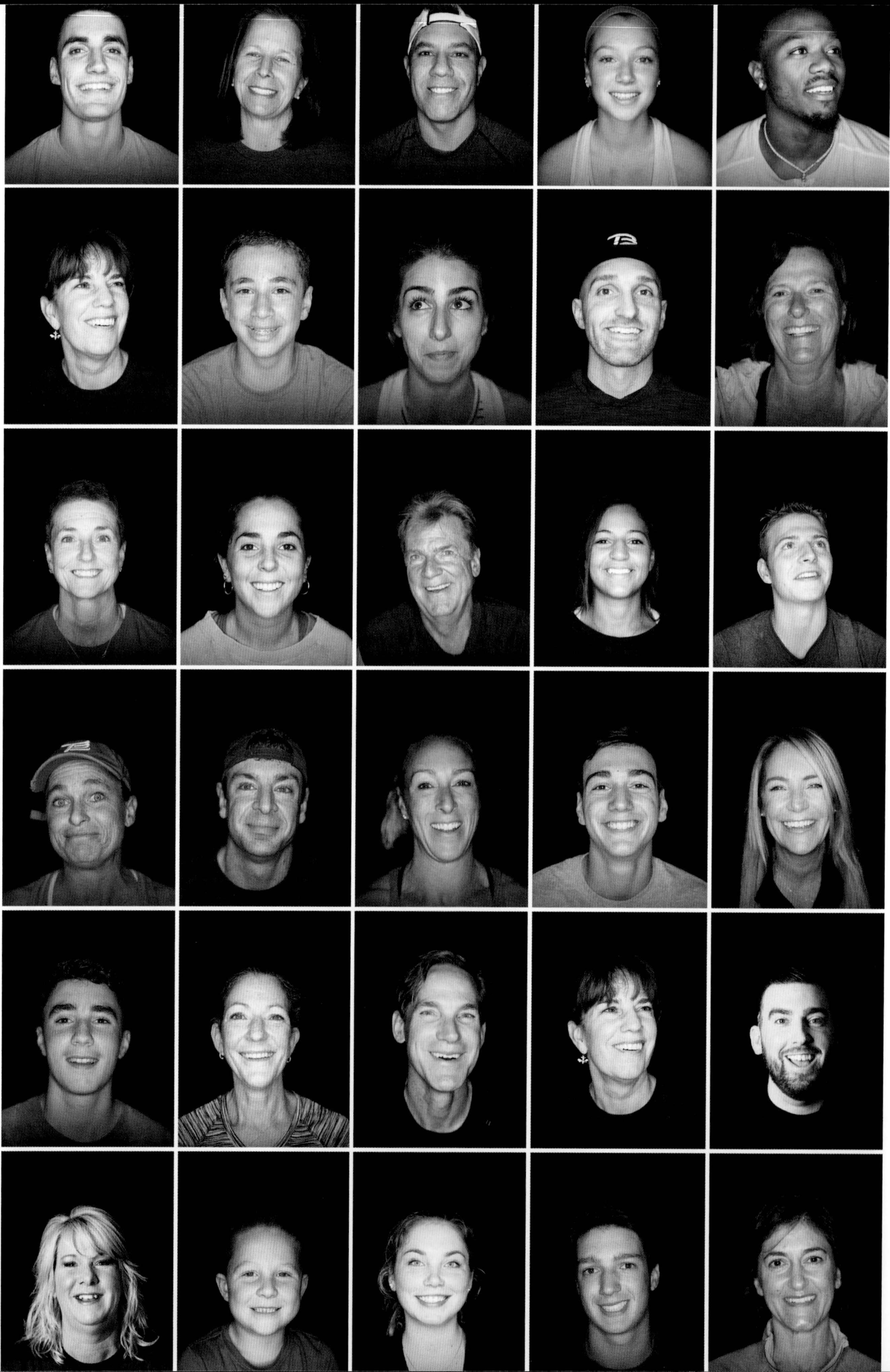

TÉMOIGNAGES

TÉMOIGNAGES DE CLIENTS DE BODY COACHS

L'UTILISATION DE LA MÉTHODE TB12 DE TOM ET ALEX M'A énormément aidé dans mon rétablissement. Leurs entraînements variés m'ont aidé à stabiliser mon corps tout entier et, plus important encore, à augmenter ma pliabilité, ce qui m'a amené là où j'en suis aujourd'hui, détendu et guéri ! La pliabilité c'est la clef, c'est une sensation incroyable, et c'est un style de vie.

Rob Gronkowski, *tight end*,
triple vainqueur du Super Bowl

AVANT TB12, LE SIMPLE FAIT DE MONTER LES ESCALIERS ÉTAIT UN DÉFI. TB12 m'a réconcilié avec le fitness – et m'a donné une base de référence que je n'avais jamais eue auparavant, et tout ce que j'ai fait ici a été incroyable. Je ne peux pas retranscrire l'importance de TB12 dans ma vie. La récupération est ce que j'ai le plus pris à cœur dans la Méthode TB12. Je ne pars plus en voyage au ski sans mon rouleau vibrant pour pliabilité désormais, qui me permet d'aller plus loin, de me sentir mieux et de repousser mes limites. Je retrouve qui je suis et qui j'étais.

Steven, client de TB12 âgé de vingt-six ans
et skieur passionné, a souffert pendant quatre ans
d'inactivité due à une maladie pulmonaire chronique
qui l'a souvent conduit à l'hôpital

AVANT D'EN VENIR À LA MÉTHODE TB12, EVE NE POUVAIT PAS faire de flexion dorsale de cheville, et son mollet et sa cuisse du côté droit étaient très raides, tout comme son bras droit. Grâce au travail de pliabilité, les *body coachs* d'Eve ont contribué à briser la rigidité de ses tissus profonds et à signaler à son cerveau que ses muscles se sont détendus. Ce n'est pas une tâche facile de travailler sur une enfant de trois ans, mais je peux honnêtement dire que la première fois que nous sommes venus chez TB12, c'était la première fois que nous avons quitté un rendez-vous en nous sentant enthousiastes. Eve a fait des progrès incommensurables depuis qu'elle est venue chez TB12. Cela peut sembler exagéré mais c'est vrai. Pas seulement dans sa condition physique – avec une mobilité et une pliabilité accrues –, mais aussi dans sa confiance. Nous sommes tellement reconnaissants qu'ils aient eu la clairvoyance d'ouvrir le TB12 Performance & Recovery Center. Il faut du courage pour se lancer et introduire une nouvelle méthode de soins. Cela provoque des critiques et des questions sans fin. Mais cela apporte aussi la beauté de l'espoir – et l'espoir est un cadeau incroyable.

Shannon Guerrero, à propos de sa fille Eve,
qui a maintenant quatre ans

J'ÉTAIS SCEPTIQUE AU DÉPART, COMME TOUJOURS, MAIS APRÈS UNE SEULE VISITE *[chez TB12]*, j'ai remarqué que mon dos, mon cou et mes épaules étaient beaucoup plus mobiles. Au départ, je suis venu pour réduire mes douleurs et pouvoir jouer davantage avec mes enfants, mais après quelques visites, nous avons fixé de nouveaux objectifs. Avant de me blesser, j'étais un coureur passionné. Je pensais que c'était fini, mais après seulement quelques visites, j'ai pu recommencer à courir. Plus j'adhérais au programme, plus tout s'améliorait, ce qui a fini de me convaincre. Ma qualité de vie s'en est trouvée considérablement améliorée. Je fais maintenant des choses que je n'aurais jamais cru être capable de faire dans ma vie. *[TB12]* a changé ma vie de façon incroyable, et a fait de moi un meilleur mari, un meilleur père et une meilleure personne.

Kevin Flike, ancien Béret Vert

TRÈS PEU DE TEMPS APRÈS MA BLESSURE, J'AI EU LA CHANCE d'être mis en relation avec l'équipe de TB12. Les avoir à mes côtés a vraiment fait la différence entre un rétablissement moyen et un rétablissement exceptionnel.

Mike Chambers, ultramarathonien qui a pu terminer avec succès une course d'endurance de 322 km six mois seulement après un terrible accident d'escalade

TB12 A CHANGÉ MA FAÇON DE VOIR L'ALIMENTATION ET L'ENTRAÎNEMENT. Grâce à la pliabilité et à l'acupuncture, TB12 a contribué à stimuler et à rajeunir les muscles atrophiés de mon bras droit et de la région de la coiffe des rotateurs – nous attaquons désormais l'entraînement athlétique sur le gazon. Ce sera malheureusement une bataille à vie, mais avec l'équipe de TB12, nous faisons des progrès ! TB12 est comme une famille, la sincérité de leur attention est si évidente.

Connor Barrett, joueur de hockey qui est né avec la paralysie d'Erb, une paralysie du bras causée par une lésion nerveuse à la naissance

MES BODY COACHS CHEZ TB12 M'ONT AIDÉ À GAGNER EN MUSCLES ET en confiance tout au long de ma rééducation du LCA. L'intérêt que chacun d'entre eux porte à mon état et à ma progression ne se retrouve nulle part ailleurs. J'aime le fait qu'à tout moment, je peux venir au TB12 Performance & Recovery Center en sachant que je vais recevoir un traitement incroyable, quel que soit le *body coach* avec lequel je suis. Les médecins m'ont dit que je ne redeviendrais jamais l'athlète que j'étais – mais TB12 a fait en sorte que la personne que je suis maintenant soit un meilleur athlète et basketteur, plus en forme que je ne l'étais auparavant.

Ben McPherron, joueur de basketball au lycée

APRÈS MA DEUXIÈME BLESSURE AU GENOU, BEAUCOUP DE GENS pensaient que je devais abandonner le sport. Grâce à TB12, j'ai pu jouer une dernière année au lycée qui m'a permis d'être sélectionné comme Étoile de la Conférence et d'être recruté pour jouer au basket à l'université. TB12 m'a aidé à surmonter tous les obstacles que j'ai rencontrés. Mon *body coach* me pousse à aller plus loin que je ne l'imaginais, et m'aide à conserver ma force mentale. Il m'a surpris lorsqu'il est venu assister à mon premier match après que j'ai été autorisé à rejouer ! Ça a eu beaucoup d'importance pour moi. Mon expérience incroyable chez TB12 m'a même motivé à étudier la préparation physique et la thérapie manuelle ! J'ai vraiment atteint un niveau de performance que je ne pensais pas pouvoir atteindre.

Kolby MacKenzie, futur joueur de basketball universitaire

J'AI CINQUANTE-TROIS ANS, DONC LE PLUS IMPORTANT POUR MOI, c'est d'être en bonne santé. J'aimerais pouvoir poursuivre ma vie quotidienne et mes loisirs sans douleur et au meilleur niveau possible. Les gens me demandent souvent : « Qu'est-ce que c'est ? Pourquoi TB12 est-il si différent ? » J'essaie de leur décrire l'impact du travail corporel et de la pliabilité, et je les encourage vivement à l'essayer. Tout le monde a fait des commentaires élogieux. Mon *body coach* a été extraordinaire pour moi et mon fils. Non seulement il a délivré un traitement incroyable, mais il nous a aussi beaucoup appris sur la Méthode TB12. Désormais, nous utilisons toujours le rouleau de pliabilité et nous suivons le programme My Plan de l'application TB12 pour suivre un grand nombre d'entraînements. J'ai adoré les bandes de résistance.

Ian Loring, qui s'est déchiré le tendon d'Achille en skiant en 2018, et a décidé d'essayer TB12 après avoir vu les soins incroyables que son fils a reçus

MA MÈRE M'A OFFERT UNE CARTE CADEAU POUR ALLER CHEZ TB12 POUR NOËL. Elle sait que je veux jouer au football à l'université et, avec un peu de chance, jouer dans la NFL. Elle me voit prendre beaucoup de coups, alors elle a pensé qu'apprendre la pliabilité et la prévention des blessures serait la clef de ma réussite. Je me suis fait une déchirure au quadriceps pendant ma première année, lors du deuxième match de la saison ; cela aurait dû mettre fin à ma saison. Si je n'avais pas eu TB12, je n'aurais pas pu revenir dès le quatrième match ! TB12 m'a permis de rester sur le terrain et de jouer sans aucune restriction. Je suis capable d'encaisser des coups sur le terrain sans avoir mal le lendemain, car mon corps est plus déformable. Pendant les périodes de blessure, le soutien que j'ai reçu m'a aidé à rester concentré sur mes rêves. Ils m'ont aidé à me relever lorsque je me sentais déprimé. Pour moi, ils ne sont pas seulement des *body coachs*, ils font partie de ma famille. Je peux y aller et être traité comme un membre de la famille, et je bénéficie du même traitement que les athlètes de la NFL. Cela me donne l'impression que mes rêves sont tous réalisables.

Carter, joueur de football américain au lycée

JE VOULAIS REMERCIER TB12 POUR AVOIR VÉRITABLEMENT CHANGÉ MA VIE. Il y a un an et demi, je suis venu chez TB12 désespéré après avoir subi de multiples commotions cérébrales et souffrant de migraines quotidiennes et de douleurs chroniques au cou depuis cinq ans. TB12 m'a aidé à remettre ma vie et ma santé en ordre. Cela fait presque deux ans (sans douleur) depuis ma première visite et je vais continuer à vivre le style de vie TB12 pour le reste de ma vie. Merci !

Tony, client TB12

TÉMOIGNAGES SUR LES ENTRAÎNEMENTS EN GROUPE TB12

LES COURS TB12 NE RESSEMBLENT À AUCUN AUTRE COURS DE FITNESS en groupe que j'ai suivi ! La taille réduite de la classe permet une attention personnalisée. Une partie de chaque cours est consacrée à la récupération, de sorte que lorsque je quitte le cours, je me sens pleine d'énergie et non pas épuisée et endolorie comme avec d'autres entraînements. Les instructeurs sont très dynamiques pendant les cours et connaissent vraiment bien le mode de vie TB12. Ils sont créatifs et proposent de nombreuses façons différentes d'obtenir une séance d'entraînement efficace. Je suis ravie d'inclure ce cours à ma routine plusieurs fois par semaine.

Elizabeth, participante au cours d'entraînement en groupe TB12

J'AIME BEAUCOUP LES COURS TB12 ! ÉTANT COUREUSE DE FOND, JE TROUVE qu'ils représentent un excellent complément d'entraînement pour la vitesse et la force en plus de mes longues courses en ville, avec une ambiance que je n'ai pas vraiment ressentie depuis l'époque où j'étais une athlète universitaire. Vous ne savez pas ce qui vous attend d'un jour à l'autre, ce qui est rafraîchissant et vous garde sur le qui-vive – au sens propre comme au figuré.

Francesca, participante au cours d'entraînement en groupe TB12

TÉMOIGNAGES SUR LA GAMME DE PRODUITS

J'AI RÉCEMMENT ACHETÉ LA SPHÈRE VIBRANTE DE PLIABILITÉ. Avant, j'utilisais une balle de softball pour essayer de détendre mes muscles fessiers, qui sont tout le temps contractés. Avec cette sphère c'est comme si on avait surchargé ma balle avec des stéroïdes. Je me sens plus détendu et plus souple que je ne l'ai été en dix ans, et je commence à l'utiliser sur d'autres parties de mon corps. Les quatre vitesses vous aident vraiment à vous familiariser avec la fonction de vibration, et la batterie dure assez longtemps, au moins une semaine au rythme de multiples sessions de dix minutes par jour sans que je n'aie eu à la charger. J'ai cherché d'autres appareils comme ça, mais ils ne sont pas conçus pour que l'on puisse y placer le poids de son corps comme celui-ci, donc atteindre la même pression que celle que l'on obtient avec cet appareil est presque impossible. Pour 150 $, il surpasse la concurrence à un prix beaucoup plus raisonnable. Merci TB12, cet achat a changé ma vie.

Austin, client TB12

COMME LA CARRIÈRE DE TOM BRADY, QUI A FAIT PREUVE DE CLASSE, de qualité, d'engagement et de fiabilité... il en va de même pour les produits qu'il représente et pour l'équipe qui travaille au quotidien. Ce sont des produits de qualité, fabriqués avec des matériaux de première classe et construits avec soin. Je suis très satisfait des vêtements, des produits de nutrition et de la sphère de pliabilité que j'ai achetés. Continuez comme ça, TB12 !

Jim, client TB12

TOUT CE QUI CONCERNE TB12 EST EXCEPTIONNEL... LE CONCEPT... l'application mobile... l'entraînement... les bandes de résistance en boucle. Tout... de superbes séances d'entraînement avec un super produit. Cela faisait des années que je ne m'étais pas senti aussi bien.

Stephen, client TB12

LES PROTÉINES VÉGÉTALES DE TB12 AIDENT VRAIMENT à accélérer ma récupération après un entraînement de haute intensité et des séances de CrossFit. C'est la protéine avec le meilleur goût sur le marché. La saveur vanille est ma préférée.

Matt, CrossFitter et marathonien

GRÂCE AUX PROTÉINES VÉGÉTALES DE TB12, J'AI REMARQUÉ une grande différence dans la façon dont mon corps réagit et récupère. Cela faisait longtemps que je ne m'étais pas senti aussi bien après mes matchs ou mes entraînements. Le fait d'avoir des portions individuelles à disposition permet de faire le plein d'énergie sur le pouce, rapidement et facilement !

Davey, joueur de lacrosse professionnel

C'ÉTAIT LA TOUTE PREMIÈRE FOIS QUE J'ESSAYAIS DES protéines d'origine végétale, j'avais donc quelques réserves. Mais mes inquiétudes se sont dissipées dès le début ! J'ai simplement mélangé la protéine avec de l'eau et c'était délicieux. J'ai également ajouté la protéine dans mes smoothies. Des protéines aux vêtements, les produits TB12 sont équivalents à Tom Brady sur le terrain de football – une masterclass et parfaits.

Cuong, client TB12

JE ME FAIS MASSER EN PROFONDEUR CHAQUE SEMAINE DEPUIS plus d'un an pour essayer de retarder une prothèse de hanche. Si je rate une semaine, je me crispe à nouveau. L'utilisation de ce rouleau vibrant pendant dix minutes par jour me permet de rester détendue sans besoin de massage. Je l'utilise sur le réglage le plus bas et je le fais rouler fort contre tous les muscles de mes cuisses, de mes fesses et du bas de mon dos. J'ai soixante-dix ans et j'ai encore mes deux hanches et mes deux genoux. Bon produit.

Joan, cliente TB12

LES BANDES DE RÉSISTANCE TB12 SONT INDISPENSABLES ! IL Y a une variété de bandes de résistance différentes selon vos besoins. Elles sont très faciles à installer, et après les avoir utilisées une fois, vous ne voudrez plus revenir en arrière. Si vous les utilisez correctement, vous serez en mesure d'obtenir une séance d'entraînement incroyable. Leur poudre de protéines végétales est également excellente ! Facile à mélanger avec de l'eau ou du lait, elle a un goût incroyable. Je recommande ces produits à tout le monde, quels que soient votre âge et vos objectifs !

Kabir, client TB12

J'UTILISE CES BANDES EN COMPLÉMENT DE MES SÉANCES d'haltérophilie (je commence à faire mon âge) et elles sont incroyables ! J'en suis à un point où j'abandonne complètement les poids et haltères car je me sens mieux (souple, moins endolori et douloureux) lorsque j'utilise les bandes TB12 (et ses méthodes).

Michael, client TB12

J'AI ESSAYÉ TOUS LES PARFUMS DES ÉLECTROLYTES, SAUF LE citron, et le parfum pêche-mangue est mon préféré. J'en ajoute toujours à mon eau, et encore plus pour l'eau que j'emmène en salle de sport. Les électrolytes font une énorme différence dans la façon dont je me sens pendant et après la thérapie ! De plus, le goût n'est pas trop fort et ajoute suffisamment de « punch » pour faire en sorte que boire les bonnes quantités d'eau par jour soit un plaisir ! Je recommande vivement ce produit !

Judith, cliente TB12

JE SUIS UNE FEMME DE CINQUANTE-DEUX ANS QUI UTILISE LES protéines végétales TB12 depuis un an et demi. Je ne me suis jamais sentie aussi bien ! Je suis plus forte et j'ai plus d'énergie que jamais ! Je fais du CrossFit cinq/six fois par semaine et je ne crois pas que cela serait possible sans TB12 !

Beth, cliente TB12

JE SUIS ALLERGIQUE AUX PRODUITS LAITIERS ET NE PEUX DONC pas consommer de protéines en poudre contenant du lactosérum. J'ai essayé presque toutes les protéines végétales sur le marché et celle-ci est de loin la meilleure que j'ai essayée, sans hésitation aucune. Elle n'est pas granuleuse, elle est super fine et se mélange parfaitement avec l'eau dans mon shaker. Le goût est chocolaté mais pas trop sucré. Je la recommande à tous ceux dans mon entourage qui recherchent une excellente poudre de protéines non laitière.

Nicole, cliente TB12

[LES ÉLECTROLYTES TB12] ONT CHANGÉ LA FAÇON DONT JE m'hydrate au quotidien. Je ne bois que du café, du thé et de l'eau. Je me sens plus hydratée et j'apprécie davantage de boire de l'eau avec un soupçon de vos électrolytes ! Ils ont contribué à accélérer mon rétablissement après une opération.

Valerie, cliente TB12

JE NE SUIS PAS QUELQU'UN QUI AIME LES PROTÉINES, MAIS depuis que j'ai adopté un mode de vie à base de plantes, je sais que j'ai besoin d'un coup de pouce. Cette protéine est de loin la meilleure. Cinq ingrédients et un goût délicieux. J'ai choisi chocolat et vanille – je les aime tous les deux.

Shannon, cliente de TB12

JE SUIS IMPRESSIONNÉ PAR LA QUALITÉ DE CES PRODUITS. J'AI jeté mes anciennes bandes parce que les bandes de résistance TB12 sont d'une qualité nettement supérieure. Le kit de démarrage Pliabilité est livré avec un ancrage de porte amovible très ingénieux, ce qui vous évite d'avoir à acheter du matériel supplémentaire quand vous êtes débutant. Le summum reste le rouleau, que j'ai utilisé avant et après mes séances d'entraînement. Plus de mollets douloureux. Je suis ravi d'avoir commandé le kit. Les séances d'entraînement sur l'application mobile sont très bien dirigées, sans bavardage ennuyeux de la part des instructeurs. Merci.

Sam, client TB12

EXCELLENT ! JE SUIS UNE FEMME DE SOIXANTE-CINQ ANS, JE fais du jogging sur six à huit kilomètres sept jours par semaine. J'utilise les électrolytes TB12 depuis quelques mois seulement et je peux voir la différence ; ils me gardent hydratée pendant et après mon entraînement. Je les prends dès que je me lève le matin et pendant mon entraînement.

Marta, cliente TB12

JE SUIS UNE COUREUSE ÂGÉE MAIS ASSIDUE QUI SE BAT CONtre les blessures de surmenage, l'une après l'autre depuis l'année dernière. La kinésithérapie m'a aidée au début, mais cela devenait inefficace face à mes problèmes les plus récents – le syndrome du piriforme et une entorse des ischio-jambiers. Après deux jours d'utilisation du rouleau vibrant de pliabilité TB12 et de la sphère, j'ai ressenti un immense soulagement. L'utilisation quotidienne du rouleau et de la sphère est l'ingrédient clef qui me permet maintenant de courir, de me sentir bien et d'éviter les blessures. La sphère, en particulier, est si utile que j'en ai commandé une pour mon entraîneur de course après qu'elle a essayé la mienne et l'a adorée.

Jackie, cliente TB12

FOIRE AUX QUESTIONS

1. Qu'est-ce que la Méthode TB12 ?

La Méthode TB12 est une approche de l'entraînement à la performance et un mode de vie qu'Alex et moi avons développés au cours des quinze dernières années, dans le but de maximiser mon potentiel sur le terrain et en dehors. Elle peut permettre aux individus actifs d'étendre leurs pics de performance dans le temps en prévenant les blessures et en favorisant une récupération plus rapide grâce à des programmes holistiques de bien-être du corps tout entier. La Méthode TB12 intègre l'exercice, la nutrition, l'hydratation, les exercices cérébraux, le repos et la récupération, et – à la base – des techniques ciblées de travail musculaire en profondeur pour aider à maximiser ce que nous définissons comme la pliabilité des muscles. Je pense que cette approche est optimale pour obtenir des résultats à long terme – et j'attribue à la Méthode TB12 ma longévité et mon pic de performance prolongés dans le football américain professionnel, ainsi que la santé et la vitalité dont je jouis chaque jour.

2. Qu'est-ce que la pliabilité ?

La pliabilité fait référence à l'état des muscles qui restent longs, souples et activés tout au long des actes de la vie quotidienne, contrairement aux muscles qui sont tendus, denses et rigides, et moins capables de s'adapter aux contraintes qui leur sont imposées. Lorsque nos muscles sont déformables, ils récupèrent plus rapidement, sont moins sensibles aux blessures et sont mieux à même d'absorber les charges de travail et les forces. La Méthode TB12 comprend une série de techniques visant à augmenter et à maintenir la pliabilité, notamment des exercices de pliabilité à l'aide de dispositifs assistés, l'autopliabilité, la pliabilité avec un partenaire et, dans sa forme la plus aboutie – celle que je recommande –, un *body coach* certifié TB12 qui applique une pression manuelle profonde sur les muscles pendant qu'ils se contractent et se relâchent fonctionnellement au cours du mouvement. L'un des principes clefs de TB12 est d'intégrer les traitements de pliabilité avant et après les entraînements ou les activités. Notre principal objectif à long terme est d'aider les athlètes à développer une connexion cerveau-corps qui permette à leurs muscles de rester longs, souples et activés pendant les séances d'exercices, les entraînements ou les matchs. La pliabilité des muscles optimise la circulation sanguine riche en oxygène tout en diminuant considérablement les microdéchirures et les cicatrices, ce qui réduit le risque de blessure et accélère la récupération en cas de blessure.

3. En quoi la pliabilité est-elle différente de la flexibilité ?

La pliabilité consiste à allonger et à assouplir les muscles. La flexibilité, qui résulte souvent d'un étirement, peut allonger les muscles dans une certaine mesure, mais elle ne les assouplit pas. L'allongement et l'assouplissement des muscles éliminent leur tension. Ce n'est pas le cas des étirements. Une autre différence entre la pliabilité et les étirements est que l'entraînement à la pliabilité nécessite un certain niveau de traumatisme positif et intentionnel pour stimuler le muscle et « entraîner le cerveau » à contracter et relâcher le muscle dans son état le plus long et le plus souple. Si vous vous étirez, je vous recommande d'intégrer un traitement de pliabilité avant et après. Pour plus d'explications sur les différences entre flexibilité et pliabilité, voir page 73.

4. Comment puis-je commencer à utiliser la Méthode TB12 ?

La meilleure façon de s'entraîner à la pliabilité est de passer par un *body coach* TB12 expérimenté et certifié.

Il n'y a pas de véritable substitut aux séances de pliabilité en personne dans un TB12 Performance & Recovery Center, mais comme je l'ai expliqué précédemment, il existe d'autres moyens d'intégrer des choix de style de vie et d'entraînement qui vous mettront sur la voie du pic de performance. Cela commence par un engagement à intégrer la pliabilité et ses facteurs amplificateurs dans votre routine quotidienne, dans la mesure du possible. L'hydratation est la première chose à faire. Boire 1 litre d'eau par tranche de 30 kilos de votre poids chaque jour est un changement de style de vie facile à adopter, et les résultats positifs peuvent vous surprendre ! Il est également important de faire les bons choix nutritionnels (associés à une utilisation intelligente des compléments alimentaires) afin de maintenir les taux d'inflammation de votre corps à un niveau bas et de conserver une attitude saine et positive. Cherchez également des moyens de vous recentrer sur vous-même – vu que les exercices cérébraux, une bonne disposition d'esprit, le repos et un sommeil régulier sont très utiles et ont un effet cumulatif sur votre santé à long terme.

5. Quelles sont les recommandations nutritionnelles les plus importantes de TB12 ?

Nos recommandations nutritionnelles sont adaptées spécifiquement à chaque client TB12 en fonction de sa situation et de ses objectifs uniques – mais dans l'ensemble, notre programme alimentaire met l'accent sur un régime équilibré, saisonnier, principalement à base de plantes et d'aliments naturels et bio. Consultez les chapitres 7 et 8 pour plus de détails. Par-dessus tout, rappelez-vous que l'activité physique ne suffira jamais à vous maintenir en bonne santé si vous ne mangez pas bien. Une bonne alimentation améliorera votre vitalité.

6. Pourquoi mettre l'accent sur les bandes de résistance ?

Les muscles ne sont pas faits pour être exposés. Ils servent à protéger notre structure osseuse et à effectuer les tâches que nous leur demandons, qu'il s'agisse de faire du sport ou de soulever des grosses boîtes en carton. La Méthode TB12 étant centrée sur la pliabilité des muscles, nous nous concentrons sur des exercices fonctionnels qui permettent aux muscles de rester longs, souples et activés. Les bandes de résistance permettent une amplitude de mouvement plus grande et plus fluide comparées aux poids, et aident à développer la force et la puissance sans raccourcir ou endommager les muscles, provoquer une inflammation ou surcharger un seul muscle. En ciblant simultanément les groupes de muscles qui accélèrent et décélèrent sans surcharger nos articulations, les bandes de résistance reflètent également les mouvements normaux et quotidiens du corps. Consultez le chapitre 6 pour voir nos exercices TB12 intégrant des bandes de résistance.

7. Les centres TB12 se concentrent-ils sur la récupération post blessure ou sur la prévention des blessures et l'optimisation des performances ?

Les deux ! Les *body coachs* TB12 travaillent avec des athlètes blessés pour accélérer leur rétablissement, et aussi avec des athlètes non blessés pour améliorer leurs performances globales et minimiser leur probabilité de subir des blessures sans contact dans le futur. Pour les clients qui viennent au TB12 Performance & Recovery Center pour une récupération post blessure, nous recommandons de poursuivre avec un programme d'entraînement orienté vers la prévention des blessures potentielles avant qu'elles ne se produisent.

8. Puis-je visiter, ou prendre un rendez-vous dans un centre TB12 ?

Nous ne proposons pas de visite dans les TB12 Performance & Recovery Centers, puisqu'il s'agit de centres d'entraînement et de thérapie entièrement opérationnels. Mais des rendez-vous sont disponibles pour le grand public ! Nous travaillons avec des athlètes de tous âges et de tous niveaux – qu'ils cherchent à adopter un mode de vie plus sain ou qu'ils se remettent d'une blessure (comme vous pouvez le voir dans les témoignages de nos clients). Chaque séance est adaptée aux besoins de l'individu. Notez bien qu'en raison de la forte demande, il existe actuellement une liste d'attente pour les rendez-vous. Veuillez visiter TB12sports.com pour plus d'informations sur la prise de rendez-vous. Prochainement, nous espérons avoir plus de *body coachs* certifiés TB12 et des installations TB12 dans d'autres parties du pays.

9. Que se passe-t-il lors d'une séance typique dans un centre TB12 ?

Toutes nos sessions dans les TB12 Performance & Recovery Centers sont individuelles, et la plupart durent au moins une heure. Pour commencer, l'un de nos *body coachs* certifiés TB12 analyse la biomécanique complète du client et passe en revue ses objectifs personnels. Nous combinons ensuite des séances de pliabilité dans des salles de traitement privées avec des mouvements fonctionnels sur notre pelouse, où les clients apprennent des exercices qui favorisent davantage la pliabilité, y compris le travail avec des bandes de résistance. Chaque client reçoit un programme complet, personnalisé, spécifique à son sport et (le cas échéant) à son poste, qui intègre des concepts de pointe en matière de préparation physique, d'hydratation, de nutrition, de forme cérébrale, de repos et de récupération.

10. Est-ce que les centres TB12 proposent des programmes de groupe ?

Oui ! Au TB12 Performance & Recovery Center de Boston, nous proposons des cours d'entraînement en petits groupes et accueillons des programmes pour groupes ou équipes dans tous les TB12 Performance & Recovery Centers. Veuillez envoyer un courriel à info@TB12sports.com pour plus d'informations sur ces programmes.

11. Pourquoi suggérez-vous un rouleau ou une sphère vibrante ? Où puis-je en acheter un(e) (et les autres produits TB12) ?

Nous recommandons l'utilisation d'un rouleau vibrant ou d'une sphère vibrante car ils créent une stimulation neuronale. La stimulation neuronale est essentielle pour forger la connexion cerveau-corps et aider à entraîner nos muscles à comprendre qu'ils doivent rester longs, souples et activés par la contraction musculaire. Nous pensons qu'aucune guérison réelle ne peut avoir lieu sans l'implication du cerveau. Dans notre établissement, nous utilisons exclusivement des rouleaux ou des sphères vibrantes pour favoriser la pliabilité (voir pages 80-100 pour les exercices de pliabilité qui utilisent le rouleau vibrant et/ou la sphère vibrante). Le rouleau vibrant de pliabilité TB12, la sphère vibrante de pliabilité et les autres produits TB12 sont disponibles sur notre boutique en ligne à l'adresse www.TB12sports.com, dans nos centres TB12 et auprès de certains détaillants.

12. Je veux être un body coach chez TB12. Qui dois-je contacter ?

Nous sommes toujours intéressés pour discuter avec des personnes qualifiées et motivées qui souhaitent suivre une formation pour devenir *body coach* TB12. Veuillez noter que tous nos *body coachs* sont des entraîneurs sportifs certifiés, des kinésithérapeutes agréés ou des acupuncteurs agréés. Nous allons prochainement étendre notre programme de certification de *body coach*. Pour plus d'informations, veuillez visitez TB12sports.com.

AFC CHAMPIONS
0:00
PATRIOTS
12

ÉPILOGUE

QUAND ALEX ET MOI AVONS OUVERT LE PREMIER centre TB12 à Foxborough, près du Gillette Stadium, cela semblait évident. Foxborough était l'endroit où nous passions tous les deux la plupart de notre temps. Mais cela ne donnait pas vraiment d'indications sur le fait de savoir quel accueil nous pourrions recevoir dans un endroit plus central.

La réponse est venue en septembre 2019, lorsqu'un nouveau TB12 Performance & Recovery Center de plus de 1 100 m^2 a ouvert ses portes à Boston. Les retours que nous en avons eus ont été incroyables. Nous n'aurions jamais pu imaginer la demande que nous avons reçue pour nos produits et services dès l'ouverture, et c'est toujours le cas aujourd'hui. TB12 emploie désormais près de trois douzaines de *body coachs* et une équipe commerciale complète. Nous avons également une présence énorme et croissante sur le web, y compris des séances d'entraînement virtuelles. Notre boutique en ligne vend tout, des équipements de pliabilité et de performance aux compléments alimentaires les plus purs et de la meilleure qualité du marché, une gamme qui comprend désormais des produits pour renforcer l'immunité, stimuler les performances et améliorer le repos et la récupération.

Pour tout ce que nous faisons, le test décisif est toujours A) Est-ce que je l'utilise ? et B) Est-ce que j'y crois ? Oui et Oui – parce que si quelque chose ne fonctionne pas pour moi à cent pour cent, je n'y adosserai jamais mon nom et numéro de maillot.

La Méthode TB12 est sortie il y a trois ans, mais TB12 et les approches contenues dans ce livre continuent à jouer un rôle énorme dans la vie d'Alex et la mienne, surtout que nous prévoyons d'ouvrir de nouveaux établissements à New York, en Floride, en Californie et dans de nombreux autres endroits à travers le pays.

J'aurai quarante-trois ans lorsque beaucoup d'entre vous liront ces lignes, et j'ai récemment signé un nouveau contrat de deux ans. Aucun quarterback de mon âge n'a jamais fait cela. Physiquement et mentalement, je suis tout autant capable de faire mon travail aujourd'hui que je l'ai toujours été, et mon programme d'entraînement n'a changé que légèrement. Au lieu de me concentrer sur la musculation et le cardio, j'essaie aujourd'hui de gagner encore plus en pliabilité. J'ai absorbé beaucoup de charges et de stress au fil des ans dans mes entraînements – et une plus grande pliabilité m'aide à maintenir l'équilibre dont j'ai besoin pour continuer à performer au plus haut niveau possible.

Tout le monde est confronté à l'adversité à un moment donné de sa vie. Mais les choix de mode de vie que nous faisons aujourd'hui ont un effet énorme sur la façon dont nous gérons cette adversité lorsqu'elle se présente. Nous ne pouvons pas retirer de l'argent de la banque si nous n'avons pas fait de dépôt. Si nous ne donnons pas à notre corps ce dont il a besoin pour se développer dès maintenant, il sera plus susceptible de s'effondrer lorsqu'un événement imprévisible nous prendra par surprise à l'avenir. Commencez dès aujourd'hui, car je ne veux pas que cela vous arrive, ni à moi, ni à personne.

Alex et moi nous réjouissons à l'idée de vous aider, pendant de nombreuses décennies, à continuer à faire ce que vous aimez, mieux et plus longtemps.

GRATITUDE
20

REMERCIEMENTS

L'ÉCRITURE D'UN LIVRE EST UN PROCESSUS LONG et complexe. Il ressemble beaucoup à ce que j'ai vécu dans ma propre carrière professionnelle, en fait. Cela nécessite un travail d'équipe important, de la concentration, de la détermination – et que chacun fasse son travail au plus haut niveau possible. Tout d'abord, bien sûr, je tiens à remercier l'un de mes amis les plus chers, et mon *body coach*, Alex, qui a développé avec moi les idées de la Méthode TB12, non seulement dans ce livre mais aussi au cours des quinze dernières années, et dont le génie, l'amitié et le soutien permanent m'ont permis d'atteindre mon propre pic de performance. Nous avons un lien indéfectible – et j'ai eu tellement de plaisir à partager notre succès sur et en dehors du terrain. Merci. Rien de tout cela n'aurait été possible sans toi.

Bien sûr, je tiens aussi à remercier les New England Patriots et surtout Robert Kraft pour avoir cru en moi et m'avoir donné l'occasion de pratiquer mon sport avec les meilleurs propriétaires, entraîneurs, membres du personnel et fans que l'on puisse espérer. Je ne pourrai jamais exprimer de manière adéquate la gratitude que je ressens envers tous les amis, coéquipiers, anciens coéquipiers, entraîneurs et mentors, passés et présents, qui m'ont poussé à apprendre et grandir et me permettre d'arriver là où j'en suis aujourd'hui. C'est le plus grand des privilèges d'avoir vécu les expériences et le succès collectif dont nous avons bénéficié ensemble, et j'ai hâte d'accomplir encore plus de choses. Je souhaite également remercier tous mes adversaires, passés et présents, qui me poussent toujours à travailler plus dur et à creuser davantage – ainsi que toutes les personnes qui sont venues au TB12 Performance & Recovery Center au fil des années, ce sont ces histoires qui continuent de me motiver.

Je tiens également à remercier tous mes amis pour le soutien qu'ils m'ont apporté depuis le lycée, à l'université et encore aujourd'hui. Mes amis ont été essentiels par leur soutien et pour m'avoir appris ce que signifient l'amour et l'amitié tout au long de ma vie. Merci de m'avoir toujours poussé à donner le meilleur de moi-même, de l'école primaire à ma vingt et unième année professionnelle. Vous êtes trop nombreux pour être mentionnés, mais vous vous reconnaîtrez, et je vous aime tous.

Merci à toutes les personnes chez TB12 – notre conseil d'administration, notre personnel, nos *body coachs*, et tous les clients que nous avons eu le privilège de servir au fil des années. Mon ami Tony Tjan a joué un rôle clef dans la réalisation de ce livre, notamment en coordonnant le processus et le développement du contenu. C'est Tony qui m'a présenté mon collaborateur, Peter Smith, qui a joué un rôle déterminant dans la mise en forme, l'organisation et la clarification de mes idées. Peter a un don unique pour les mots, tout en restant fidèle à la voix, à l'histoire et au sens. Je souhaite également remercier Hilario Bango pour sa direction artistique, Shubhani Sarkar pour son incroyable travail de design, Kevin O'Brien pour les nombreuses photographies incluses dans le livre, ainsi que l'agent littéraire James Levine. Dès le début de ce projet de livre, j'ai su que j'avais trouvé le bon partenaire d'édition en Simon & Schuster. Merci au président de Simon & Schuster, Jon Karp, et à mon éditeur, Jofie Ferrari-Adler, pour leur soutien, leur engagement et leur travail acharné en faveur de ce livre.

Enfin, je dédie ce livre à mon incroyable famille. Merci à ma mère, mon père, mes sœurs et ma famille élargie pour tout l'amour et le soutien que vous m'avez toujours témoignés. J'ai toujours voulu représenter notre famille de manière positive. Vous avez tous été mes modèles, et je ne pourrais rien accomplir sans vous. Je tiens également à remercier ma femme, Gisele. L'amour et le soutien que tu me portes et tout ce que tu fais pour notre famille me permettent de vivre mon rêve, et j'ai beaucoup de chance de t'avoir comme partenaire. Je t'aime plus que tu ne le sauras jamais. Tu es la lumière de ma vie. Et à mes trois enfants, Jack, Benny et Vivian – Papa vous aime.

TOM BRADY a été sélectionné au sixième tour de la draft 2000 de la NFL. Il a remporté trois titres de MVP de la NFL (2007, 2010 et 2017), cinq titres de MVP du Super Bowl (2002, 2004, 2015, 2017 et 2021) et un record de sept Super Bowls (lors des saisons 2001, 2003, 2004, 2014, 2016, 2018 et 2020). Ses dix titularisations au Super Bowl constituent un record parmi tous les joueurs, et il est le détenteur du record de tentatives de passes en carrière au Super Bowl (421), de passes complétées (277), de yards (3 039), de touchdowns lancés (21) et de trophées de MVP (5). Tom Brady est le leader de tous les temps en playoffs de la NFL en touchdowns lancés, en yards à la passe et en pourcentage de complétion. Avec une fiche victoires-défaites en playoffs de 34-11 en carrière, il a gagné plus de matchs de playoffs que n'importe quel autre quarterback et a participé à plus de matchs de playoffs que n'importe quel autre joueur à n'importe quelle position. Il a été sélectionné pour 15 Pro Bowls et a remporté 17 titres de division – plus que tout autre quarterback dans l'histoire de la NFL. *La Méthode TB12* est son premier livre.

Achevé d'imprimer en France par la SEPEC
Numéro d'impression : 19387220105 - Dépôt légal : février 2022

IMPRIM'VERT®

PEFC 10-31-1470 / Certifié PEFC / Ce produit est issu de forêts gérées durablement et de sources contrôlées. / pefc-france.org